新媒体营销

主　编　漆圆方　樊立君

副主编　张作霖　郭伟民

编　委　陈　优　龚　萍　温玲英

　　　　黄小丽　陈晶晶　朱生华

合肥工业大学出版社

图书在版编目(CIP)数据

新媒体营销/漆圆方，樊立君主编．—合肥：合肥工业大学出版社，2024
ISBN 978-7-5650-6696-2

Ⅰ．①新…　Ⅱ．①漆…　②樊…　Ⅲ．①网络营销-教材　Ⅳ．①F713.365.2

中国国家版本馆CIP数据核字(2024)第038016号

新媒体营销

漆圆方　樊立君　主编　　　　责任编辑　郑　洁

出　版	合肥工业大学出版社	版　次	2024年12月第1版
地　址	合肥市屯溪路193号	印　次	2024年12月第1次印刷
邮　编	230009	开　本	787毫米×1092毫米　1/16
电　话	基础与职业教育出版中心：0551-62903120	印　张	15
	营销与储运管理中心：0551-62903198	字　数	311千字
网　址	press.hfut.edu.cn	印　刷	安徽联众印刷有限公司
E-mail	hfutpress@163.com	发　行	全国新华书店

ISBN 978-7-5650-6696-2　　　　定价：42.00元

前　言

随着信息技术的迅猛发展和互联网的普及，新媒体已成为信息传播和市场营销的重要渠道。作为数字时代的一种新型营销方式，新媒体营销不仅改变了传统的营销模式和策略，还为企业和个人提供了更广阔的市场和无限的商机。本书深入贯彻党的二十大精神，积极响应国家关于创新驱动发展、数字经济与文化建设的战略部署，致力于培养具有新媒体营销专业技能、创新思维与跨文化交流能力的高素质应用型人才。

本书旨在为读者提供一本全面、系统的新媒体营销教材，帮助读者深入了解新媒体营销的基本概念、原理和方法，掌握新媒体营销的实践技巧和应用策略。通过学习本书，读者将能够理解新媒体营销的内涵和特点，认识到新媒体营销在现代商业中的重要性；掌握新媒体营销的基本理论和框架，为后续的营销实践提供理论支撑；了解新媒体营销的各种平台，如社交媒体、搜索引擎、移动应用等，了解它们的运作机制和营销策略；分析新媒体营销案例，提炼成功经验，为自身的营销实践提供借鉴和启示；提高自身的创新思维和实践能力，能够在不断变化的市场环境中灵活运用新媒体营销策略。

本书可作为高等学校市场营销、电子商务等相关专业的教材，也可供从事新媒体营销工作的专业人士以及对新媒体营销感兴趣的读者自学使用。

在本书的编写过程中，我们注重理论与实践相结合，力求使内容既具有系统性又具有实用性。我们积极践行校企合作的教育模式，与江西抖趣科技有限公司等建立了深度合作。这些企业不仅为教材提供了最新的案例和数据支持，还直接参与了部分章节的撰写与审核，确保了教材内容与行业的同步发展，紧贴市场最新需求。通过校企合作，我们得以将一线新媒体营销人员的实战经验融入教学，使理论与实践无缝对接，为学生和从业者搭建起一座通往成功营销的桥梁。同时，我们融合课程思政教学元素，充分吸收了国内外新媒体营销领域的最新研究成果和实践经验，以确保本书内容的先进性和前瞻性。本书在撰写过程中引用了国内外大量的文献和案例资料，由于篇幅有限，只能标注主要的资料。在此，向所有文献作者表示衷心的感谢。

由于编者水平有限，书中难免存在疏漏和不足之处，敬请读者批评指正。

希望通过学习本书，读者能在新媒体营销领域取得更好的成绩和发展。

编　者

2024 年 3 月

《新媒体营销》课程思政设计一览表

章节	专业传授	思政素材	实施方法与路径	思政元素
第 1 章	导论	国家关于新媒体营销的法律法规； 社会主义核心价值观在商业活动中的体现； 诚信经营的典型案例	介绍新媒体营销的法律法规；引入国家对新媒体营销的规范要求，强调合法合规经营的重要性。 案例分析：展示企业如何通过新媒体营销传递正能量，让学生了解企业在经营过程中履行的社会责任。 分组讨论：探讨“诚信”在新媒体营销中的作用，引导学生思考如何在营销活动中坚守诚信原则。 设计目的：鼓励学生了解新媒体营销的规范要求，并且在营销活动中坚守诚信，履行社会责任	社会主义市场经济的价值理念、社会责任、诚信原则
第 2 章	软文营销	国内外软文营销成功案例中体现的文化自信和正面价值观； 法律法规中对广告内容真实性的要求	案例分析：通过引入案例，分析软文营销在传递社会正能量、弘扬主旋律方面的作用； 分组讨论：结合中华文化元素，探讨如何在软文创作中融入文化自信，提升文化软实力。 设计目的：让学生在软文营销中感受中华文化的魅力，塑造文化自信，同时激励学生学会利用软文营销正面引导价值观	内容的真实性、正面引导、文化自信
第 3 章	微博营销	美妆微博营销	分组讨论：花西子的“国潮”产品。 设计目的：通过小组讨论，让学生了解国货美妆品牌的崛起，增强文化自信心	文化自信、民族自豪感

（续表）

章节	专业传授	思政素材	实施方法与路径	思政元素
第 4 章	微信营销	公众号当有“公”心，自媒体应当自重，发朋友圈或公众号文章时，应坚持原则	案例分析：通过引入案例，分析网络不是法外之地，造谣传谣需承担法律责任。请广大网民不造谣、不传谣、不信谣，以官方发布的信息为准。净化网络环境，需要每一个网民的努力。 设计目的：鼓励学生诚实守信并有意识地维护良好的网络环境	诚信、净化网络环境
第 5 章	社群营销	关于过度消费的社群营销案例	案例分析：通过案例教学，防止宣扬表现享乐、拜金倾向等低俗文化产品的传播，弘扬勤俭节约、艰苦朴素等传统美德。 设计目的：引导大学生正确认识网络消费主义的本质和危害，培养科学的理财意识，养成勤俭节约的作风，形成正确的消费观念，真正做到理性消费	理性消费、勤俭节约
第 6 章	直播营销	直播营销中的正面案例与反面教材； 有关消费者权益保护的法律和政策	案例分析：通过直播营销的案例教学，引导学生识别和抵制低俗、违法的内容。 分组讨论：讨论如何在直播互动中弘扬社会主义核心价值观，促进网络文明建设。 设计目的：通过强调直播营销中的责任意识，引导学生在追求商业利益的同时，要有意识地营造网络文明环境及保护消费者权益	网络文明、责任营销、消费者权益保护
第 7 章	短视频营销	优秀的短视频作品，特别是那些传播中国故事、弘扬中华优秀传统文化的案例； 国家鼓励新媒体内容创新的政策	创作内容：具有创新性和文化价值的短视频内容，弘扬社会主义核心价值观。 分组讨论：分析短视频在传承中华文化、促进文化多样性方面的作用。 头脑风暴：探讨如何在短视频营销中传递正能量，引导公众形成正确的价值观念。 设计目的：鼓励学生创新，传承中华优秀传统文化，培养传播正能量的意识	创新精神、文化传承、正能量传播
第 8 章	搜索引擎营销	搜索引擎营销的反面案例	分组讨论：谷歌为什么会退出中国市场？ 设计目的：引导学生思考遵守规则的重要性	树立遵守规则的意识

目 录

第1章　导　论

本章教学目标

知识目标： 了解新媒体产生的背景、发展现状及趋势；熟悉新媒体的概念与类型；熟悉新媒体营销的核心理论；掌握新媒体营销的类型和模式；掌握新媒体运营的岗位及能力的要求。

能力目标： 能够建立新媒体营销思维，强化创新意识；能够描述新媒体时代下营销变革的特征；能够以案例的形式描述新媒体营销模式；能够编制一份新媒体营销岗位的说明书。

素养目标： 树立对建设数字中国、科技强国、网络强国的自信心和责任心，培养中华民族自豪感；利用新媒体讲好家乡故事，助力乡村振兴，培养“经世济民”的家国情怀和职业品格；增强新媒体营销从业人员遵纪守法、规范经营的法律意识；培养工匠精神、创新思维和团队合作精神；具有敏锐的洞察能力、总结归纳能力、独立思考能力。

案例导入

新媒体营销全扫描

2020年，艾瑞咨询联合微梦传媒发布《2020年中国新媒体营销策略白皮书》。该报告重点围绕新媒体营销产业链角色方和各新媒体平台营销策略展开分析，进一步发掘新媒体营销的价值。

1. 新媒体营销范畴的界定

新媒体营销是指以广告主、营销服务商、MCN①、KOL②和新媒体平台等为主要产业链角色方而共同支撑运作的（图1-1），以KOL为主体，在社交平台、内容平台、短视频平台等新媒体平台上所开展的内容化营销活动。

---

① MCN是multi-channel network的简称，是一种多频道网络的产品形态。

② KOL是key opinion leader的简称，在营销传播中，指对相关消费者的购买行为具有较大影响力的人。

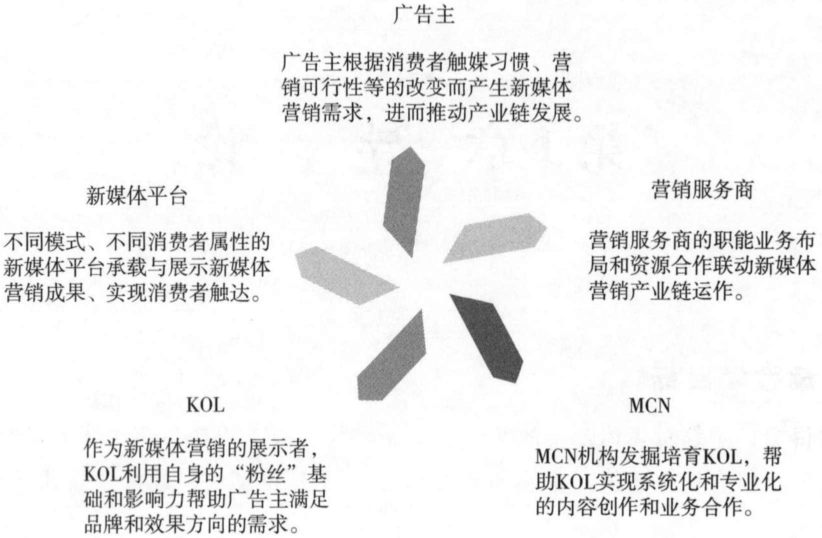

图 1-1　新媒体营销主要产业链角色方

（资料来源：微梦传媒）

2. 新媒体所处的环境概述

2020 年以来，消费者的注意力和时间更多地向线上倾斜，广告主也以此为风向标，将营销预算与投入更多地分配给线上渠道。在内容形式和营销方法上更具多样性与优势的新媒体营销，进一步凸显能够吸引更多用户及其注意力的价值。新媒体营销市场中的营销服务商、新媒体平台等角色方，共同为新媒体营销产业的发展创造良好的环境。

3. 新媒体营销策略

以微博、微信等为代表的社交平台，以哔哩哔哩、抖音、快手等为代表的视频内容平台，以小红书等为代表的具有内容社区频道的电商平台等，因具备内容承载渠道、高消费者活跃度、社交裂变传播等特征，是开展新媒体营销的主要平台。不同新媒体平台在话题传播广泛度、消费者讨论参与度、内容信息呈现深度、“种草拔草”转化效率等方面都各具优势，因此依据营销策略，通过多平台开展整合式新媒体营销，融合各平台优势以强化营销效果，将成为新媒体营销的发展方向。

思考题：

（1）新媒体的崛起会给传统媒体带来哪些冲击？

（2）企业如何在新的营销环境里顺势而为，合理布局新媒体营销？

随着时代的快速发展，“新媒体”已经不再是陌生的字眼，人们因为新媒体的广泛应用而形成了新的价值理念和消费行为。越来越多的企业开始紧跟新媒体的发展动向，在营销活动中实现“换道超车”。尤其在新型冠状病毒感染疫情的影响下，线下与户外等传统媒体的营销影响力和效果受限，线上媒体营销开始受到更多的市场关注。在各类线上媒体中，可以开展内容化营销的新媒体平台在消费者注意力碎片化的时代突出重围。新媒体营销“内容新基建”时代已经到来。

资料来源 https：//www. thepaper. cn/newsDetail _ forward _ 8267194.

1.1 新媒体营销概述

1.1.1 新媒体

进入互联网时代，企业纷纷借助网络平台提升品牌形象，进行产品营销和品牌运营，特别是随着移动互联网的普及，企业能够更加便捷地通过新媒体平台（微博、微信直播平台等），把产品功能、价值等信息推送给目标群体。那么，新媒体是什么？新媒体主要有哪些特征呢？

一、新媒体的概念

1967 年，美国哥伦比亚广播电视网（CBS）的戈尔德马克（P. Goldmark）第一次提出了“新媒体”一词。“新媒体”是由英文“new media”翻译而来的。

媒体是传递信息与获取信息所借助的工具、渠道、载体、中介物或技术手段。狭义的媒体是指传统的四大媒体，包括报纸、杂志、广播、电视。而新媒体则是相对于传统媒体而言的，是继报纸、杂志、广播、电视等传统媒体之后发展起来的新的媒体形式，是利用数字技术、网络技术，通过互联网、宽带局域网、无线通信网、卫星等渠道以及计算机、手机、数字电视机等终端向用户提供信息和娱乐服务的传播形态。严格地说，新媒体应该被称为数字化新媒体。

近年来，数字技术、移动通信技术、云计算、大数据等新媒体技术的更新与完善，以及手机、平板、笔记本电脑等移动终端设备的不断迭代升级，使得依托网络技术的微信、微博、短视频、网络直播等新媒体如雨后春笋般相继出现，新媒体时代已经悄然来临。

“新媒体”的概念是动态的，电子图书、数字报刊相对于纸质的图书、报纸是新媒体，数字广播相对于传统的广播是新媒体，数字电视相对于传统的电视网络是新媒体。随着科学技术的发展，新媒体的形态也在发生变化。近年来被称为“新媒体”的是随着移动互联网技术的发展而兴起的媒体渠道，如微信、微博、知乎、头条号等。

对于新媒体的理解，需要抓住要点——新媒体是建立在数字技术和网络技术等信息技术基础之上的。如果传统媒体开始利用信息技术改造自身运营模式，那么这些传统媒体也可以变成新媒体。网络上层出不穷的新媒体，一方面反映出新媒体发展之快、变化之多，另一方面也说明关于新媒体的研究还不成熟、不系统。

二、新媒体的特征

与传统媒体相比，新媒体不仅具有信息承载功能，还具有信息识别、信息处理功能，在信息的传播方向、接收方式、传播行为、传播速度、传播内容等方面具有鲜明的特征（表 1-1）。

表 1-1 新媒体的传播特点（与传统媒体相比）

特点	含义
双向性	传统媒体的信息传播方式是静态的，这种通信方式具有单向性、线性和非选择性的特点，使得信息流弱、通信效果差。新媒体的传播模式是双向的，每个受众既是信息的接收者，又是信息的传播者，这种传播的互动性强，效果明显
移动化	随着无线移动通信技术的发展，新媒体具有移动化的特点。通过移动互联网技术，用户可以通过终端来浏览网页、观看电视等，不再限于传统的固定的场所
个性化	微博、微信、博客、播客等新的传播方式，使每个人都可以成为信息的发布者，发表自己的意见，传播自己关心的信息。传播时的交流内容和交流形式完全是“我的地盘我做主”。这种个性化传播行为，既可以让个体有能力发布信息，也可以提高他人的愉悦感
实时性	与传统的交流方式相比，新媒体借助互联网技术，让信息传播变得更加迅速，可以实时接收信息并实时做出相应反馈
多元化	相较于传统媒体，新媒体的最大转变在于传播内容的多样化和整合。传统的纸质媒体以平面方式显示文字信息和图片信息。现在，文字、图片、语音等形式的信息可以借助新媒体实现同时传输，从而提高信息的数量和广度

具体来说，新媒体主要具有以下特征：

1. 传播方向双向性

传统媒体的信息传播是单向的、线性的和不可选择的，表现为在特定的时间内由信息的发布者向用户发布信息，用户被动接收信息，缺少信息的反馈。这种静态的传播使得信息流畅性弱，传播效果不佳。新媒体的信息传播是双向的，打破了传统媒体“自上而下”“点对面”的单向传播方式，改变了传统媒体“传播者单向发布，用户被动接收”的状态，每个用户既是信息的接收者，也是信息的传播者，信息传播者、接收者、媒体之间可以形成无门槛式的互动，传播效果明显增强。

2. 接收方式移动化

传统媒体需要用户在固定的时间和地点，被动地接收信息。无线移动技术的发展使新媒体具备移动化的特点，新媒体通过无线移动技术，用手机浏览网页、看电视等不局限于固定场所，实现了移动化。用户通过随身携带的手机和其他移动设备，可以随时随地利用新媒体获取、接收信息，并且这种行为习惯带有移动化、碎片化的特性，即用户在移动端利用闲散时间来搜索信息、阅读文章或收看节目，在快节奏的生活状态下，享受片刻轻松时光。

3. 传播行为个性化

传统的媒体如报纸、杂志、广播、电视等，主要针对某部分用户群体的需求而进行信息传播。新媒体的传播方式是针对精准化用户的需求，使每一个用户都可以订阅自己喜欢的节目、文章等，充分满足了不同用户的喜好。微博、微信、博客等新的传播方式使每个人无论是作为信息的传播者还是接收者，都可以分享自己的观点，表达自己的意见。新媒体的传播方式，一方面让用户拥有了通过发布信息与他人互动的快乐；另一方面也引发了传播内容良莠不齐、个人隐私泄露等问题，给信息管理和监控带来了挑战，也对用户的信息鉴别能力提出了更高的要求。

4. 传播形态实时性

报纸、杂志、广播、电视等传统媒体发布的内容都需要通过专业的记者及时发现新闻、撰写文稿、编辑剪接、排版审查，然后在固定时段发行或播出，才能让用户看到。在信息技术的支持下，新媒体信息传播速度更快，甚至还可以实现实时接收信息、立刻做出反馈。每个新媒体用户都成了“记者”，在第一时间发布自己在现场的所见所闻，信息的接收者也可以随时接收第一手信息，并就信息发表自己的观点。

5. 传播内容多元化

传统媒体中，报纸、杂志主要以文字、图片的形式进行信息传播，广播和电视分别以声音和影像为主要的形式进行信息传播。新媒体在进行内容传播时，可以做到文字、图片和影像等同时传播，呈现出多元融合的特点。随着科学技术的发展，可穿戴设备等移动智能终端也将普及起来，用户接收信息的方式将更加多样化。新媒体传播内容的多元化，不仅增加了传播内容的信息量，也在一定程度上扩大了传播内容的深度和广度。新媒体时代下的不同国家和地区的用户通过互联网可以随时了解来自世界各地的信息，丰富了信息的来源。

三、新媒体的类型

随着互联网的发展，当前的新媒体根据其传播途径、传播媒介、传播形态可以划分为不同的类型。

按传播途径进行分类，新媒体可以分为以下几种类型：

（1）基于互联网的新媒体，包括博客、电子杂志、论坛、群组、网络视频和网络社区等。

（2）基于数字广播网络的新媒体，包括数字电视和移动电视等。

（3）基于无线网络的新媒体，包括电视、手机（如手机报、手机视频、手机短信及彩信）等。

（4）基于融合网络的新媒体，包括基于网际互连协议（IP）的网络电视（IPTV）、楼宇电视等。

按传播媒介进行分类，新媒体可以分为以下几种类型：

（1）数字新媒体。数字新媒体不是真正发展出来的媒体的新类别，随着信息技术的不断发展，传统媒体——纸质平面媒体、广播、电视，不再坚守传统的、固有的传播方式，而是加快了数字化进程，走上与互联网、移动网络融合发展的道路，经过融合创新后升级换代为数字新媒体。

（2）网络新媒体。第四类媒体发展到互联网阶段成为网络新媒体。网络新媒体包括门户网站、搜索引擎、虚拟社区、电子邮件、博客、维克、网络文学、网络动画、网络游戏、网络杂志、网络广播、网络电视、掘客、印客、换客、威客/沃克等。它为人类信息交流创造了全新的模式，使信息瞬间便可传播到全世界。因特网（Internet）在全球的迅速扩展，标志着网络环境的形成。网络环境的形成，正式宣告信息社会的来临。在以因特网为标志的网络环境下，传统的信息提供与获取方式彻底改变。信息的传递与交流消除了时间与空间的限制，信息在更高的程度上实现全社会的共享。在网络新媒体环境下，信息内容的产出主要来自用户，每个用户都可以生成自己的内容并将这些内容进行传播、交流与共享。用户主导、用户参与、用户分享、用户创造是网络新媒体的重要特点。

（3）移动新媒体。移动新媒体是指第五类媒体，即移动网络的无线增值服务。它是基于无线通信技术，通过以手机为代表的各种移动视听终端传播和展示即时信息内容的个性化媒体。它首先继承了第四类媒体即网络新媒体所具有的不受时间、空间限制的特点；其次，移动新媒体覆盖人群广，使用手机和无线网络的移动终端用户全部是其受众。2022 年 8 月 31 日，中国互联网络信息中心（CNNIC）在北京发布的第 50 次《中国互联网络发展状况统计报告》显示，截至 2022 年 6 月，我国网民规模为 10.51 亿，互联网普及率达 74.4%。网民数量不断攀升使移动新媒体具有传播范围广、传播效果及时、传播方向可定、传播成本低、影响力大等特点。这些特点促使移动新媒体成为当前社会最普及、最快捷、最方便并可实现强制性信息推送的主流媒体之一，成为流行文化的代表符号，具有广阔的应用前景。智能手机是移动新媒体的典型代表。

按传播形态进行分类，新媒体可以分为以下几种类型：

（1）微博。微博是指一种基于用户关系信息分享、传播及获取的通过关注机制分享简短实时信息的广播式的社交媒体、网络平台。用户可以通过个人计算机（PC）、手机等多种移动终端接入，以文字、图片、视频等多媒体形式，实现信息的即时分享、传播互动。

（2）QQ。QQ 是腾讯公司于 1999 年 2 月推出的一款基于互联网（Internet）的即时通信软件。QQ 支持在线聊天、视频通话、共享文件、网络硬盘、自定义面板、邮箱等多种功能，并可与多种通信终端相连，如计算机等。

（3）微信。微信是腾讯公司于 2011 年 1 月 21 日推出的一款面向智能终端的社交工具，由张小龙带领腾讯广州研发中心产品团队打造。微信提供公众平台、朋友圈、消息推送等功能，用户可以通过“摇一摇”“搜索号码”“附近的人”、扫二维码方式添加好友和关注公众平台，同时，微信将内容分享给好友、将用户看到的精彩内容分享到微信朋友圈，跨越了运营商、硬件和软件、社交网络等多种壁垒，实现了现实与虚拟世界的无缝连接。微信使个人移动终端的功能得到发挥，将人际传播和大众传播融为一体，成就一种全新的传播类型。此外，微信还有一项重要的传播手段——微信公众平台。政府、机构、企业、个人等都可以通过注册微信公众号、订阅号或服务号，进行宣传或运营推广。

(4) 网络直播。网络直播就是借助互联网的优势，利用相关直播软件将即时的现场发布到互联网上，再借由互联网技术将现场画面快速清晰地呈现在用户面前。网络直播具有时效性强、传播快捷、互动性强的独特优势，也是一种新兴的网络社交方式。

目前，网络视频直播已经发展得较为成熟，尤其是可以与用户进行直接信息交流的互动直播，其互动性更强，且能够随时随地进行，是目前发展较为迅猛的新媒体。常见的网络直播平台有百度直播、YY 直播、微信视频号直播、淘宝直播、京东直播、快手直播及抖音直播等。

(5) 短视频。短视频是一种基于互联网的内容传播方式，是以秒计数的视频，依托移动智能实现快速拍摄与美化编辑，可在各种新媒体平台上实时分享，一般是指在互联网新媒体上播放的时长在 5 分钟以内的视频。随着移动终端的普及和网络的提速，短视频传播内容逐渐获得各大平台、“粉丝”和资本的青睐。短视频既可以代替图文作为信息的传播介质，如新闻时事短视频；也可以单独作为一种娱乐内容，如个人秀或分享生活片段的短视频。短视频包含丰富的视听信息，但不需要占用用户太多时间，是目前比较便捷的传播形式。常见的短视频平台有抖音、快手和微信视频号。

(6) 移动新闻客户端。移动新闻客户端是一种传统媒体与移动互联网紧密结合的媒体形式。移动新闻客户端通常定义为依靠移动互联网，以文字、图像、声音等多种符号传播新闻信息为内容，以智能手机、平板计算机等移动终端为接收设备的全媒体数字媒介。

(7) 自媒体。自媒体是一种以现代化、电子化的手段，向不特定的大多数人或特定的个人传递规范性及非规范性信息的新媒体总称。自媒体又称“公民媒体”“个人媒体”。

(8) 数字电视。新媒体中的数字电视是指基于网络技术的数字电视系统，包括 IPTV、车载移动电视、楼宇电视、户外显示屏系统等。数字电视具有边走边看、随时随地收看等功能，极大地满足了快节奏社会中人们对于信息的需求。数字电视除具有传统媒体的宣传和欣赏功能外，还可以承担城市应急预警、交通、食品卫生、商品质量等政府安全信息发布的重任。

四、新媒体的发展

(一) 新媒体的兴起

新媒体的兴起不仅改变了人类的信息传播方式，也对人们的行为方式造成极大的冲击，给社会结构带来了革命性的影响，开创了媒介传播的新时代。新媒体产业所占的比例已经超过传统媒体产业，媒介融合趋势进一步强化。在互联网环境下，传统媒体的弱化及新媒体的快速发展，促使传统媒体积极转型，与新媒体一起协同、融合发展。

（二）我国新媒体的发展历程

1993 年，传统媒体首先进行网络化尝试的是《杭州日报》，而首家真正走上互联网的媒体是《神州学人》。随后，人民网、新华网等主流媒体纷纷实行网络化发展，新浪、搜狐等商业网站涉足网络新闻，千龙新闻网、东方网等地方媒体也开始探索网络发展模式。各大网站纷纷改革，网络新闻频频出彩，特别是在突发新闻的报道上。

2008 年，新媒体首次作为奥运会独立传播机构，与传统媒体一起被纳入奥运会的传播体系。奥运会期间，互联网已经超越除电视以外的所有媒体，成为公众收看开幕式、闭幕式和体育赛事的第二大媒体，这充分表明新媒体作为一种新传播渠道的社会价值和商业价值。奥运会的巨大商机推动了新媒体的布局和发展，新媒体版权保护日益受到重视。

2016 年以来，在“互联网＋”的推动下，信息化进一步造福社会和人民，新媒体加速影响我国的发展进程。短视频、网络直播等冲击新媒体传播生态，“网红经济”与共享经济推动新媒体产业的发展，人工智能技术引领传播技术的创新，媒体实现“智能化”发展，媒体融合步入提速升级阶段。

（三）新媒体的未来发展展望

新媒体在未来的发展展望十分广阔，以下是一些可能的发展趋势和方向：

1. 增强现实（AR）和虚拟现实（VR）

随着科学技术的进步，AR 和 VR 将成为新媒体领域的重要组成部分。这种技术可以提供更加沉浸式和交互式的体验，例如虚拟现实社交平台、增强现实广告和虚拟现实新闻报道等。

2. 人工智能（AI）和机器学习

AI 和机器学习将给新媒体带来更多个性化、智能化的体验。具体包括内容推荐、智能编辑、自动化生产等方面的应用。

3. 区块链技术

区块链技术可能改变新媒体的商业模式，例如通过加密货币支付内容创作者、建立去中心化的内容分发平台等。

4. 社交媒体平台的演进

社交媒体平台将继续演进，可能会更加关注隐私保护、内容质量和用户体验。同时，新的社交媒体形式可能会出现，以满足不同用户群体的需求。

5. 用户生成内容（UGC）和共创

用户生成的内容将继续在新媒体中扮演重要角色，而共创（co - creation）也将成为主流，即用户和品牌、媒体合作共同创造内容和体验。

6. 数据驱动的内容生产和营销

新媒体将更加注重数据分析和个性化内容推荐，以提高用户参与度和满意度。同时，数据驱动的营销策略也将成为品牌和广告商关注的重点。

总的来说，新媒体的未来发展将在技术、内容和商业模式等多个方面持续创新和演进，以满足用户的需求和适应市场的变化。

1.1.2　新媒体营销

一、新媒体营销的概念

随着新媒体的出现，用户将原来花在传统媒体上的时间逐渐转移到新媒体上。因此，新媒体逐渐成为一些企业或个人进行市场投放的首选，新媒体营销也成为当下火热的营销趋势。那么，什么是新媒体营销呢？

新媒体营销是指利用新媒体平台进行营销的方式。新媒体营销通过在新媒体平台上发布影响广泛的信息，使人们参与具体的营销活动的互动。在特定产品的概念诉求与问题分析上，它对消费者进行针对性的引导。它借助新媒体平台和舆论热点来向消费者传递某种概念、观点和思路，使企业或个人得到更好的宣传。不同于传统营销的思维方式，新媒体营销的思维方式更具体验性、沟通性、差异性、创造性和关联性。

新媒体营销是通过“三步走”来实现的，图1-2为新媒体营销的“三步走”步骤。

图1-2　新媒体营销的“三步走”步骤

（一）策划

根据产品的具体特征来提取核心诉求，采用合理的方式和表现形式进行事件营销。全面了解消费者的需求，充分利用人们的从众心理，使消费者在对事件的讨论中产生共鸣。

（二）舞台定位

选择合适的新媒体操作平台来进行营销。企业或个人可以在抖音、今日头条、微信等平台上制造话题，引导人们参与其中；也可以利用人群聚合效应，使产品的宣传得到更广泛的扩散。

（三）持续跟进

在完成前两步后，要持续跟进，以企业或个人的账号慢慢渗透，使新媒体营销的效果得到延伸。

二、新媒体营销的特征

新媒体营销使用的是新媒体平台，如抖音、快手、微博、微信等。这些新媒体平台本身就有很强大的网状人际关系结构，新媒体营销以其自身的优势逐渐发展成为当下主要的营销方式之一，并取得了较好的效果。其优势表现如下：

（一）交互性较强

在新媒体时代，信息传播渠道多元化，受众可以自主地参与传播系统，交互性较强。新媒体传播与传统媒体传播相比，最明显的变化就是从单向的传播转变成双向的传播。接收者通过转发、点赞、评论、问答等方式和企业进行无障碍互动。通过这个机制，产品信息可以得到实时更新，接收者可以最快的速度消除心中疑虑，企业可以对消费者的需求进行更加精准的定位。

在网络时代，泛滥的信息让人们的决策成本空前提高，简单的信息告知传播，显然已经无法满足企业的营销期望。新媒体营销让消费者占据了主导的地位，在这个崇尚体验、参与和个性化的时代，消费者的个性化需求更容易得到满足。

（二）海量化及碎片化的信息

新媒体凭借强大的技术手段使得海量化的信息以简短精练的形式存储于平台上，信息传播较为碎片化。受众的上厕所时间、挤地铁时间大多是碎片化的，在碎片化的时间里，受众只需轻轻一点就可以看今日头条、刷抖音。

（三）传播速度快

新媒体平台的信息传播速度是非常快的，这一点在微信朋友圈和微信群中已经得到了充分体现。消费者在接收新媒体信息时，无论是时间上还是空间上都得到了极大的扩展。新媒体信息的接收更加快捷、方便，很多时候一条有价值的内容，往往在极短的时间内就能被引爆。

（四）传播内容多元化

新媒体平台支持很多文件格式，集文字、图片、声音、视频等多种形式于一体，可以让用户从各个感官感受到发布的信息内容，易让用户产生身临其境的感觉。不同的营销方式具有不同的特征，可根据产品的类型、适用的人群选择最合适的营销方式。

（五）个性化较强

新媒体的特点就是每个人都可以成为信息的发布者，传播内容与传播形式等完全是以个人喜好来选择的。所以，在进行新媒体运营时应该突出个性化，以此来吸引志同道合的用户，并将这些用户发展成为信息的二次传播者。

（六）社群虚拟化

网络社交是在网络上建立一个虚拟化的信息传播环境，该传播环境下的用户构成了虚拟的社群。

（七）成本低

新媒体平台采用多元化方式宣传企业品牌，使得企业营销成本大大降低。相比于过去企业通过投入大量资金在电视上打广告、建立网站及每日发布信息等，新媒体平台的宣传费用较低。

与此同时，新媒体平台还降低了传播成本。传统媒体需要花费大量资金进行推广；而新媒体平台，如果创造的内容更有创意和价值，就会使人们乐意进行转载分享，从而可以快速地将信息传递下去。

(八) 目标精准

新媒体平台营销的广告投放更精准。就像对症下药一样，目标受众看到的广告是更适合自己的广告，而不用遭受无关信息的干扰；非目标受众不用接收相关广告信息，也降低了企业的宣传费用。此外，精准投放广告不但可以节约成本，而且容易锁定目标客户，极大地提高了广告主的投资回报率。

三、新媒体营销的核心理论

市场营销中有诸多理论，包括 4P、4C 和 4I 等。在新媒体营销中，也可以使用 4I 理论。4I 理论适用于传播方式较为广泛的网络营销，如微信营销、互动营销、自媒体营销等。新媒体营销可以根据 4I 理论制定基本或整体的营销策略。那么，如何来理解新媒体营销的 4I 理论呢？

随着网络媒体的发展，信息开始过剩，传统的营销理论已很难适应新媒体的传播，4I 理论应运而生。图 1-3 为 4I 理论的原则。

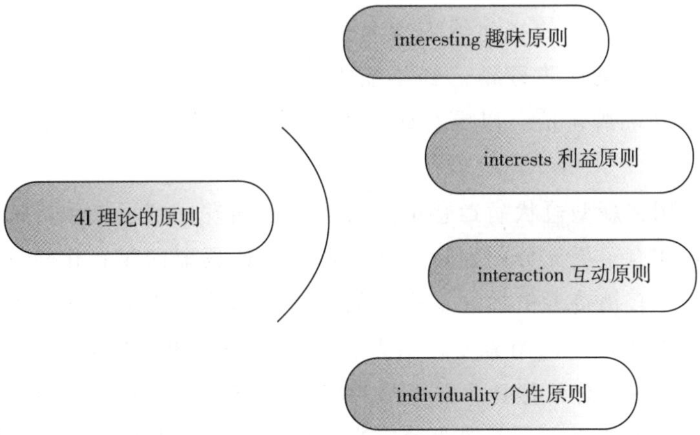

图 1-3　4I 理论的原则

(一) interesting 趣味原则

娱乐为中国互联网的基本属性之一。在互联网这个“娱乐圈”中，无论是做广告还是做营销都要符合娱乐性和趣味性的原则。

无论是新媒体的内容运营，还是以互动广告的方式进行的品牌传播，都要饱含趣味性。因为广告本身讲究创意，而互联网时代的新媒体营销则需要既有趣又有创意。

(二) interests 利益原则

新媒体营销活动要为目标受众提供切实可行的利益。任何营销活动都要从目标受众的角度思考问题，分析一下目标受众为什么要参加你的活动、参加你的活动对他们有什么好处。分析目标受众的心理，结合营销方式和技巧，设法激发目标受众的参与欲望，最终就能引导目标受众产生进一步的行动。

（三）interaction 互动原则

新媒体具有交互性，利用新媒体的交互性与客户进行交流，可以使新媒体营销的作用发挥到极致。高度互动的新媒体营销，将会带来意想不到的效果。

（四）individuality 个性原则

新媒体营销实现个性化，将会使客户得到被关注、被重视的满足感。以投其所好的方式进行新媒体个性化营销，不仅可以引发互动，而且能够有效提高消费行为发生的概率。

新媒体个性化营销旨在让客户感到这个营销活动就是为自己量身打造的，使客户的虚荣心得到极大的满足，从而促成交易行为。

四、数字时代新媒体营销的发展

数字时代已经到来，随着数字技术的不断完善，基于数字技术衍生出来的新媒体也会不断发展，同样，新媒体营销也会发生翻天覆地的变化。只有把握数字时代新媒体营销的创新趋势，才能紧跟时代步伐，让新媒体营销大放异彩。

（一）内容至上，品牌、商家追求更好的内容沟通平台

小红书等社交类平台的搭建给消费者和商家提供了对话的平台。随着消费的升级，品牌商发现单纯的广告营销已经不能吸引消费者的注意力了。通过内容与消费者产生共鸣，传达品牌价值，以更有诚意的方式与消费者沟通，是品牌商所追求的最终目标。

互联网的作用在新型冠状病毒感染疫情防控期间发挥到了极致，依托于互联网衍生的数字营销行业有了更充分的发展空间。消费主体逐渐向年轻化转移，年轻人逐渐成为消费主力。年轻消费者更加注重产品的体验和消费的服务，从当前新兴品牌的营销模式来看，未来新媒体营销需要在诸多领域开展精细化运作以获得消费者的青睐。在未来的营销中，内容化依然是非常重要的趋势，“种草”“拔草”这种消费趋势已经深入品牌商和消费者的内心。未来营销应当考虑如何通过个性化的品牌价值与差异化的用户群体进行更好的匹配。内容营销是一种非常有效的营销方式，未来在内容营销上也势必会出现更多的新玩法。

（二）私域流量依然备受推崇，是品牌长期发展的机会点

2019 年，私域流量成为营销圈的热门话题，品牌想在公域中获取大的流量已经是件门槛非常高的事情。2020 年的新型冠状病毒感染疫情，让更多的商家和品牌转战私域流量。行业内基于私域流量提出了“长效 ROI（投资回报率，return on investment)”的概念，把用户导入企业的私域，让企业可以长期、反复地运营用户。“长效 ROI”与“短效 ROI”相呼应成为评定广告交易的新标准。

私域流量可能是传统品牌和新兴品牌的一个新的发展机会点。私域流量是一个比

较新的新媒体营销概念，谁能摸清私域流量的玩法，谁就能率先获得相关的红利。当然不同行业、不同企业对待私域流量所采取的措施也是有差异的。在以用户为中心的思维中，私域流量将数字营销转向更精细化的方向，同时大数据、技术和社群等概念的出现，给私域流量的积累和裂变提供了前提条件。

(三) 消费升级，民生行业是未来数字营销的新赛道

随着大数据、云计算和消费升级的深化发展，越来越多的品牌商意识到，想要长久地发展，除了自身产品过硬外，还需要在包装设计、消费体验、环保理念和情感共鸣上做升级，满足消费者日益升级的消费需求。以零食产业来说，不少产品打出“0糖0脂0卡”的健康旗号，代餐保健食品已经成为消费者的新宠。与此同时，民生行业也逐渐成为新媒体营销的新赛道，医疗、美容和社区团购纷纷运用新媒体营销手段，在满足消费者需求的同时，也为未来新媒体营销行业开辟了新方向。

当前中国在时代背景的推动下，数字化进程会愈演愈烈，各个行业也会意识到营销数字化的重要性。对于未来的消费趋势可以总结为四个字——“宅、云、理、康”。消费者越来越习惯云上生活，对待消费有自己理性的消费观、对健康越来越重视等。从探寻消费者需求的角度来说，未来新媒体营销的发展必然也离不开这四个字。

(四)“视频流”三足鼎立，还将长期占据主流

短视频历经多年发展，逐步走向商业化的成熟阶段，而如今直播又一跃成为新的营销风口。纵观视频营销的发展历程，我们不难发现，长视频、短视频和直播组成的“视频流”三足鼎立，传播形式呈现一种彼此竞争又相互吸纳的趋势。这种趋势在一定程度上促进了新媒体营销行业的发展，在未来很长一段时间里，这种“视频流”传播形式将长期占据主流。未来营销的趋势，倾向于从内容、渠道、营销玩法几个方面进行考察。从内容上看，当前直播、短视频传播已经成为品牌宣传的常态形式；从渠道上看，流量日益集中到头部渠道；从营销玩法上看，品牌越来越倾向于用诚意与消费者沟通，少了营销套路。也正是因为新型冠状病毒感染疫情的出现让品牌和商家改变了固有的思维模式，电商直播在未来的营销中依然会是主流。

(五) 全链路营销成行业共识，线上线下整合发展

面对充满变数的未来，新媒体营销行业要认识到，无论企业是否做好转型准备，都不得不跑步进入下一个数字经济的新周期：全链路营销是全行业变革的统一目标。线上线下联动的全渠道整合营销模式已经是大势所趋，通过线上数据的驱动和赋能，能够在线下的人、货、场的匹配中，实现精准识别目标用户，全方位、多角度触达场景中的消费者，给品牌传播带来更多声量，优化消费者购物体验，达到品效协同，是品牌长期发展的最优解。

(六) 技术变革，助力新媒体营销更多元、更具价值

科技赋能传统营销，通过大数据的监测和测评，帮助广告商更直接地筛选出目标用户，而依托于数字技术产生的新媒体营销，在科技的运用上更加纯熟。当前我们仍

然处于科技赋能新媒体营销的探索和搭建状态。随着科技不断融入新媒体营销行业，新媒体营销也将会产生更加丰富多元的玩法。

1.2 新媒体营销的类型

新媒体营销可以采用多种类型和策略，以吸引目标受众并提升品牌影响力。这里简要介绍以下常见的新媒体营销类型，并在后续章节中详细介绍。

1.2.1 软文营销

软文营销是一种以文学性、感染力强的文章形式，隐晦地、间接地宣传、推销产品或服务的营销手段。这种营销方式通常以一种生动、有趣、引人入胜的故事性、文学性手法来描述产品或服务的优点、特点或使用体验，从而引起读者的兴趣，并以此推动销售或增加品牌曝光度。

1.2.2 微博营销

微博营销是利用微博平台进行产品、服务或品牌的推广和营销活动。微博是中国最受欢迎的社交媒体平台之一，拥有庞大的用户群体和高活跃度，因此成为许多品牌和企业进行营销推广的重要平台。

1.2.3 微信营销

微信营销是指利用微信平台进行产品、服务或品牌的推广和营销活动。微信是中国最大的社交媒体平台之一，拥有庞大的用户群体和丰富的功能，因此成为许多品牌和企业进行营销推广的重要平台。

1.2.4 社群营销

社群营销是一种利用在线社交群体或社区进行产品、服务或品牌推广的营销策略。社群可以是在社交媒体平台上的群组、论坛、社交网络，也可以是特定行业、兴趣或活动领域内的在线社区。社群营销的核心目标是通过建立和参与社群，与潜在客户或用户建立联系，建立品牌忠诚度，并促进销售增长。

1.2.5 直播营销

直播营销是一种通过实时直播视频内容进行产品或服务的推广和销售的营销策略。随着互联网和移动设备的普及，直播技术已成为一种受欢迎的营销工具，许多品牌和个人通过直播平台与用户进行实时互动，展示产品、提供服务，并直接促进销售。

1.2.6 短视频营销

短视频营销是一种利用短视频平台（如抖音、快手、哔哩哔哩等）进行产品、服务或品牌推广的营销策略。随着移动互联网的普及和短视频平台的兴起，短视频已成为一种广受欢迎的营销方式，许多品牌和企业通过发布吸引人的短视频内容，吸引用户关注，从而提升品牌知名度和影响力。

1.2.7 搜索引擎营销

搜索引擎营销（search engine marketing，SEM）是一种通过在搜索引擎上购买广告位来推广产品或服务的营销策略。SEM 通常包括两种主要形式：搜索引擎广告和搜索引擎优化。

1.3 新媒体营销的模式

1.3.1 饥饿营销

饥饿营销是指商品提供者有意调低产量，以期达到调控供求关系、制造供不应求"假象"、维持商品较高利润率和品牌附加值的目的。强势的品牌、讨好的产品和出色的营销手段是饥饿营销的基础。饥饿营销的最终目的并非提高价格，而是让品牌产生附加值。饥饿营销是把双刃剑，使用得恰当可以使原来就强势的品牌产生更大的附加值；使用得不恰当将会对品牌造成伤害，从而降低其附加值。饥饿营销的成功基础主要有心理共鸣、量力而行、宣传造势和审时度势四个方面。下面以"喜茶"为例进行分析。

2012 年到 2015 年，"皇茶"（ROYALTEA）已在市场上获得较高的知名度，但因后期品牌市场问题及名称问题，2016 年初，"皇茶"更名为"喜茶"（HEYTEA），并开始注重对品牌的打造。

"喜茶"在上海设立的第一家店位于上海人民广场来福士商场，新店开业瞬间引来上百人排队购买，人群甚至排到了商场外面。2017 年 3 月 31 日，上海"喜茶"店运营近两个月后，"喜茶"微博账号发表声明称："目前上海两家门店每日单店出杯量在 3 000杯以上，但还是难以满足消费者每日过大的需求。"同日，针对广州地区代购问题发表声明称："由于近日代购日渐增多，不得不决定今日起广州各店暂时采取 1 单限购 10 杯的措施，1 人 1 次限下单。"2017 年 4 月 29 日，"喜茶"深圳来福士店和东莞汇一城店开店营业，引来大量消费者排队购买，为了改善代购排队对普通消费者造成的影响，"喜茶"采取了多项限购措施。

从心理共鸣的角度讲，“皇茶”作为芝士奶盖的首创者，具有一定的产品竞争力，拥有自身产品的追随者，品牌转型为“喜茶”后，在品牌形象以及店铺装修方面均有所提升，如简单黑白线条的上班群体形象画和装修简约时尚的店铺，都能够提升品牌格调。从产品到品牌形象，都极大地迎合了“白领”群体对于高品质饮品的需求。从宣传造势的角度讲，“喜茶”多次在微博平台发布线下店铺长时间排队的信息，与此同时，“喜茶”时常与购买过的微博名人互动，有意打造良好的品牌形象。

从审时度势的角度讲，针对“喜茶”饥饿营销的负面信息，“喜茶”一方面正在开更多线下店，另一方面在微博平台继续发布线下店排队现象的信息，展现线下火爆的现象。

资料来源 https：//baijiahao. baidu. com/s？ id=1685704854139531324.

1.3.2 事件营销

事件营销是企业通过策划、组织和利用具有名人效应、新闻价值及社会影响的人物或事件，引起媒体、社会团体和消费者的兴趣与关注，以求提高企业或产品的知名度、美誉度，树立良好品牌形象，并最终促成产品或服务的销售的手段和方式。事件营销集新闻效应、广告效应、公共关系、形象传播、客户关系于一体，企业通过把握新闻的规律，制造具有新闻价值的事件，并通过媒介投放和传播安排，让这一新闻事件得以扩散，从而达到营销的目的。当一个事件发生后，它本身是否具备新闻价值就决定了它能否以口头形式在一定的人群中进行传播，只要它具备的新闻价值足够大，那么就可以通过适当的途径被新闻媒体发现，或以适当的方式传达给新闻媒体，然后以完整的新闻形式向公众发布。事件营销的成功基础主要有相关性、心理需求、大流量和趣味性四个方面，下面以海尔“520”表白创意事件为例进行分析。

2017年5月19日，海尔官方微博账号发出一条微博，用户只要关注并转发该条微博内容，就有机会获得100家企业微博的关注“520”表白服务。

这条微博发出后并未立即获得大量转发，当天18时，“@极路由”与“@旺仔俱乐部”先后带着奖品参与活动，该微博的转发量迅速“破万”，并出现联动效应，多家“蓝V”主动提供奖品并转发微博。2017年5月20日凌晨1：15，某名人转发活动微博“#看评论#，你会转发参与的”；当天13：32，海尔通过微博抽奖平台抽取一名幸运“粉丝”；14：11，海尔公布中奖“粉丝”获得的礼品清单，共计63家企业为这名幸运“粉丝”送出“520”礼物。

从相关性的角度说，“520”与海尔并无直接关系，但此次由海尔牵头组织的“520”表白服务，从微博活动发起到活动传播，以及各微博账号之间的转载传播，使海尔通过此次事件与关注“520”的用户产生联系，海尔在此次事件中得到了充分的曝光。

从心理需求的角度讲，微博抽奖是微博用户喜闻乐见的微博活动，用户只要动动手指转发、评论加关注，就有可能获得礼品，如此低门槛的互动方式及数百家企业送出的丰厚奖品刺激，更是充分满足了用户的心理需求。

从大流量的角度讲，海尔微博账号在长时间的运营中，积累了“网红”属性，自身具备一定的“粉丝”号召力，同时此次活动联合数百家“蓝V”，更是把活动影响的覆盖面进一步扩大，把数百份祝福和奖品只送给一位用户，如此大的奖品力度刺激着每一个关注此次活动的微博用户，在海尔等数百家“蓝V”及用户的“围观”下，微博转发量达26万。

从趣味性的角度讲，企业通过微博平台在节假日为用户抽送礼品是常见的微博运营活动，但过于常规的抽奖形式已让用户对于抽奖的微博活动产生审美疲劳。海尔联合数百家“蓝V”共同发起转发抽奖活动，数百家的祝福和礼品只送一个人，让抽中的用户有一种“集万千宠爱于一身”的尊贵感。

资料来源　https：//baijiahao. baidu. com/s? id=1685799357151069336.

1.3.3　口碑营销

口碑营销是指企业努力使消费者通过与其亲朋好友之间的交流将自己的产品信息、品牌信息加以传播。这种营销方式具有成功率、可信度高的特点。从企业营销的实践层面分析，口碑营销是指企业运用各种有效的手段，引发消费者对其产品、服务及企业整体形象进行讨论和交流，并激励消费者向其周边人群进行介绍和推荐的营销方式和过程。

与传统广告相比，口碑营销实现了“关注品牌、产生兴趣、主动搜索，产生购买，分享影响他人，影响他人关注品牌”这样一个闭环的营销过程，而传统广告是先使消费者关注品牌产生兴趣，到渴望拥有产生品牌记忆，再实现购买。两者之间的区别在于口碑营销实现了购买后的再分享，消费者与周围的亲朋好友存在产品信息的互动交流；而传统广告则是促使消费者接受产品。借助新媒体营销平台便利的社交分享特点，口碑营销会大放异彩。口碑营销的成功基础有鼓动核心人群、简单而有价值、品牌故事与文化、关注细节和关注消费者五个方面。下面以网易云音乐地铁“刷屏”为例进行分析。

2017年3月20日，网易云音乐在微博平台发布了网易云音乐营销推广活动，网易云音乐和杭港地铁联合推出“看见音乐的力量”活动，把网易云音乐中网友对音乐的评论“刷满”了杭州地铁1号线。“看见音乐的力量”这样一句具有穿透力的微博话题，把网友的视线聚焦在被挑选出来的音乐评论（以下简称“乐评”）上。

这些乐评选自网易云音乐点赞数较高的5 000条优质乐评，这些乐评不仅“刷满”

了杭州地铁1号线和整个江陵路地铁站，也“刷满”了互联网，更是“刷到”了一部分人的心里。

2017年3月30日，网易云音乐发布乐评专列幕后故事视频，其微信订阅号推送文章《我们收到全国各地用户对于城市拥有这样一趟地铁的呼唤》，在文末“阅读原文”处是线上版本的“乐评故事博物馆”，在乐评下方，点击“我想听听”就可以跳转至网易云音乐收听乐评所对应的歌曲。

网易云音乐在众多乐评中精选出点赞超5 000次的优质乐评，既是对乐评人的认可，也是鼓励。网易云音乐宣传听众与歌曲之间的故事，意味着这些故事在一定程度上代表着该品牌文化。从关注用户的角度讲，每一条乐评都代表着网易云音乐用户对平台的信任和喜爱，“#看见音乐的力量#”事件把用户的乐评及名字印制并进行广告投放，有利于增强用户的品牌归属感，进而有利于品牌口碑的传播。

资料来源　https：//baijiahao. baidu. com/s? id=1685850969403914374.

1.3.4　情感营销

在情感消费时代，很多时候消费者购买商品所看重的是一种感情上的满足，一种心理上的认同。情感营销从消费者的情感需要出发，唤起和激起消费者的情感需求，激发消费者心灵上的共鸣，寓情感于营销之中。

情感营销的成功基础有产品命名、形象设计、情感宣传、情感价格和情感氛围五个方面。下面以饿了么联手“网易新闻”开“丧茶店”为例进行分析。

2017年4月26日，饿了么发布“干了这杯小确丧”话题微博。

2017年4月27日，饿了么确定合作对象，与“网易新闻”共同发布微博，声明将在上海开间“丧茶”店。

2017年4月28日，饿了么公布丧茶店详细信息，该店于4月28日到5月1日限时在上海开店。消费者可通过饿了么App线上下单购买，线下购买不接受现金，需用饿了么App下单购买，这一信息要求消费者无论是线上还是线下购买，都必须使用饿了么App。

从产品命名角度讲，“丧茶”结合了情感与产品名字，通过名字就可以判断产品是什么以及有什么特点。

从形象设计角度讲，“丧茶”的线上海报宣传、线下店铺装修、“丧茶”杯和菜单均以黑白为主色调，处处融入并体现着“丧”字的情感设计。饿了么将“网易新闻”的人偶形象植入其中。

从情感宣传角度讲，“丧茶”通过“丧气”语录，为平日见惯“鸡汤”文的消费者送来了一份另类的情感消费，这些看似不太乐观的语录，给消费者带来的却是看完会心一笑的幽默，是对忙忙碌碌的平凡生活的一种调侃。

从情感价格角度讲，“丧茶”和商场一杯普通的饮品价格相差无几，在消费者情感共鸣下的感性消费中，价格并不会成为消费者是否购买的决定因素。

资料来源 https：//baijiahao. baidu. com/s? id=1685899321823406850.

1.3.5 互动营销

互动营销是指企业在营销过程中充分参考消费者的意见和建议，用于产品或服务的规划和设计，为企业的市场运作服务。通过互动营销，企业让消费者参与产品品牌活动，拉近了消费者与企业之间的距离，让消费者在不知不觉中接受来自企业的营销宣传。互动营销的成功基础有消费者属性、互动内容和渠道，以及反馈机制三个方面。下面以“361°创造你的热爱”为例进行分析。

“361°热爱是金”是一个互动型H5（HTML5），消费者进入H5游戏后需要在画面区域画出小人，小人画完后将会穿上鞋子开始一路“征战”。

小人在路上会遇到各种困难，消费者按照提示在屏幕上画出相关图形，小人以此为武器与对手对抗从而闯关成功。

从消费者属性的角度分析，361°的消费者是由一群喜欢运动的年轻人组成的群体，传统的展示型H5已无法满足年轻群体对于新奇事物的好奇心，互动型的H5能够让消费者参与H5的剧情发展过程，切中当下年轻群体对于新奇事物的心理需求。

从互动内容和渠道的角度来讲，H5中的剧情需要在消费者的互动中完成，集趣味性和互动性于一体，同时剧情内容紧扣H5主旨并在剧情中体现产品特性，通过H5的形式在微信上发布可以获得更广泛的传播。

从反馈机制的角度来讲，H5的反馈机制需要企业在H5的后台系统中进行查看。对于投放的内容，企业可以根据营销目标，精准投放至不同的消费者群体。

资料来源 https：//www. sohu. com/a/108333572 _ 451698.

1.3.6 “病毒”营销

“病毒”营销是企业利用公众的积极性和人际网络，让营销信息像“病毒”一样传播和扩散，营销信息被快速复制传向数以万计、数以百万计的消费者。“病毒”营销与口碑营销的区别在于，“病毒”营销是由消费者自发形成的传播，其传播费用远远低于口碑营销；传播方式主要依托网络，传播速度远比口碑传播快。“病毒”营销的成功基础有独创性利益点、传播关键点和跟踪管理。下面以秒拍“假人挑战”为例进行分析。

2016年11月，“假人挑战”游戏在网络上盛行，该游戏需要多人参与，每个人摆好不同的造型后，不眨眼、不出声、一动不动，就像玻璃橱窗里的假人模特，然后由摄影师一镜到底地拍下全过程，故而称为“假人挑战”，人数越多，难度越大，越考验团队成员之间的默契程度。

2016年11月19日，秒拍联合微博掀起全民“假人挑战”游戏热潮，几十位艺人参与“假人挑战”游戏，参与挑战的艺人在各种环境下，定格精彩一幕。“假人挑战”游戏由秒拍从国外引进，在引进之前，国内短视频平台并没有大量同类视频。该游戏满足了三方面的利益需求。第一，对于参与的明星艺人，秒拍官方组织的活动为明星艺人提供了强大的流量曝光；第二，秒拍需要明星艺人通过秒拍App发布“假人挑战”视频来提升平台活跃度，吸引新用户注册；第三，对于用户而言，用户通过“假人挑战”游戏可以看到明星片场的状态及明星逗趣的一面。

从传播关键点角度来讲，“假人挑战”游戏如此受用户喜爱，除了游戏趣味性十足之外，秒拍官方的发起以及几十位明星艺人的参与互动，让这个游戏和秒拍共同得到更多用户的关注。

从跟踪管理角度来讲，从发起活动到邀请明星艺人参与挑战，在半个月的火爆传播期，明星艺人的“假人挑战”视频并未在一天被全部发出，而是在一段时间里持续被发出，这也使“假人挑战”的影响力更为持久。

资料来源 https://baike.baidu.com/item/%E5%81%87%E4%BA%BA%E6%8C%91%E6%88%98/20219435?fr=ge_ala.

1.4 新媒体营销的工具

随着移动技术和信息技术的不断发展，在进行新媒体营销时，可以借助于很多先进的软硬件工具。这些工具对于新媒体营销活动的顺利开展具有很大的帮助。

1.4.1 图片处理工具

在新媒体营销中，作为视觉化呈现的重要一环，图片的重要性不言而喻。无论是微信公众号、微博还是今日头条，都需要为文章配图。图片处理技能主要体现在以下几个方面：一是文章的配图，二是一些图片的处理、修改，三是一些海报设计。

一般来说，新媒体常用的图片处理工具有Photoshop、创客贴、美图秀秀等，其中Photoshop较为常见，在图片处理方面的效果更好；创客贴是一款在线平面设计工具，无须下载任何客户端，只要计算机处于联网状态，打开浏览器进入网站即可使用；美图秀秀功能极多，可以在手机上添加水印。不同的图片处理工具各有优势，如果配合使用，就可以制作出效果良好的图片。

创客贴网页如图1-4所示，具有丰富且可免费使用的商用图片、图标、字体等素材，用户可以在“模板”中选择合适的模板套用，从而大大降低平面设计的难度。

图1-4 创客贴（图片来源：创客贴官网）

1.4.2 文字排版工具

文字是新媒体载体中最基本和最常用的元素，是新媒体信息传播的重要载体。大部分新媒体传播形式都是以文字表现形式为主的，即使是漫画或视频，也都是以文字为基础的。文字是新媒体内容的核心，而排版是新媒体内容呈现不可或缺的部分。浏览者除了对内容质量有要求之外，还看重阅读体验，因此文字排版尤为重要。常见的文字排版工具有秀米排版、135编辑器、i排版等，图1-5为i排版的页面。

图1-5 i排版（图片来源：i排版官网）

1.4.3　视频处理工具

在进行新媒体营销时，会发布一些小视频，这就需要运用到视频处理工具。一款好用的短视频编辑工具往往能提升工作效率和质量。常用的视频处理工具有爱剪辑、会声会影、剪映、快剪辑、Premiere 等。

1.4.4　存储工具

在新媒体平台上发布信息要进行存储，这就需要运用到存储工具。常用的存储工具有百度网盘、360 云盘、腾讯微云等。

1.4.5　SEO 工具

SEO 即搜索引擎优化。在进行新媒体营销时，利用搜索引擎优化，可以改进品牌的关键词排名，获得更多的流量，进而将流量转化为利润。常用的 SEO 工具有爱站网、百度搜索风云榜、百度指数等。图 1－6 为爱站网的 SEO 综合查询页面。

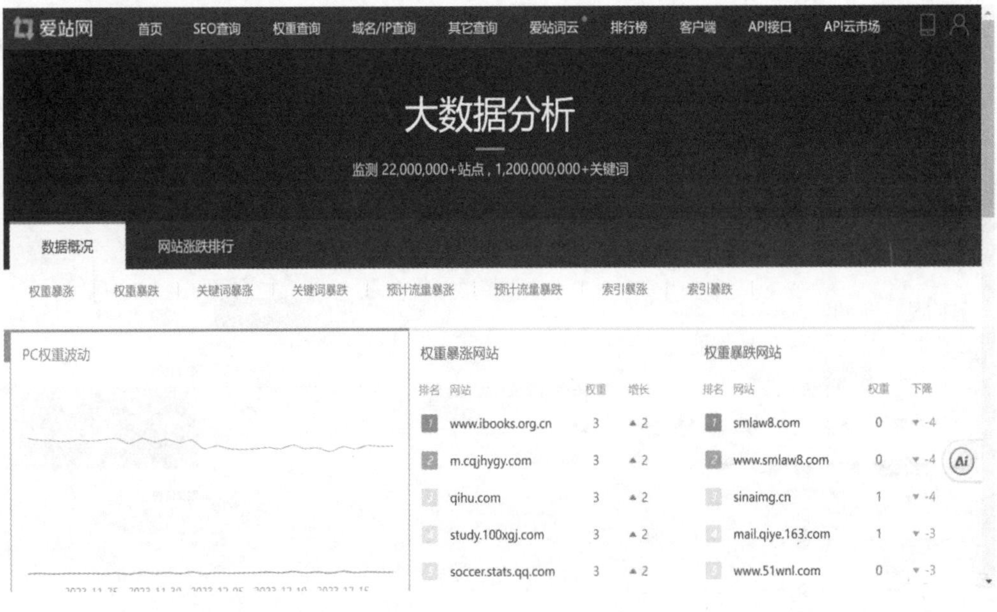

图 1－6　爱站网的 SEO 综合查询（图片来源：爱站网）

1.4.6　运营助手

运营助手可以简化新媒体营销的运营流程，使营销达到更加出色的效果。常用的运营助手有新媒体管家、西瓜助手、爱微帮等。

1.5 新媒体运营的岗位及能力要求

1.5.1 新媒体运营的主要工作

一个合格的新媒体运营者，不只是发布微博、微信消息，还需要做到以下几点：

一、理解产品

脱离产品的新媒体运营是没有意义的。脱离产品的新媒体运营对内容传播或产品销售没有促进作用，最终将难以持续。

新媒体运营者要先熟悉产品，分析产品最吸引用户的亮点在哪里，再思考目标用户的行为模式特点，不同类型的用户在使用产品过程中会经历哪些场景、遇到哪些问题、产生哪些需求等，这样才能写出激发用户购买欲望或者传播欲望的新媒体营销文案。

二、积累“网感”

为什么有的人总是能比你先发现网络热点话题、先使用网络热点词汇、先发现网络热门表情包？这就说明他的“网感”比你强。

“网感”其实就是快速抓住网络流行热点并创造内容的能力。这种能力是建立在长期对网络话题的数据分析、对优质内容的信息搜集等基础之上的。

新媒体运营者对网络趋势的把握很关键，需要根据热点或新闻很快做出反应，而且要做到让创作的内容和自己品牌的格调相匹配，这就需要新媒体运营者在了解产品和用户的基础上具备良好的“网感”。

三、整合资源

新媒体运营不是简单地写几个好文案。一个好文案要能够扩散，关键是找到网络上能扩散有关内容的关键资源。不是任何文章都可以通过自己的平台成为爆款的。

这就要求新媒体运营者有超强的整合资源的能力，不仅是整合网络上各种文案素材，更重要的是整合网络上各种能帮你传播的优质资源，并与其建立互利互惠的长期合作关系。

四、内容策划

新媒体运营的形式一直在变，但有效策划好内容、好活动却是不变的，新媒体运营者需要了解内容策划的方法。

1.5.2 新媒体人才的能力提升点

现阶段互联网上充斥着大量同质化的内容和产品，用户开始有选择性地浏览新媒体内容。企业若想提升新媒体平台的运营效果，必须从以往“只会发广告”“只懂写文章”的粗放式新媒体运营转为更精细化的新媒体运营。

各大招聘网站的数据均表明，现阶段大量企业急需新媒体运营人才，尤其是对精细化新媒体运营人才的需求更是呈上升趋势。从市场需求角度来看，新媒体运营者除了要掌握基础理论外，还需提升以下五个方面的能力：

一、内容策划能力

用户在接触企业产品之前，最先接触的是企业发布的文章、海报、短视频等。因此，新媒体运营者需要持续提升内容撰写、测试、优化的能力。

需要特别强调的是，现阶段各大新媒体平台一般都具有电商功能，用户在阅读内容时可以直接购买产品。因此，新媒体运营者除了需要提升内容策划能力外，还需要学习内容转化技巧，并提升企业内容电商的业绩水平。

二、工具应用能力

新媒体运营者未必是专业的设计师或程序员，但必须知道如何快速找到最合适的新媒体工具和如何借助工具提升工作效率。例如，当新媒体运营者需要设计一张活动海报时，即使没有设计功底，也可以在“创客贴”网站在线编辑并生成一张海报。为了提升工具应用能力，新媒体运营者需要持续提升使用以下工具的熟练程度，包括图片处理工具、文字处理工具、表单处理工具、H5 制作工具及音视频处理工具等。

三、运营统筹能力

新媒体运营是一项系统化的工作，需要新媒体运营者做好策划、执行、反馈等一系列工作。刚进入新媒体行业的新人需要针对微信营销与运营、微博营销与运营、社群营销与运营、活动策划与运营、产品策划与运营等模块，学习与实践相应的营销与运营知识。

四、数据分析能力

新媒体运营往往很容易获得较为精确的数据，如页面访问量、文章转化率、用户浏览时长、网页跳出率等。新媒体运营者必须持续提升其数据分析能力，包括自媒体数据分析能力、活动数据分析能力、网站数据分析能力等。

五、热点跟进能力

新媒体运营者需要提高对信息的敏感度，了解互联网文化并掌握影响信息传播的因素，在发生热点事件时可以及时地跟踪并且做出反应。

新媒体运营者需要提升热点跟进能力，及时了解互联网动态，关注热点事件的演化，分析其背后的传播规律。例如，对近期较火热的案例进行分析并取长补短；时刻关注“微博热搜榜”，查看当前热门信息；关注百度热搜，了解用户搜索与关注的热门内容等。

实训项目

【教学目标】

通过本章实训内容，使学生掌握新媒体营销的方法和具体运用。

【技能要求】

分析新媒体营销在实际生活中的应用。

【实训内容】

学生选择一个合适的行业或领域，先调研该行业或领域的目标用户，再了解他们喜欢什么内容，喜欢从哪些渠道来获取有价值的东西。

（1）树立产品口碑，设法让产品在消费者心中留下一个鲜明而深刻的印象，然后通过新媒体平台传播这些信息；

（2）选择客户感兴趣的内容，通过有效的知识传播方法和途径，将对用户有价值的知识传递给潜在用户，让潜在用户逐渐形成对企业品牌和产品的认知；

（3）根据客户的特点，选择合适的社群进行营销，并通过有效管理提高社群成员的活跃度。

思考与练习

（1）如何理解新媒体及新媒体营销？

（2）新媒体的特点和分类有哪些？请举例说明。

（3）新媒体发展的趋势有哪些？

（4）如何理解新媒体营销的4I理论？

（5）新媒体营销的常见模式有哪些？请举例说明。

（6）在运营新媒体时，为什么要重视个人账号体系的搭建？

（7）新媒体运营者的主要工作及能力提升点有哪些？

（8）用新媒体营销自己的步骤有哪些？

第2章 软文营销

本章教学目标

知识目标：了解软文的概念、特点和分类。理解软文营销的概念、特点、优势与作用，掌握软文营销的“调研、策划、撰写、发布、评估”五部曲，并能够运用该五部曲流程。

能力目标：学生应该能够应对各类型的软文营销工作，能够独立进行软文营销策划及效果评估工作，并能够针对遇到的问题采取一定的应对措施，具备分析问题和解决问题的能力，能有效地开展软文营销相关活动。

素养目标：学生有意识地关注软文营销相关动态，激发对软文营销及相关活动的探索意识，培养学生的探索精神和创新精神。

案例导入

“第一罐”王老吉为灾区人民捐赠善款1亿元

5月18日晚，央视一号演播大厅举办的“爱的奉献——2008抗震救灾募捐晚会”总共筹资逾15亿元。其中，中国饮料业巨子罐装王老吉以1亿元人民币的国内单笔最高捐款，诠释了这个时代最值得树立的民族企业精神。

一、王老吉亿元誓铸众志成城

离地震发生已经过去100多个小时，震灾造成的群众伤亡和严重损失超乎了所有人的想象，而民间自发的大规模善举也掀起了前所未有的高潮。据最新统计，前方救灾工作仍在争分夺秒地进行当中，全国赈灾款项募集已超过90亿元，且金额仍在不断增加。

继台塑集团和日照钢铁先后捐赠1亿元之后，作为中国民营企业代表的王老吉（加多宝集团）此次同样高达1亿元的赈灾捐款，第一次使得海峡两岸暨香港的企业同步书写了创纪录的慈善壮举。从某种意义上来说，这个数字背后所代表的价值观也第一次使得中华民族与生俱来的同根精神拥有了具象的体现。更重要的是，遍布全球的华人不约而同地朝着“众志成城”的精神高地努力，“我为人人”的崇高信仰不仅是中国人民的精神财富，也是全球华人的精神宝藏。

晚会上，王老吉相关负责人郑重代表企业捐出1亿元人民币，用于四川地区抗震救灾工作，此番善举赢得掌声雷动。王老吉相关负责人郑重表示，“此时此刻，加多宝集团、王老吉的每一位员工和我一样，虔诚地为灾区人民祈福，希望他们能早日离苦得乐”。

社会捐赠的集结号早已经吹响。尽管慈善事业不分大小和先后，作为国家社会中坚力量的企业公民，其善举带动的不仅是救灾财力的提增，而且是对全体民众的精神激励——有负责任的企业，必有负责任的员工，也必有负责任的大国国民。

二、民营企业承担更大社会责任

作为民族品牌代表的中国企业，在经济推动国家机器运转的现实情况下，始终是社会的中流砥柱，它们的社会责任感也从另外一个侧面体现了大国崛起下的精神内核。其中许许多多的民营企业，也在不断的发展进步中逐渐显现出应有的社会责任感，成为此次赈灾中不可忽视的民间力量。

事实上，要想成为一个合格的企业公民，仅凭良好的意愿是远远不够的，更需要一种非修炼不能获得的能力，慈善远不止捐款捐物那么简单。

在加多宝的发展壮大过程中，公司对社会问题的关注一直贯穿始终。在过去的10年间，无论是在非典期间的付出，还是持续了八个年头的以资助贫困生为主题的“学子情”活动，王老吉一直笃行的是改良性的变革。

罐装王老吉相关负责人表示，企业的社会责任事实上应被转化为一种视野及与之匹配的行动力。一个勇于、乐于承担社会责任的企业，恰恰是着眼于未来并积极行动的变革者。“王老吉今天所获得的第一罐的行业地位，正好体现了一个传统的民族饮料品牌对于未来的积极参与。”他说。一位在中华慈善总会工作了近20年的负责人表示，“慈善事业必须长期化和流程化，我们期待每个有责任感的企业能够通过自身的不断努力，促进整个社会朝着更高的人文境界前行。”

三、王老吉：回报社会凭什么

同样，企业如果仅仅具备很强的责任感，而缺乏能力，那也无力承担社会责任。恰恰是受中国传统文化的影响，并得到众多同胞的支持与认可，使王老吉获得了这种承担社会责任的能力，王老吉也因此视回馈社会为一种天经地义的重任。

从各种报道中不难发现，红罐王老吉（加多宝集团）经过13年的发展，已经成为全国饮料行业的领导品牌。国际权威调研机构AC尼尔森关于饮料市场的一组数据显示，2007年下半年，王老吉在国内罐装饮料市场的销售额已经超越了在中国饮料市场上的众碳酸饮料品牌。2008年3月国家统计局、中国行业企业信息发布中心发布的数据更清晰地表明，王老吉“2007年度全国罐装饮料市场销售额第一名”的称号，使得王老吉成为名副其实的“中国饮料第一罐”。

从当年偏居一隅的凉茶品牌，到今天中国市场的佼佼者，王老吉的发展为中国国内品牌提供了商业化的范本。到目前为止，加多宝集团已经在广东、福建、浙江、北京与武汉分别设立了罐装工厂，以应对全国市场的需求。同时王老吉还通过策略性的广告投放、渠道承载力和终端运营力提升等措施，不断巩固其市场地位。

作为饮料行业的翘楚，王老吉也将商业运营与企业公民责任进行了很好的平衡，始终把有益社会、关注民生作为企业发展的理念。持续八年的“学子情”活动，将自助和助人的信念贯彻始终，为企业、贫困学生、热心公益的个体建立了互助学习的平台，让关爱和帮助始终延续和传递下去。王老吉的种种善举，同时也展现了“中国饮料第一罐”企业所应有的大家风范。

积淀实力，是一个企业能够持续反哺社会的源泉。在大国崛起以及民族情绪不断高涨的背景下，像王老吉、华为、奇瑞这样的民族产业脊梁，正通过自身的不断努力，一步一步推动着中国经济的发展以及社会意识的进步。

该篇软文于2008年发布在腾讯网上，发布的时间恰到好处。在全民关注地震灾区情况的时候，加多宝不仅为灾区的重建提供帮助，还对众多民营企业起到了模范带头作用。正因如此，我们对加多宝的好印象一时无两，觉得它是有良心、正义的企业，喝凉茶就喝加多宝自然而然成了一种时尚。

随着一系列软文的发布，无论是“王老吉捐款1亿元”，还是“加多宝牵手《中国好声音》”，所形成的效果就是人们对加多宝越来越了解，购买加多宝的人越来越多。私募基金东方港湾董事总经理但斌作为市场人士，也不得不承认：“10间便利店中只有1间店铺销售王老吉，而10间便利店的加多宝凉茶均陈列在货架的显眼处。”由此可见加多宝将软文运用得炉火纯青。

资料来源　https://www.163.com/money/article/4CAK1QTA00252N0H.html.

2.1　软文营销概述

一、软文的概念与分类

（一）软文的概念

总体来说，软文是相对于硬性广告而言的，由企业自己的市场策划人员或者广告公司的文案人员专门撰写的一种“文字广告”。

如果更加细致地描述，软文有两种定义，一种是狭义的，一种是广义的。其中，狭义的软文是比较早期的一种定义，是指企业在报纸或杂志等宣传载体上花钱刊登的纯文字性广告，也就是付费文字广告。而广义的软文是指企业通过策划，在报纸、杂志或者网络等宣传载体上刊登的可以提升企业品牌形象和知名度，促进企业销售的一切具有阐释性和宣传性的文章。这些文章包括深度文章，包括特定的新闻报道，包括付费的短文广告，也包括案例分析等传达与推广和产品主题相关但又并非直接广告的信息。其实说得更简单一点，软文就是营销策划人员根据产品的概念诉求和问题分析，对消费者进行针对性心理引导的一种文字模式，是一种引导路线。

经典案例

瑞星推广产品的一篇经典软文
一只狮子引发的一场离婚案

有一个男的出差在外，突然回家，在门口听到有男人打呼噜的声音，男的默默地走开了，发了个短信给老婆："离婚吧!"之后扔掉了手机，远走他乡……

三年后他们在一个城市偶遇。

妻子问："为何不辞而别?"

男的说了当时的情况。

妻子转身离去，淡淡地说："那是瑞星的小狮子。"

资料来源　https：//weibo.com/ttarticle/p/show? id＝2309404359186350740033.

与硬性广告相比，软文具有成本低廉、操作简单、可信度高、针对性强、易被接受等优势。更明确地说，软文之所以被称为软文，就在于一个"软"字。软文将要宣传的东西完美融合于文章内容中，触动用户心理，让用户在阅读文章的时候更能了解策划人所要宣传的东西，不仅让用户印象深刻，还能在短时间内左右用户的思想，给用户一种本产品值得信任的印象。这是一种双向赢利的模式，既让用户得到了想要的内容，也让企业宣传了想要宣传的东西。

（二）软文的分类

根据体裁，软文可以分为两大类，一类是文章体裁，分为记叙文、议论文、说明文；另一类是文学体裁，分为小说、诗歌、戏剧、散文。在上述文体中，都可以植入某种行动目标，因此都可以称为软文。

根据软文的内容特点，软文可以分为新闻类、故事类、科普类等。

根据软文的主要行动目标，软文可以分为产品类软文、服务类软文、品牌类软文、公关类软文。

根据人们的理解方式，软文可以分为传统软文和网络软文。下面将重点对比传统软文与网络软文的特点（表 2－1），以便我们更清晰地了解网络软文的力量。传统软文以杂志、报纸、海报、图书、信函、宣传册等为主；网络软文基于互联网的形式存在，可以演变成博客、论坛、微博、微信、QQ 留言、E-mail 网络签名、电子书、百度文库、百度问答等。

表 2-1　传统软文与网络软文的特点对比

特点	传统软文	网络软文
介质	以印刷或者打印为基础的表现形式	门户网站、博客、论坛、微博、微信、网页、QQ群、企业或者个人网站、电子书等
成本	撰写要求高，发布成本高	可以根据不同传播途径的特点撰写，形式更灵活，发布可以付费也可以免费
发布时间	因审稿、校对、上版等流程，时间长	随时可以发布
覆盖面	限于媒介的传播范围	基于互联网，范围不受限
针对性	很难找到精准的目标人群	结合搜索引擎，可以精准找到目标受众，只要服务器不出问题，永远存在
寿命周期	短，难保存，阅读率低	长，撰写完成一篇网络软文之后，可以根据不同传播途径进行再次修改、提炼，在同时间段可以进行整合操作
整合性	比较差，不同媒体的审稿标准、收费标准、出版周期不同	强，通过嵌入的图片或者链接，单击鼠标即可获取所需信息
客户体验	差，需要拨打电话咨询或者再次上网检索获取信息	强，可以直接回复
内容形式	相对单一，通常以文字和图片为主	更加注重内容的多样性和创新性，可以加入音频，下载链接、微信二维码、直播链接等各种元素
数据分析	弱，难以准确了解读者反馈和广告效果	可通过数据分析工具对软文的曝光量、阅读量、分享量等指标进行实时监控和分析，以评估软文的效果和影响力

从表 2-1 可以看出，网络软文的优势较大，但是必须指出的是，传统软文的可信度大，仍然有非常强的影响力。因此，我们认为，将传统软文与网络软文结合起来，整合的力量威力巨大!

二、软文营销

(一) 软文营销的概念

软文营销是网络营销中有关消费者心理学的另一个理论基础，它是针对工业经济时代的以大规模生产为主要特征的“强式营销”所提出的新理论。软文营销强调企业在进行市场营销时，必须尊重消费者的感受和体验，让消费者能舒适地主动接受企业的营销活动。

简单来说，软文营销具有四个特点：

（1）本质是广告的一种，只不过相对于我们常见的硬性广告而言，它是一种软性广告，在追求低成本和高回报的同时没有回避商业的本性。

（2）形式主要以文字为主，同时辅以图片、视频等多种形式，丰富多样。

（3）内容没有硬性宣传，主要以读者的体验为重，在为潜在消费者提供有价值的内容的同时，从侧面渗透进行企业营销。

（4）效果具有口碑传播性，发布一次，通过其他人的转载来扩散传播。

软文营销归根究底就在一个“软”字上，柔软如水母，可以在茫茫大海上漂泊 6.5 亿年之久，而强硬如恐龙，却不能承受沧海桑田的变化，最终消逝在漫长的历史中。软文也是如此，在众多硬性广告中，用软文来营销，堪称“以柔克刚”的典范。

结合以上分析，我们认为，综合运用营销、策划、新闻传播、网络营销的知识，进行有计划的实施和监控的系列软文操作就是软文营销。简言之，有目的、有策划的系列软文操作就是软文营销。

（二）软文营销的优势

现代商业活动离不开营销，而软文营销恰恰是连接企业、社会和消费者的一种很好的途径。相较于其他营销手段而言，软文营销具有以下优势：

1. 具有润物细无声的隐蔽性，易于被消费者接受

软文营销没有那么强的商业广告的气息，它是一种专门以消费者为中心，按照消费者的需求去定制的营销方式。它将需要宣传的信息嵌入文字之中，以新闻资讯、评论、管理思想、企业文化等角度从侧面进行描述，给消费者提供方便，具有润物细无声的隐蔽性，易于被消费者接受。同时，它兼具广告和新闻的特征，既有广告的效果，又有新闻的权威性，真实而客观，更具可信度。如今这个网络媒体盛行的时代，新闻、博客、论坛等到处充斥着商业性文章，让读者分不清哪篇文章是新闻，哪篇文章是软文，这就是软文默默存在的最大价值。

2. 制作简单，成本低廉

软文大多以文字为主，可以添加图片或者视频，制作起来比较简单，而且相较于硬性广告而言，软文营销信息量大、不受时间限制，可以在网站上永久存在，不必一而再，再而三地换花样。软文营销成本是否低廉虽然取决于软文的营销形式和发布渠道，但是相较于其他营销手段，软文营销成本已经算是低廉的了。因为它大多以文字形式发布在网络和纸质媒介上，不用专门请广告公司进行拍摄，不用花大价钱请明星进行宣传，更不用买几秒就几百万元的广告位和广告时段。就凭成本低廉这一点，软文就已经成为众多营销手段中的“香饽饽”，更不用说它还有其他的优点。

3. 形式多样，受众面广，具有口碑效应

中国文字的博大精深，完全可以体现在形式多样的软文上，像是网络新闻、论坛发帖、博客文章、微博、微信、娱乐专栏、人物专访、电影、游戏等，几乎网络的每一个角落，都有软文的痕迹。中国互联网络信息中心发布的第 52 次《中国互联网络发

展状况统计报告》显示，截至2023年6月，我国网民的数量已经达到10.79亿人。大多数人养成了每天浏览网络的习惯，甚至有更多的人成为“微博控”“微信控”等，一有时间就习惯性地刷信息，这些人都是潜在的消费者，由此可见软文的受众面之广。在这些潜在的消费者中，有很多人看到喜欢的文章、故事等会随手转发，告诉身边的人，此时将需要宣传的东西嵌入其中，一传十、十传百，这样相互转发起到的效果，比一般广告的效果要好很多。不仅如此，软文还具有非常好的搜索引擎的效果。它在通过软文营销公司的网络整合营销服务之后，发布在互联网上各个大型门户网站以及全国各地方性门户、行业网站的相关频道，还有可能继续被其他网站转载。也难怪国外的一份权威调查报告会得出这样的结论：企业在获得同等收益的情况下，对软文营销的投入是传统营销工具投入的1/10，而信息到达速度却是传统营销工具的5～8倍，极具口碑效应。

经典案例

“岁末年初，2010减肥方法大盘点”这篇软文中列举了诸多减肥方法，比如药物减肥、针灸减肥、运动减肥、饥饿减肥等，客观地评价了每一种减肥的优缺点，最后重点突出了全营养减肥法，也就是这篇软文的行动目标。结果这篇文章被很多网站主动转载，传播的效果比较理想。

资料来源 https：//lemon. baidu. com/ec/article？ id＝nar _ 1631782216188057205.

4. 软文的持续性强

平面媒体软文，除了当期能与受众见面之外，也可以从图书馆或者数据库中查找到。如今很多平面媒体也有了网络版，从网络上也能检索到。网络软文，更不用说了，只要服务器不关，只要互联网不消失，就将永远存在。

5. 软文的受众更精准

硬性广告仅限于能够直接见面的受众，不确定是不是目标受众，如同盲人拿机枪，只能乱扫一气，能打几个算几个。相对来讲，软文针对性更强，从标题、内容上都可以精准地针对受众，特别是网络软文，通过百度检索后更为精准。

6. 软文操作更灵活

硬性广告受时段、版面、刊期等限制，而软文除了平面媒体受刊期、版面篇幅所限之外，网络软文可以不限篇幅，可以插入图片，可以插入超链接，可以设置百度检索的“关键词”。

三、软文营销的作用

软文营销因为其亲民性、费用低和受众广等优点，一直受到各类企业的欢迎。众人都说软文营销好，但是它具体好在哪里，还是要看它可以起到什么作用。

（一）宣传作用

软文营销的本质涉及营销企业、企业家、企业文化、产品、活动等一系列与企业、品牌相关的东西，通过营销，让所有人了解这家企业，了解这家企业的产品并产生购买的行为，这就是一种宣传。因此，软文营销具有宣传作用。

对外，软文营销的宣传可以起到广告、公关的作用。无论是广告软文还是公关软文，它们的目的都是将企业产品广而告之，从而直接或间接地促成销售，树立企业品牌形象，达到优化传播的效果。对内，软文营销的宣传可以起到丰富企业文化的作用。文化是一种精神内涵，是定位产品、塑造品牌的前提，是它们的灵魂。只有通过软文营销做好文化营销，有意识地构建企业的个性、价值观并开展与消费者的个性、价值观匹配的营销活动，才能塑造出具有文化个性的产品，才能让这些产品含义丰富，吸引消费者的眼球。不仅如此，对内进行软文营销，如创办企业内部刊物，还可以提高员工的思想素质，提升团队的执行力和向心力等，达到“上下同欲者胜”的目标。

（二）销售作用

企业之所以要做软文营销，最主要的就是为了销售产品，所以软文营销具有销售的作用。通过软文优化，设计好软文中相应的关键词，可以很好地通过搜索引擎来提高网页排名，提升网站流量，从而营销企业的产品或者服务，提升网站转换率，提高销售力等。

但是想要发挥软文营销的销售作用，需要不断地努力，一篇软文很难起到作用，需要通过连续的高质量软文才能发挥销售作用。毕竟通过一篇软文就能带来百万流量的，较为少见。

（三）信任作用

想要销售一件产品，首先要得到消费者的信任。软文营销就是通过一篇篇的软文取得这种信任。软文营销之所以能起到信任作用，主要是因为书面语言本身就比口头语言多一份信任，就好像涉及公事的时候我们都会签合同，而不是口头约定一样，软文营销也是如此。当消费者开始相信软文中所推销的产品的时候，几乎就是买卖成交的时候。信任，无论是在人际关系中还是在购物中，都显得弥足珍贵。此外，软文之所以能起到信任作用，跟它的写作方法有很大的关系。

软文从一开始就是为了摆脱广告的影子而产生的一种文体，它将所要推销的产品非常讲究地隐藏在文章中，润物细无声地影响消费者的购物决策和方向，从而达到销售的目的。因此，如果想要发挥软文的信任作用，就要先提升软文的质量。否则，人们就会对软文产生疲劳感，不仅实现不了销售目标，还会出现反效果，得不偿失。

（四）品牌建设作用

现在越来越多的企业重视品牌建设。举一个常见的例子，打开天猫网页，随便进入一家店铺，基本都可以看到品牌故事、品牌文化等相关内容，这就是一种品牌资产的积累。

品牌资产是由品牌认知、品牌形象、品牌联想、品牌忠诚度和附着在品牌上的其他资产要素构成的。因此，要想做好品牌建设，通过软文营销不断地进行宣传，及时与消费者互动是一个不错的选择。有创意的广告和好的营销策略，都需要软文做话语支撑。

（五）整合与互动作用

对于如今的企业来说，软文如同空气一般，几乎无处不在，网页、博客、论坛、微博、微信、邮件、留言、评价、签名、标语、词条等，都有软文的身影。软文可以与它们进行整合、互动，达到营销推广的目的。

一篇软文就好像投入大海的一粒石子，看似微小却能起到推波助澜的作用。以论坛的发帖和回帖为例，如果将软文整合到帖子中形成互动，那么互动就会产生讨论，讨论就容易形成话题，而话题被放大就会形成事件，事件一经渲染就容易与新闻挂钩。就如同一只南美洲的蝴蝶轻拍翅膀，可能引发美国得克萨斯州的一场龙卷风，一篇高质量的软文同样有可能引起一场销售风暴。

（六）增加外部链接与点击量的作用

网络软文具有明显的增加外部链接与点击量的作用，这一作用对于网站流量及网页级别来说是非常重要的。

外部链接越多，代表软文越容易被搜索引擎发现、抓取和收录，更容易通过相应关键词提升网页排名，被越来越多的人搜索到，这样就能提升流量。所以像是“落伍者”等网站的站长们，大多喜欢通过软文营销来推广自己的网站。如果企业也用网络软文进行宣传，软文得到较高的点击量，就意味着自己的产品能够被更多的人看到，不仅能提高产品销量，还能提高产品的知名度。

经典软文知识链接

如何判断一篇软文是好的软文

总体来说，达到了软文推广目的，并且起到了软文推广效果的软文就是一篇好的软文。好的软文要符合两点要求，一是能提高所要推广的企业产品、企业品牌或者网站在行业中的知名度；二是能通过软文带来一定的实际用户，给企业带来利润。

以上是判断一篇软文质量上乘的基础。除此之外，不同的软文还有不同的判断方法。

1. 从软文本身来看

软文本身的内容是一篇软文是否成功的决定性因素，因为它是软文所有效果的载体，只有它的内容质量高，软文才能成功。从软文本身的内容来看，好的软文要具有以下特点：标题吸引人、关键词设计得好、原创性和可读性强、阅读体验好、有值得推荐或分享的价值、读者阅读后有共鸣并出现一定的记忆点等。

2. 从传统软文来看

传统软文多是发布于报纸杂志的有偿新闻，因为比较能够赢取消费者的信任而受企业欢迎，却也因为门槛高、价格贵、传播面窄等缺憾让企业头疼。但是如果传统软文有足够引人注目的话题、润物细无声地做好软性植入，在电子版中就容易被搜索引擎检索到，从而扩大阅读面、容易被读者接受和转载等，最终成为一篇好的软文。

3. 从网络软文来看

随着网络的无所不在，网络软文已经成为一种不可缺少的软文营销方式，网络软文写得好，不仅可以宣传企业产品，还能优化网站，提高权重。一般来说，容易被点击、引入流量，容易被客户找到、促进销售，容易被转载、带来更多传播，容易被其他网站增加反向链接的网络软文，就是一篇好的软文。

4. 从论坛营销来看

在天涯、猫扑等论坛上，如果软文发布之后没有被点击，再好的软文都会被淹没在茫茫帖子中。因此，一篇在论坛上发布的软文如果是好的软文，它需要具有容易被点击、容易被转载、容易被推荐、容易被检索等特点，这样才能带来更多的回复、更多的讨论、更多的曝光以及软文置顶等，从而引爆话题，最终达到营销的目的。

5. 从软文营销的不同层面来看

很多人对软文营销的层面都存在错误的认识，比方说将软文推广误认为是软文营销，而不知道它只是软文营销的一个层面。

软文营销的不同层面包括以下内容：

（1）软文推广。它是以文字的形式对自己所要营销的产品进行推广，从而促进产品销售的一种方式，其精髓在于一个“推”字。目前而言，最常见的软文推广是推企业和个人。推企业包括推企业产品、推企业网站、宣传企业文化活动、提升企业知名度等；推个人包括推企业家、明星、网络红人、慈善家等。除此之外，软文推广还经常应用于非营利性机构的公益活动上。有时地方政府发布优惠政策也会使用到它。

想要做好软文推广，首先要做好软文撰写前的准备工作，对企业本身、对企业的竞争对手、对企业所在的行业进行详细的调研，做到知己知彼，才能百战不殆。

其次是确定撰写软文的思路、策略。对整篇软文进行布局，尤其要写一个好的标题，这样才能吸引读者点击，发挥出软文的整体效果。

再次，做好投放工作。软文写完之后，投放做得好可以起到锦上添花的作用。简单来说，软文写给谁看，就要投放在什么地方。因此，我们要掌握企业的客户群体。经常浏览什么网站，喜欢什么论坛，最喜欢几点上网等，了解得越精准越好。

最后，做好软文的评估与调整工作。这是对于软文发布之后的维护，要想软文达到预期的效果，就要不断调整角度，不断创新。

（2）软文优化。它是网站优化中非常重要的一部分，从事搜索引擎优化的工作者会通过软文撰写来吸引读者，从而提升网站排名。因为被优化后的软文所设定的关键词，会很快被搜索引擎收录。写一篇原创、质量好的软文，可以第一时间被搜索引擎抓取，不但有利于提升网站排名，还有利于对客户的正面引导及企业的形象塑造，对于做好网络公关工作有重要意义。

(3) 软文传播。在软文推广和软文优化的基础上，对软文进行广泛传播。不是任何一篇软文都能得到很好的传播，目前而言，比较有利于传播的软文有优美、搞笑、价值观相同这三种类型。例如，2011 年 6 月 23 日北京暴雨，成为当天最大的热点，地铁进水，路上漫水，很多人堵在路上，也意味着很多人会刷微博消磨时间。杜蕾斯负责内容的运营团队也试图切入这一热点，有了将杜蕾斯套在鞋上避免鞋子泡水的想法，运营团队沟通后认为该想法可行，随后工作人员在鞋子上套上杜蕾斯并拍摄图片后，由拥有近 6 000 "粉丝" 的一个叫作@地空捣蛋的小号在当天下午 5 点 58 分发布，两分钟后该帖子已经被一些微博大号主动转发，并迅速扩散。此次微博热门事件就是杜蕾斯团队所做的一次简单但是传播威力不可小视的软文传播。

四、软文营销的分类

物以类聚，人以群分，分类似乎是人类的天性。人们根据分类产生分别，学会从不同的角度看待问题，懂得对错真假、美丑善恶等。同样，软文营销也是有分类的。了解软文营销的分类，更有助于品牌建设、降低营销成本等。在暨南大学出版社出版的《新闻・公关・广告之互动研究——对"传播交叉领域"的学理审视》一书中，将软文营销分类如下：

(一) 从呈现形态上进行分类

第一类：广告版面上的宣传，采用新闻文体形式，实为广告。

第二类：专刊专版上的宣传，采用新闻报道形式，实为广告性文章。

第三类：新闻版面上的宣传，采用新闻文体形式，与新闻报道间杂出现，有的冠以广告之名，有的不加任何标注。

第四类：新闻版面上的宣传，类似新闻报道，实为广告宣传。

(二) 从软文营销作用的角度进行分类

第一类：推广类软文。推广类软文是指有利于达成交易或带来流量的软文，主要包括站长在软文中嵌入 URL（统一资源定位系统)、网店店主在文章中推荐店址、从搜索引擎优化的角度设计关键词的网页文本、网页信函、以 E-mail 的形式投放销售信函或海报、在报纸杂志上直接介绍产品等几种类型。

第二类：公众性软文。公众性软文是有利于企业或机构组织处理好内外公共关系以及向公众传达企业各类信息的一种软文，它是用来塑造企业形象的，一般出自企业公关部之手。

第三类：品牌力软文。品牌力软文是指有利于品牌建设，累积品牌资产的一种软文。它也是用来塑造品牌形象的，不同的是它可以由企业内部撰写，也可以由消费者撰写使用该品牌后的体验。无论是自己写还是找人写，撰写的角度大多是有利于提升品牌知名度、联想度、美誉度及忠诚度的。

2.2　软文营销“五部曲”

软文营销是一个完整的流程，我们认为其可以分成调研、策划、撰写、发布、评估五个部分。如果企业长期实施软文营销，这五个部分就形成了一个闭环的体系，即软文营销“五部曲”（图 2-1）。

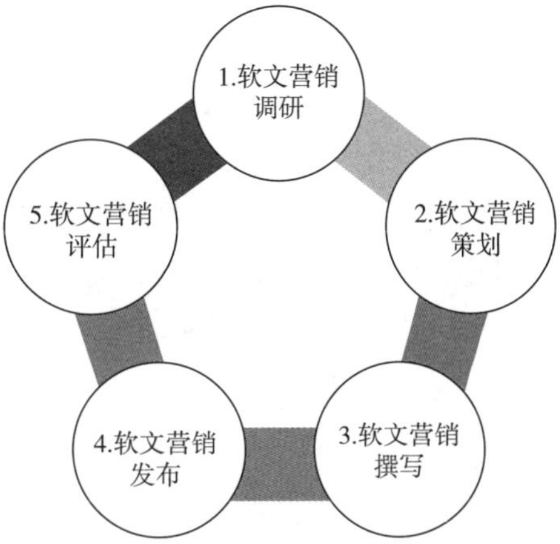

图 2-1　软文营销“五部曲”

一、软文营销调研

“没有调查就没有发言权”。调研的重要性不必强调。软文营销调研对于软文营销的效果起着至关重要的作用。如果软文营销想要妙笔生花，让软文实现一字抵千金、一字抵万金的效果，就必须要先调研。如果不去深入研究、实地考察，就很难做到不误伤别人，把不了解的东西写好。

那么，中小企业如何开展软文营销调研呢？如果是企业自己的团队来操作，就相对简单；如果是委托第三方来调研，就需要从两个方面入手，从三个群体去调研。

（一）调研两个方面——企业的内部和外部

两个方面就是企业的内部和外部。内部要调查企业的创建历史、企业的商业模式、经营范围、企业资质、经营业绩、企业荣誉、企业组织架构、企业领导人资历、经销商数量、客户群体、企业管理模式、人力资源体系、企业办公环境、企业生产环境、企业法务状态、企业参与的公益活动、企业员工的工作及生活状态等。

当然，并不是说以上所列出的项目都要了解得一清二楚，至少要初步了解一下，以便后期进行软文策划。特别是一些特殊行业，国家法律法规要求具有相关资质的情况，调研时必须查看原件。

对于外部而言，就是要全面了解这个行业的发展情况，与企业相关的新闻热点，企业客户群的主要特征和行为习惯，主要竞争对手的基本情况，特别是竞争对手已经开展软文营销的，更要认真收集和研究相关情况。当然，调研收集这些信息并不是要诋毁竞争对手，而是要从中学习经验，找出竞争对手的弱点，从而制定差异化、个性化、系列化的软文营销策略。

（二）调研三个群体——企业内部人员、企业合作伙伴和第三方人员

三个群体主要是指企业内部人员、企业合作伙伴和第三方人员。

企业内部人员，包括企业经营负责人、企业创始人（有时候企业经营负责人未必

是企业创始人)、企业主要部门负责人、企业员工。

企业合作伙伴，主要是指企业的主要经销商和供应商、企业的大客户。

第三方人员，主要指行业内的竞争对手，行业协会、监管机构人士，普通消费者。

对于以上三个群体的调研，不一定要面面俱到，但是主要的应该全覆盖，可以像新闻媒体记者那样列出采访提纲，也可以通过轻松地聊天的形式来侧面了解。对于消费者的调研必不可少，消费者说出来的话往往是最真实的，他们的评价是对产品检验的重要标准。

有一点必须注意，调研时尽量不涉及企业商业秘密的具体内容。即使了解到了这些信息，也必须严格保密，否则这些信息的泄露有可能造成这家企业现实的经济损失。

我们建议中小企业如果计划长期委托第三方开展软文营销，一定要签署保密协议，最好再签署一份行业排他性协议。

二、软文营销策划

实际上，实施软文营销就相当于对企业的各个方面做了一次全面梳理，做了一次初步的管理咨询。这些工作在调研阶段就需要完成。

那么如何来策划软文营销呢？策划这个阶段应该完成什么任务呢？我们的建议是主要完成三件事。

第一件事就是要明确软文营销的行动目标。这个行动目标就是软文营销要达到的目的，是为了树立品牌还是为了拉动销售，是对竞争对手采取的策略做出回应还是配合公司的重大战略部署，必须明确。如果有多个目标，一定要排出顺序，否则就是没有目标。

第二件事就是要明确软文营销实施策略。具体来讲，要明确软文营销的时间要求和数量要求，还要初步明确软文营销的投放渠道，当然这三个要求可以根据预算做一些灵活调整（表 2-2），但是只有明确了这三个要求，才能制定软文营销的策划案。

表 2-2 软文营销策划案的要素

行动目标	撰写角度	投放渠道	数量	投放时间	费用预算

第三件事就是根据前面确定的行动目标和实施策略，进一步明确软文撰写的角度。这些角度既可以是文章标题形式，也可以是撰写思路的简单记录。只要前期调研充分，有了行动目标和策略之后，具体地围绕行动目标（一个事件、一个网站、一款产品），先建立一个清晰的写作框架，将写作分解成不同的侧面和角度，几大块一划分出来，再经过头脑风暴，迅速将文章撰写角度列出来。这样，一个事件、一个网站、一款产品往往可以一层层分解出上百个不同的角度，组织出成千上万篇不同的文章，最后从

中筛选出比较满意的撰写角度。

完成上述三件事之后，可以开个简短的讨论会，经过企业经营主要负责人确认，就可以形成书面的软文营销策划案了。

必须强调两点，一是软文营销策划案必须与企业的发展战略一致，二是对外传达的声音和形象要与企业的品牌规划相一致。

三、软文营销撰写

（一）软文撰写不完全靠技巧

很多中小企业都认为，开展软文营销需要有文字功底特别好或者文采好的员工，这个观点不完全正确。实际上只有平面媒体的软文和网络门户的软文要求较高。博客、微博对文字功底要求并不高，也不需要有文采，只要写出真实情感，写出对别人有价值的文字，真诚之下更能见深刻，朴实之中也能见精彩。

软文撰写要注意与投放渠道的特点相符合。软文撰写的技巧主要表现在标题、内容布局、语言风格运用、收尾等方面，后面将详细介绍。

（二）软文撰写禁忌

1. 不重视读者

尽管前期调研和策划都做得不错，围绕软文的行动目标也做了深入系统的研究，然而千万不要忽视读者。也就是说一定要充分考虑目标受众最关注的是什么，易于接受的传播方式是什么？否则，软文写得再好也会过于主观，不会达到理想的效果。

2. 标题差

软文的标题是整篇软文的重中之重。读者看软文先看文章标题，之后经常是先快速浏览每段内容的标题，如果有兴趣才会接着阅读。调查数据显示，一般读者决定是否浏览某一内容，70%是由大标题和副标题决定的。标题是整篇软文的点睛之笔，所以，要在标题上下足功夫。不过也不要为了标题创新而不顾标题与内容的关系，一旦文不对题就成了人人讨厌的标题党。没有吸引力的标题和标题党类的标题效果都不会理想。

3. 拖泥带水

读者看软文通常没什么耐心，如果不能在几行字之内抓住读者的注意力，后面的内容即使再精彩也毫无意义。所以软文要避免像写流水账一样，要语言精练，前后呼应，浑然一体。

4. 吹大牛

软文的目的在于引导、说服或者引起读者的共鸣，将信息植入读者的大脑，促使最终软文行动目标的实现。因此要充分考虑软文对于读者的“可接受性”。也就是说，软文一定要给读者一种“可信度”。切忌过分地夸大与拔高，切忌把软文写成类似硬性广告的夸张，如果引起受众怀疑甚至反感就白费力气了。适当夸大可以，千万别吹大牛。

5. 有头无尾

我们见到过很多软文，标题、内文、布局都很好，行动目标植入得也很好，可惜有头无尾，也达不到预期的效果。

(三) 软文撰写技巧

1. 掌握标题撰写技巧让软文效果倍增

无论是哪种传播载体的软文，读者第一眼接触的都是标题。因此标题基本上决定了读者是否会阅读这篇软文。据广告学方面的资料统计，好标题激发的广告阅读率为50%～90%，差标题的广告阅读率为5%～20%，一般的标题的广告阅读率为20%～50%。一个好标题与一个差标题的利润相差20多倍，网络软文标题的相关统计数据更为精确。国外的研究表明，搜索者将30%的时间花在了标题上，43%的时间花在了搜索结果上，21%的时间花在了URL上，做出一次点击决定的平均时间为5.7秒。

广告学之父大卫·奥格威曾经说过："平均而论，标题比文章多5倍的阅读力。"因此标题的重要性毋庸置疑。那么什么是好标题？什么是一般的标题？什么是差标题呢？

第一，以硬性广告形式操作的软文，标题等内容要严格遵守《中华人民共和国广告法》的相关规定。不得使用"国家级""最佳"等用语；不得贬低其他生产经营者的商品或者服务；医疗、药品、医疗器械广告不得含有表示功效的断言或者保证，不得说明治愈率或者有效率等；食品、酒类、化妆品等广告不得使用医疗用语或者易使推销的商品与药品混淆的用语。如果标题含有违规字样，还没有见到消费者上门，就会先引来市场监督管理部门"登门拜访"。

第二，区分不同载体形式对标题的要求。不能一个标题打天下，在所有传播渠道中"通吃"。平面媒体标题语言要尽量正式，不要刻意追求在网络媒体标题中插入关键词。即使是网络媒体的软文标题，也不一定每一篇软文都要带上关键词。

从软文撰写者的角度来讲，标题要么概括了文章的主要内容，要么是文章的线索，要么是感情的出发点，要么一语双关，要么用比喻、联想等手法引起读者的兴趣。

如果标题符合以上任何一种情况，则至少能算是合格的标题。大卫·奥格威曾经总结过广告标题的准则，这里列举部分准则如下：

(1) 标题向消费者承诺其所能获得的利益。

(2) 要把最大的信息贯注于标题当中。

(3) 标题里最好包括商品的名称。

(4) 就推销而言，较长的标题比词不达意的短标题更具有说服力。

(5) 不要写迷魂阵式的标题。

(6) 使用适合于商品诉求对象的语调。

(7) 使用情绪、气氛上具有冲击力的语调，如心肝、幸福、爱、结婚、家庭、婴儿等。

遵循以上准则的软文标题就是好的标题。

例如：告别枯燥生活，这些小物件让你每天充满新鲜感。

吸引点：提升生活品质，满足好奇心。

例如：这款神秘面膜，让你轻松拥有婴儿般肌肤！

吸引点：神秘感与产品效果。

网络论坛中的标题一定要口语化，夸张、讽刺、嬉笑怒骂都可以，符合网民习惯更易于被接受。如“不可思议！5 000 打造 140 平安乐窝”“互联网思维到底能给餐饮下出什么蛋”。

电子邮件传播的软文，标题不需要考虑关键词，能直接讲清楚给客户带来的利益即可。微博因为受 140 字的字数所限，标题要尽可能短，使用口语化的语言。微信中的软文标题可以随意一些，字数不受限制，又大多数是在圈子里传播，各种语言特点的标题都可以用。

知识拓展

标题常用的 14 个套路

真正动手写标题了，也不要被上述理论所吓倒，只要我们熟练掌握以下几种介绍的套路，就可以应对自如。

（1）数字型标题：

数字主要起总结提示的作用。

如：揭秘减肥广告十大骗术

　　你必须知道的软文营销三大优势

（2）揭秘式标题：

如：净之美热销的背后

　　知名整形医生曝行业内幕：1/4 手术是为补救失败

（3）疑问型标题：

如：站在台风口的猪，风停了怎么办

　　医药企业为什么越创新越穷

（4）描述型标题：

如：国民之星为蔡国庆支持“限娱令”叫好

（5）结论型标题：

如：注册制改革将深刻影响股市

（6）联想型标题：

如：艳遇引发的营销思考

一头狮子引起的离婚案

（7）流行语标题：

如：iPhone5 抽奖进行时，你怎能 Hold 住

减肥消费陷阱伤不起

（8）逆向思维标题：

如：挥汗如雨未必有益健康

交通运输部部长对于专车的几个“误解”

（9）对称或对偶性标题：

如：去雪域看雪景，看雪景去雪域

暖冬，热酒

（10）故事型标题：

如：一个襄阳汉子和他的世纪华峰装饰品牌梦想

“猪站在台风口都能飞起来”的背后故事

（11）警告式标题：

如：这六种水千万不要喝

千万不要为了当老板而去创业

（12）解决方案式标题：

如：快速让销售业绩提升三倍的九种方法，一个月瘦身 20 斤的两种方案

（13）建议型标题：

如：女性减肥更要关注健康

（14）夸张型标题：

如：北京万人争抢食盐

2. 软文开头的四种常用写法

“转轴拨弦三两声，未成曲调先有情”，软文开头要写出这种效果，那就是绝妙的软文了。也有人把文章的开头比喻成“凤头”“爆竹”。凤头俊美靓丽，先声夺人，让人有一种美的享受。爆竹噼里啪啦，响得痛快，听着震撼，营造氛围。

软文开头常用的写法有以下四种：

（1）开门见山。开宗明义，直奔主题，引出文中的主要人物或点出故事，或揭示题旨或点明说明的对象。用这种方式开头，一定要快速切入中心，语言朴实，绝不能拖泥带水。

朱自清先生在《背影》中的开头值得借鉴，“我与父亲不相见已二年余了，我最不能忘记的是他的背影。”一句话交代完，既点了题又可以展开内文。

（2）情景导入。在开头有目的地引入或营造实现软文行动目标所需要的氛围、情境，以激起读者的情感体验，调动读者的阅读兴趣。用这种方法去写软文开头，有利于渲染氛围、预热主题。

例如："灯下，我正在赶写堆积如山的作业，父亲轻轻地走进我的房间，把一杯热气腾腾的姜丝可乐放到了写字台上。透过层层雾气，望着父亲离去的背影，我的眼睛湿润了，泪水不知不觉地流了下来。"

文章中心思想是表达父爱，开头先描写这个场景，温馨感人。下面讲故事就有了铺垫。如果是评论形式的软文，就更简单了，只需把要评论的事情简单地加以描述。

（3）引用名句或者自创经典话语。在文章的开头，精心设计一个短小、精练、扣题又意蕴丰富的句子，引领文章的内容，凸显文章的主旨及情感。可以找个合适的名人名言、谚语或诗词等，既显露了文采，又提高了软文的可读性。

此外，还可以引申出故事导入，将富有哲理的小故事，或者与要表达的中心思想或者段意相关的小故事直接作为开头；一句话揭示道理也不失为一种容易入手的开头方式。

（4）巧用修辞。修辞的常用手法包括比喻、比拟、借代、夸张、对偶、排比、设问、反问等。用这些修辞手法去写开头，可以演变出很多开头的方式。

关于高端猪肉的一篇《禁止瘦肉精为何这么难》软文，就用反问的修辞手法开篇。瘦肉精问题，只是发生在河南的个案，还是大面积甚至普遍存在，已经引起了越来越多关心食品安全问题的网友关注。特别值得提出的是，政府相关部门对于瘦肉精的源头至今没有给出明确的答案。禁止瘦肉精为何这么难呢？笔者认为原因主要在以下几个方面……

《翻检日子》比喻手法的开头：日子像手中的细沙，一不留意，就纷纷从指间流逝，而且义无反顾。

3. 软文常用的九种收尾方法

写软文，如果没有恰当的收尾，就像在高速上跑车，突然没有路了，又没有任何交代，就会惹来骂声一片。掌握以下几种软文收尾方法，会让软文撰写"进退自如"，进可以略做展开，退可以迅速收尾。

（1）自然收尾。在内容表达完结之后，不去设计含义深刻的哲理语句，不去雕琢丰富的象征形体，自然而然地收束全文。记叙性文章中，常常以事情终结作为自然收尾。

（2）首尾呼应式。即结尾与开头遥相呼应，文章的开头若提出了论题或观点，中间不断展开进行分析论证，结尾时再回到开头的话题上来。这样收尾的软文多应用于议论性文章，能够让结构更完整，使得文章浑然一体，唤起读者心灵上的美感。

（3）点题式。文章前面的内容没有明确提出观点。在结尾时，要用一句或一段简短的话明确点出文章的观点，起到卒章显志、画龙点睛的作用。以这种方式结尾能够帮助读者悟出全文的深意，提升软文的品格，从而给读者留下深刻的印象。

比如周敦颐的《爱莲说》，用了大部分篇幅描写莲花生长的环境、端庄的姿态，作者的目的是什么呢？读到文章结尾才明白，原来作者是借赞美莲花来歌颂君子的坚贞气节，批评追名逐利的恶浊世风。

(4) 名言警句式。用名言、警句、诗句收尾，要么让软文意境深远，要么揭示某种人生的真谛。它往往用三言两语就能表述出含义深刻、耐人寻味的哲理性或警醒性内容，使之深深地印在读者心中，起到“言已尽，意无穷”的效果。文章结尾巧妙引用名言警句，能让文章增色。古今中外，名言佳句随便搜索一下，引用的选择余地非常大，不是没有恰当的，而是需要你挑选出更恰当的！

(5) 抒情议论式。用抒情议论的方式收尾，是要用软文作者心中的真情激起读者情感的波澜，从而引起读者的共鸣，要有强烈的艺术感染力。这种结尾方式应用较广，可以用于写人、记事、描述物品的记叙性文体中，也可用于说明文、议论文的写作。

(6) 余味无穷式。结尾之处留白，让读者在大脑中可以适当补白、续写，这样的思维阅读会有令人惊奇的收获和非同寻常的深刻体验。韵味悠长的结尾除了妙手偶得之外，绝大部分都是对生活有了独特的感情后再加以精心提炼的结晶。

比如李白的“孤帆远影碧空尽，惟见长江天际流”，岑参的“山回路转不见君，雪上空留马行处”，作者以独特的认识和理解，写下深刻含蓄的结语，力求意味深长，引人深思。

(7) 请求号召法。在前文讲清楚道理的基础上，向人们提出某些请求或发出某种号召，如“让我们共同抵制公共场所吸烟的行为吧”“让我们企业的营销开启互联网思维，融入移动互联的新时代吧”等。

(8) 结尾展开联想。由此及彼，由表及里，由小到大，由具体到抽象，使主题得到升华，如“谁言寸草心，报得三春晖”，歌颂母爱的无私和伟大。

(9) 祝福式。从第三者的角度对软文中的人或者事物进行祝福，如“愿国氏之星塑造健康品牌之路一帆风顺”等。

四、软文营销发布

(一) 软文发布的注意事项

1. 选好平台

软文发布并不是简单地发布软文，对于软文发布的平台要有选择性。

首先，要注意的就是根据产品的特征选择发布平台，所以要选择跟产品行业相关的平台。重点考虑目标客户在哪里，结合软文风格和内容，在预算范围内选择平面媒体、网络媒体或者免费平台。

其次，要注意网络平台在搜索引擎中的权重，一些权重较高、有新闻源的网站往往是发布软文的第一选择。同时，要注意发布软文的时间间隔和范围，不能只一次发布就当作已经完成软文发布了，而是应该选择一些合适的平台进行一定频率的、不同范围的软文发布活动。

值得指出的是，目前发布到平面媒体的软文，因为很多平面媒体已经有了网络版，一定要跟踪网络版发布情况，甚至可以让平面媒体协助联络一些网络媒体转载（部分平面媒体会与一些网络媒体结成战略合作关系，稿件会相互摘录或者转载）。

2. 要注意和发布渠道管理者处理好关系

首先是尊重。人都有被尊重的需求，尊重管理人员是一个基本的原则。即使平面媒体的稿子被毙了，论坛中的软文被删除了，也不要和编辑或者版主发生正面冲突。

其次是怀有一颗感恩的心。如果平面软文在审稿时能被顺利通过或者被推荐，请一定要联系审稿编辑或推荐的管理者，表达自己的感谢，哪怕仅仅只是语言上的感谢。

最后是用心交往。尝试建立重要平面媒体及网站管理人员的人脉圈子，在软文发布之前就与管理人员建立联系，后面的事情就会很简单。

（二）软文发布之前的检查

扎实的调研、周密的策划、巧妙的撰写之后，重头戏就是软文发布了，也就是前面所说的投放。

这里重点介绍发布在平面媒体和主流网络媒体上的文章。在发布之前，一定要仔细检查，检查的内容和顺序建议如下：

- 行动目标是否植入。
- 软文的标题是否足够吸引人。
- 软文的内文是否上下连贯。
- 软文中关键词植入得是否过密。
- 软文的配图是否合适，是否有法律风险。
- 软文是否有结尾。
- 网络软文的超链接是否正确。
- 软文中是否有错别字，特别是涉及的人名、地名、产品名称是否有错别字。
- 平面软文中的标点是否有明显错误（括号、引号、书名号等是否完整，标点符号用法可以参见《标点符号用法 GB/T 15834—2011》）。

（三）软文发布的途径

除了电视、广播的软性植入之外，软文发布常用以下渠道：

- 平面媒体，如报纸、期刊等。
- 网络媒体，主要指全国以及各地方门户网站，如新浪、搜狐、网易、中国网、千龙网、广州视窗、东北新闻网、红网、荆楚网等。
- 搜索引擎，如百度知道、百度百科、360 搜索、网易有道等。
- 网络论坛，如新浪论坛、网易论坛、人民网论坛、天涯社区等。
- 博客，主要指企业自己开设在各大门户网站上的博客。需要指出的是，除了自己的博客之外，还可以找名人博客发布软文，也可以在其他点击量高的博客中以留言形式发布。
- 微博，特别是影响力大的名博。
- 微信，如果说微博是大社会，微信就是小圈子。可以动员一切能调动的资源在微信圈子里发布，众多的小圈子合起来就是大社会了。

● 分类信息网站，如58同城、手递手、赶集网等。

● 资源性平台，如豆瓣网、百度文库等。

● 企业邮件。

● 企业内刊及宣传册等其他形式。

需要说明的是，不同的软文营销项目和不同的企业选择的软文发布渠道可能不尽相同，可以结合优势资源，结合软文特点整合几种形式发布。

(四) 软文发布的最佳时间

如果软文发布的时间允许，平面媒体建议尽量选择在有好选题的刊期刊登，因为有好选题的当期，报纸的销量和传阅率都会明显增加。

网络媒体软文尽量选择在周一至周五的上午10点至11点投放，因为很多小网站的编辑会在这一时间段转载文章。

新浪微博商务部的调研数据表明，微博用户活动有如下规律：

● 微博用户周一、周二反应冷淡：这两天用户往往面临比较大的工作压力，心理处于紧张期，对于企业微博的反馈并不是非常积极。

● 周三、周四互动最集中，用户进入一周的稳定期，对于微博的反馈积极性有明显的提高。但是企业目前对于这两天的利用不足，发微博比例偏低。

● 周五、周六、周日用户更活跃：在周末时，相对于评论而言，用户更乐意进行简单的转发。

● 工作日下班后的时间段（18～23点）营销价值大，企业需关注。周末午饭后（13～14点）和晚饭前后（17～20点）用户互动更加积极，这两个时间段用户转发和评论都比较积极。

周末的23点之后仍是用户积极互动的时间：由于周末休息较晚，23点之后企业微博仍然可以获得较多的用户反馈。

因此，微博软文的发布选择用户活跃度高的时间段，效果会更好。微信软文发布可以参考微博软文发布的时间段。

五、软文营销评估

(一) 软文营销拒绝效果评估的 *N* 个理由

提起软文营销效果评估，有些专门实施软文营销的团队会表示反对。大部分人认为软文营销不像数据库营销，也不像搜索引擎营销，可以计算出到访流量是多少，实际意向客户有多少，成交量是多少，然后可以计算出投入产出比。这样的评估方法不适用于软文营销。

也有人提出软文营销的见效是长期的，因为软文特别是网络软文是永久在互联网上传播的，任何时候用户都可以通过搜索引擎来访问它。因此这种效果需要一个沉淀的过程。

还有人提出，软文更重要的作用在于品牌传播，而不是直接销售产品。当然有些软文是针对某些活动的销售设计的，但总体而言，软文更趋向于传播品牌形象，这是无法评估的。

更有人提出，软文营销需要方方面面的配合，比如需要硬性广告的支持、需要产品质量过硬、需要客服的跟进等。

软文营销拒绝效果评估，能找出 N 个理由来，说到底就是惧怕软文营销策略的调整，惧怕软文的竞争，惧怕软文的创新。

（二）软文营销评估的意义

正如企业开展的绩效考评，对于员工来说是一种鞭策，更重要的是它对于提升企业经营业绩具有重要的作用。软文营销的效果评估作用同样如此，无论是中小企业将软文营销实施外包，还是企业内部组建团队实施软文营销，都需要客观地对软文营销的效果进行评估。

首先，对于软文营销本身来讲，能够通过效果评估，可以鞭策软文营销团队进一步思考软文营销下一个流程的循环应该将重点放到哪里，也可以帮助软文营销团队及时总结经验，为下一步提升软文营销的水平奠定基础。

其次，对于软文营销的团队来讲，这也是一种学习和进步的机会。软文营销涉及的环节比较多，影响因素比较复杂，软文营销效果评估能够客观上使软文营销团队注重调研、思考，有利于软文营销团队与企业的市场部、销售部及其他部门的团结合作。

因此，软文营销必须评估，尤其是对于长期实施软文营销的企业，更需要进行效果评估。唯有如此，软文营销的创新能力才会持续提高，才会让企业最终切身感受到软文的力量。

（三）软文营销评估的方法

软文营销对于企业认知度、品牌知名度、产品线下的销售促进等作用，是不容忽视的。虽然不能进行数据统计，但效果客观存在，也能够通过一些客观的指标做一个相对客观的效果评估。

结合大量的实践案例，将软文营销效果评估方法总结如下：

1. 成本评价法

主要针对以销售为导向的企业。将实施软文营销周期内的销售业绩与同时期进行对比，将软文营销投入的费用与业绩增长额进行对比，如果业绩有明显增长，那么软文营销的效果就毋庸置疑了。这种方法适用于评价平面软文和网络软文。

2. 搜索引擎收录评价法

主要针对网络门户软文。在实施网络软文营销之前，分别在百度网页和百度新闻中检索相关关键词，记录检索到的数字结果。实施软文营销后，再将检索结果进行前后对比。还可以增加 360 搜索、搜狗搜索等的检索对比，客观评价网络软文的收录效果。

3. 转载率评价法

也可以简单理解为二次传播量评价法。无论是平面软文还是网络软文全部适用该评价法。平面媒体的软文引起网民主动引用或者评价，即可认为是二次传播。网络软文主要根据网站、论坛的帖子转载量评价。

4. 流量分析评价法

主要针对推广网站的网络软文给网站带来了多少点击量，这个通过站长工具可以非常精确地统计出来。这种评价方法最为客观。

5. 置顶率评价法

主要针对网络论坛中的以帖子形式发布的软文，简单来说就是用多少次被置顶来评价。

必须指出的是，软文营销的效果评估不能绝对化，因为在个别情况下，软文的行动目标不一定是销售，有可能是危机公关，也有可能是信息反馈。软文营销的效果评估可以综合使用以上几种方法。

实训项目

【教学目标】

通过本章实训内容，学生需要掌握软文的概念、作用和优点，了解软文营销的流程，并能根据营销推广的需要策划软文。

【技能要求】

能根据营销推广的需要撰写软文。

【实训内容】

(1) 请在篮球、矿泉水、黑板、护肤品等产品中选择一个产品，撰写联想型和逆向思维型的软文标题。

形式	例 子	撰写软文标题 (每小点至少写两个)
悬念式	“人类可以长生不老?” “什么使她重获新生?”“牛皮癣，真的可以治愈吗?”	“长期不喝水会死人吗?” “不擦护肤品会变黑?”
故事式	“1.2亿买不走的秘方”“神奇的植物胰岛素”“印第安人的秘密”	“地球上的水永远也用不完” “沙漠中仅存的水”
情感式	“老公，烟戒不了，洗洗肺吧”“女人，你的名字是天使”“写给那些战‘痘’的青春”	“媳妇，熬夜长痘了，用护肤品吧” “累了，困了，喝怡宝矿泉水!”

（续表）

形式	例　子	撰写软文标题（每小点至少写两个）
恐吓式	“高血脂，瘫痪的前兆！”“天啊，骨质增生害死人！”“洗血洗出一桶油”	“敷面膜竟会长黑头！” “喝水竟会喝出头发！”
促销式	“北京人抢购×××”“×××，在香港卖疯了”“一天断货三次，西单某厂家告急”“企通互联推广免费制作网站了”	“让矿泉水打进国家市场” “矿泉水两箱包邮，优惠大促销！”

（2）策划软文：给××产品（自选）策划一篇故事式的软文。

软文标题	
形　式	故事式
内　容 （不少于 400 字）	
投放平台	贴吧、微博

思考与练习

（1）简述软文的概念与特点。

（2）试论软文的作用。

（3）软文营销为什么要讲故事？谈谈你的看法。

（4）软文撰写技巧有哪些？

（5）评估软文营销效果有哪几种方法？

第3章 微博营销

本章教学目标

知识目标：了解微博的概念、微博营销的价值以及微博营销的传播特性，了解使用微博营销的优缺点，掌握微博的基本操作和微博营销的策略。

能力目标：能够运用微博营销策略帮助企业开展微博营销活动、运营策划与合作推广。

素养目标：养成独立思考的习惯，学会与团队成员分工协作，具备良好的沟通表达能力，能够在营销过程中传播正能量，遵守国家法律与社会道德。

案例导入

戴森“种草”，微博的营销玩法“U微计划”的代表

戴森作为“U微计划”首批试点品牌之一，通过圈定目标用户、信息触达促进销售转化两步走战略，成功借助“U微计划”将新品智能扫地机器人打造成爆款。

首先，圈定目标用户：微博圈选戴森代言人吴尊的粉丝群体、海淘人群等，阿里寻找戴森品牌消费者、家居家装消费者、3C数码消费者，双方数据互补之后，在微博针对目标人群进行信息流广告投放，扩大新品的认知度。

进而，信息触达促进销售转化：“@Dyson戴森”转发了“@美好家园杂志”发布的吴尊爱家视频，借助微博信息流广告，品牌信息出现在目标用户微博首页，实现精准触达。随后，大量用户与品牌发生即时互动，最终，该视频播放量达到779.7万，15.3万用户在微博被“种草”后，前往天猫购买戴森产品或询问相关购买问题。

戴森新品营销的成功，验证了“U微计划”的专业性和科学性，凸显了“微博‘种草’、天猫‘拔草’”在品牌营销方面的独特优势。

资料来源 微信公众号：吴怼怼（esnql520），人人都是产品经理专栏作家。

3.1　微博概述

3.1.1　微博的起源与发展

一、微博的起源

微博（micro－blog），是一种基于用户关注链接关系的信息分享、传播以及获取的社交媒体、网络平台。

最早也是最著名的微博是美国 Twitter（推特）网站。Twitter 作为一个边缘项目诞生，它允许用户将自己的最新动态、所见所闻和想法、看法以短信息的形式发送给手机和个性化网站群，而不仅仅是发送给个人。

Twitter 创立之初，为数不多的用户只是利用这个平台互相说说小笑话，但用户很快就发现，Twitter 传播方式与众不同：当一位推客接收到其认为值得推荐的信息后，会重新将其发送，传播给更广泛的人群。这意味着即使你只有少数关注者，但通过关注者的重复转发，信息又会被交叉传播，传播量会快速放大几百倍、几千倍甚至几万倍。

随着使用人群的增多，Twitter 迅速进入大众视野，并很快风靡美国进而风靡全球。在 Twitter 上“落户”的，既有政治家，也有国内外的明星，还有微软、苹果等著名企业和机构。

二、微博的发展历程

随着 Twitter 的风靡，国内的微博也悄然兴起。在中国，微博的发展分为三个阶段。

第一阶段（引入期）：极客（Geek）型（2007—2008 年）。以饭否网、叽歪网、做啥网为代表，微博以 Geek 为主，大部分都是 IT 人，也有如媒体等少量其他行业的精英。此时的微博追求和手机、即时通（instant messaging，IM）的互通，但只有叽歪网在市场方面做了较多的探索。这一阶段的微博由于种种原因，最终没有生存下来。

第二阶段（探索期）：试探型（2009 年）。以“嘀咕”“Follow5”为代表的企业进一步深化和探索微博应用，虽然有了很多新尝试，但仍未走出困局，国内微博纷纷开始转型。

第三阶段（成长期）：门户型（2009 年下半年到 2010 年）。以各门户网站、大型网站为主要代表，新浪微博、腾讯微博是其中的佼佼者。该阶段微博突出了媒体特性、社交特性，将使用人群扩大到更广的范围，让微博开始普及。

2009 年下半年，以国内门户网站强力入围为标志，中国微博开始进入蓬勃发展时期，国内微博市场明显升温，而且发展速度惊人。2009 年 8 月，新浪推出微博产品。新浪微博内测期间，邀请了很多明星和业界精英使用微博。由于名人效应的带动作用，普通大众也纷纷注册新浪微博账号。媒体也纷纷开始进行报道，明星话题尤其引人注目，之后，突然间成为热门话题。随后，搜狐、网易、人民网等门户网站都相继推出了微博服务，腾讯也正式推出了微博。一时间，微博成了各大门户网站的标配服务。

2013 年，新浪微博宣布与阿里巴巴签署了战略合作协议：阿里巴巴购入新浪微博 18%的股份，双方将在用户账户互通、数据交换、在线支付、网络营销等领域进行深入合作。现在的新浪微博有了很多明显的变化，微博页面放置了淘宝商家的热卖产品广告，而且是根据淘宝的搜索内容向用户推荐他们想要的商品。

从推荐商品中可以看出，微博在电商领域的战略考虑是通过大数据挖掘的，逐步将天猫、淘宝热卖的产品推送到最有可能需要的微博用户面前，提高广告的精准度，打通用户黏性和产品购买之间的商业循环。

2014 年，继腾讯撤销微博事业部之后，网易微博也跟用户说再见，搜狐微博坚持了一段时间后也处于停滞状态。同时，新浪微博却表现出色，具有极强的竞争力。

2014 年 4 月 17 日晚，新浪微博正式登陆美国纳斯达克证券交易所。发展到现在，新浪微博已经进化到支持长文字、多图片、短视频、长图文等多种形式发布内容，内容生态越来越好，也越来越有开放性，成为国内重要的社交媒体平台，不断产出优质内容并且获得最大范围的传播，而用户也可以从中接收自己感兴趣的足够多的内容，并且愿意为之付费。新浪微博实现了用户数在增长、活跃度在提高、用户花费时长增加、赢利不断增加的状态。本书中的微博营销部分，以新浪微博为例进行分析。

3.1.2 了解微博

微博作为一种基于用户收获、转发、传递资讯的重要社交平台，具有使用便捷、信息传播迅速等优势。微博通过关注机制分享简短实时信息的广播式的社交网络平台，吸引了众多网络用户的使用，对人们生活和工作的各个方面都产生了深远影响。在国内，新浪微博由于自身的发展与网络运作的成功，很快发展成为我国最有影响力的微博平台。目前，我国大部分关于微博的研究工作都集中在新浪微博平台，涉及政务微博、营销微博等多个方面。

微博的主要功能有以下几点：

（1）发布：微博用户可以将自己想要发布的内容以文字、图片、视频的形式发布在自己的微博主页上，同时所有该用户的关注者都可接收到微博信息。

（2）话题：微博用户可以在关键字两头加上“#”使其变成话题，例如#雪景拍照大赛#，在发出的微博上点击该话题，则将自动搜索微博上所有包含这一话题的相关微博。

（3）转发：微博用户看到自己喜欢的微博内容，可以一键转发到自己的微博，转发时还可以加上自己的转发语。

（4）关注：微博用户可以对自己感兴趣的用户或者话题进行关注，成为这个用户或者话题的关注者（即“粉丝”），然后就可以接受该用户或话题发布的内容。

（5）评论：用户可以对任何一条开放了评论的微博进行评论，同时可以对其他用户发布的评论进行回复。

（6）提及：用户在发布或者转发微博信息时，可以通过在发布的信息中插入“@用户名”来将该信息直接告知被提及的用户。

（7）搜索：用户可在搜索栏输入关键字查看包含该关键字的微博，并且根据实时搜索次数生成“热门搜索榜”，所有微博用户都可看到该榜单，并可通过点击关键字查看相关微博。

（8）私信：用户能够通过私信，向微博上任何一个用户发送私信，双方可以通过私信进行一对一的交流。

（9）身份认证：企业或某一领域的专业人员可申请相关的身份认证，通过审核后该身份认证将显示在微博账号的简介中，并在微博账号（ID）后显示加V。

思考：自微博诞生以来，微博使人们获取信息、个人或机构传播信息、人际交往等产生了哪些变化？这些变化的优缺点在哪里？除以上几个方面，微博还改变了什么？

3.1.3　微博账号的分类

微博账号按照不同的类别进行分类，总共可以分为四个大类。

一、个人微博

个人名义创建和管理的微博账号，是新浪微博中数量最大的一类。其中又可分为明星、专家、企业创始人、网红、意见领袖等，他们可以通过个人微博账户发布动态，分享生活、思考和感悟。

二、企业微博

由企业创建和管理的微博账号，可以发布企业动态、宣传产品或服务、展示企业形象等内容，是企业进行品牌推广和营销的重要渠道之一。一些企业为了获得更好的宣传效果，还开通了企业领导人微博、高管微博、产品微博等，相互配合。

三、官方微博

由政府部门、公共机构或知名人士创建和管理的微博账号，可以发布政策宣传、公共服务信息、名人动态等内容，是政府部门和公共机构与公众沟通的重要平台之一。政府部门和公共机构通过微博公开信息，接受人民群众监督。官方微博对于调和公民言论自由、政府信息透明、国家安全和个人隐私之间可能存在的矛盾，起着积极的作用。

四、其他类微博

其他还包括热门话题微博，即由用户发起和参与的话题讨论，通过相关标签进行检索和关注。一些电影、电视剧播放时会开通一个微博账号，用来宣传推广。热门话题微博有一定的时效性，一般过了上映期就会逐渐冷下去，但发挥的作用是不可忽视的。

3.2 微博营销

3.2.1 微博营销的定义

微博营销的主体是微博运营平台，它是指个人、企业和非营利组织等为了创造价值而执行的一种全新的营销方式。个人利用微博运营平台开展营销活动，让自己的“粉丝”更进一步了解自己和喜欢自己，功利性并不是很明显，他们的宣传工作一般是通过“粉丝”转发微博来达到营销的效果。在微博营销中，企业或非营利组织运用微博传播信息、反馈和互动等，进行市场摸底、产品推销、客户关系维护、公关等。普通用户进行评论、分享转发给他人即完成营销活动。企业或非营利组织通过微博营销以获得更多的“粉丝”关注，将“粉丝”转化为自己的用户并最终获得利益。企业或非营利组织还可以在营销过程中了解市场需求，进行产品的宣传推广，更好地树立品牌的形象。这种营销活动具有以用户为中心的特征，集中在改善用户参与体验以及微博营销策略等方面。

3.2.2 微博营销的价值

微博营销是以传播学理论为基础，以营销学理论为指导，集成网络媒介营销手段的一种营销途径。对于企业来说，做好微博营销，有利于企业产品的推广、树立企业的形象、企业品牌的建立、客户管理体系的完善、个人知名度的提高、影响力的加强等。

对于个人来说，意见领袖也是在微博用户中比较活跃的。意见领袖具有较多的“粉丝”，对于信息的更新较为及时，会积极参与话题讨论等。一些名人、明星更加容易成为意见领袖。意见领袖在微博中的动态受到高度的关注。微博作者靠原创或转发或重组新闻成为资讯源，资讯的源头变得越来越不重要，关键要看是谁发出的。

一、微博是品牌传播的利器

微博可以帮助企业和个人进行品牌传播。企业要想利用微博进行传播，就先要构建出微博的信息传播模型。微博的信息传播模型可以概括为“微博传播＝人＋情绪＋

行为”的三元平衡。其中，“人”是找对意见领袖和忠实“粉丝”，“情绪”是为用户制造一个传播的理由，“行为”则是引导用户创造内容。

二、微博是客户关系管理的绝佳助手

企业可通过微博对客户进行挖掘、维护以及服务。通过微博对自己的目标客户进行一对一沟通、交流、反馈，最终转化为他们购买或追加购买产品与服务的行为，这也是很多商家开展微博营销推广的基本策略。在以客户为核心的商业模式中，客户关系管理强调时刻与客户保持和谐关系，不断地将企业的产品与服务信息及时传递给客户，同时全面地收集客户的反馈信息。

三、微博是市场调查与产品开发推广的创新工具

市场调查是企业开展营销不可缺少的环节，通常情况下，企业可以通过问卷调查、人工调研、数据统计等方式调查消费者的需求，获取企业希望了解消费者的分散化需求偏好信息。但这些调查方式耗费的人力和财力都较大，不同的行业，效果好坏也参差不齐。微博的出现为企业提供了一个低成本、高效率的创新工具。企业以自媒体的形式发布信息不会被收取任何费用，这样企业投入极少量的人力就可与相对多的受众进行交流，从而获得消费者的意见和需求信息。

四、微博是危机公关的理想选择

微博既是品牌的有力推手，又可能成为扼杀品牌的快刀和利剑。在信息高速发展的现代社会，企业并不能预料在哪个环节上会出现问题，当危机事件发生的时候，微博是很好的公关阵地，当然不当的处理也会让事件向反面发酵，为企业带来负面影响。因此企业在进行微博公关时，需要制定有吸引力的内容策略和传播策略，积极参与公众的互动，及时处理危机，避免舆论的负面发酵。

任何事物都具有两面性，微博营销作为营销的一种方式具有其优势及劣势。一方面，微博营销作为营销传播的一种媒体有其独特的优势。企业要充分把握和利用微博营销的优势，将这一廉价的营销传播平台加以用心经营，可以有效传达企业品牌个性，更好地展开病毒传播和企业品牌的话题营销。另一方面，企业要采取相应的措施使微博营销的劣势得到化解或弥补。第一，优质的内容经营对于企业的官方微博或公众号相对较为重要。内容富有价值、内容能够引发“粉丝”共鸣的微博营销传播，最能够吸引“粉丝”的关注，同时实现转发，这些对企业官方微博公众号的“粉丝”数量的持续增长也是有利的。在扩大营销传播影响力方面，内容也是不容忽略的部分，微博“粉丝”更新的信息内容不应该取代或者埋没微博营销的主体内容。第二，信息呈现的深度问题，可以通过企业发布链接或者与其他媒体合作来弥补不足。企业沟通的深度功能可以交给链接，微博内容之中的链接可以把“粉丝”受众转向其他与之相应适合深度沟通的平台，例如购物网站、信息门户等。第三，企业在进行微博营销传播活动时，应该合理地与其他媒介进行组合，如借助纸媒传播深度较高的营销信息。第四，

企业应该改变在传统媒体时代利用传统媒体试图控制或者影响广大受众的观念。在微博时代，企业应该尽量能够与“粉丝”建立一种平等交流沟通的态度来进行营销，简而言之，就是企业应该放低自己的姿态，平等地与“粉丝”进行对话或者协商，在交流中消除隔阂，从而达到互相理解与合作共赢，这样才可以提高微博用户和“粉丝”话语表达的真实性。

3.2.3 微博营销的优势

一、从营销主体角度看：选择性较强

与其他营销方式有所不同，微博作为营销的传播载体，将营销与微博的特点有机地结合在一起。微博注册简单、门槛较低，每个自然人都可以注册自己的微博从而发布与转发信息。微博里的很多信息是随性的、非理性的，因此在微博营销的过程中营销主体的企业是信息的把关人。营销主体对所有的“粉丝”、用户的信息要有所选择，这种选择的主动权完全由营销主体把握。微博中无论是“粉丝”还是博主，是相互融合在一起的，作为微博营销的主体与客户也是有机结合在一起的。对于传统媒体，无论是纸媒还是电视媒体等，客户都是被动地接收信息，信息生产者无法控制信息的传播。但是在微博营销过程中，营销主体可以对“粉丝”、营销对象做出选择，使得信息能够准确地传递从而达到营销的预期效果。

二、从内容角度看：更加简洁

微博自身对于信息发布 140 字符以内的限制，使得信息内容更加简洁易懂，这样更加有利于微博的营销活动。在微博信息阅读、转发、评论的过程中，可以将用户自己的想法加在其中。这种简洁易懂的传播模式是以往传统媒体无法做到的，同时信息的转发更易引发微博信息的病毒式传播。在微博营销的过程中，营销与客户之间的关系是平等的。营销主体与客户在微博中，都是信息的生产者与传播者，同样也都是接收者，也就是传播的主体即受众、受众即传播的主体。

三、从信息传播角度看：裂变式营销

信息是微博营销传播的主要内容。将微博信息完整准确地传递给“粉丝”是微博营销的首要因素，“粉丝”接收到信息后能够将信息通过微博这个平台传递给自己圈子的好友，好友再将信息准确地传递给自己的好友，就产生了一种裂变式的信息传递，这种裂变式的信息传递正是微博营销中的裂变式营销。微博的传播已经进入一种裂变式发展过程，因此在微博营销方面，信息具有裂变式传播的优势，可以创造更大的商业价值。

● 传播成本低：只要用电脑、网络就可开展营销活动。内容简洁、大众化，参与门槛低，与其他社交 App 相比，私密性不强，好友数量可以不断扩展。营销定位准确，可以实现精准化营销。微博用户可以随时、随地、随意地对信息进行发布、阅读、转发或者评论等操作，这就提高了用户的参与度。

- 传播速度快：微博信息的可信性、全面性、整合性、时效性、易读性和趣味性，在不同程度上影响着消费者的品牌态度和行为决策。
- 传播范围广：微博营销时，与用户建立沟通联系的目标，方便了解用户所需，便于用户快速回应和关注，从而可以促使企业提供更好的服务，进一步提升企业形象。
- 传播影响深：影响消费者信息行为的因素包含认知成分、情感成分以及感觉运动成分三个方面。认知成分可以改变用户的理解能力；而情感成分可以改变用户的态度，增加用户的信赖。一些在微博上进行营销的经典案例，无论过了多久，依然会在消费者心中留下深刻的印象。

四、从品牌忠诚角度看：口碑式传播

广告是发生在买卖双方之间，是以达到交易目的而产生的。在口碑营销中，传播者是消费者，从消费者的角度来看传播产品的体验感更容易被接受。当一个产品或者一项服务形成良好的口碑时，其就会被广为传播。受口碑传播影响，接收到品牌口碑信息的顾客也是接收者。品牌口碑传播更加有针对性。口碑传播一般是发生在朋友、亲戚、同学或同事之间的，是自发的、具有亲和力的、值得信赖的。通过微博营销，企业形象逐渐渗透到消费者心中。品牌忠诚度的提升取决于产品的质量、品牌知名度、品牌联想和传播。提高品牌忠诚度对企业的生存和发展及扩大市场份额，具有极其重要的意义。

企业可以通过微博与用户进行双向沟通，有效感知用户需求，以丰富的形式吸引用户参与，从而对产品进行改进。企业可以收集用户的反馈，以改进产品提升品牌知名度。对企业来说，微博是一个开展病毒式营销的理想平台。用户的数量能为一条有价值有创意的营销信息在短时间内实现大范围传播提供条件，用户可以自发地对营销信息进行传播与分享，极大地降低了营销成本。在热点事件和问题上，微博可以显著促进信息的传播，在速度和灵活性方面都有着明显的优势。

3.2.4 微博营销的劣势

一、“粉丝”的数量级难以积累

微博营销的基本是“粉丝”群，若“粉丝”的数量级不能满足营销的要求时，就会直接影响到营销的效果。没有名人、明星或者较高人气的主体，一般很难聚集“粉丝”。微博的信息更新频率较高，因而企业发布的微博信息吸引“粉丝”关注的难度较大。“粉丝”关注度的高低直接影响到“粉丝”的数量积累。信息的互动性、是否具有趣味性，同样会影响到“粉丝”的数量积累。

二、阅读转发量难以保证

微博有转发、评论、点赞等功能，作为营销的微博内容只有赢得“粉丝”的关注、评论后，才可能被转发。但是微博的海量信息在不断地更新，一条信息很快就会被淹没，成为一条无人阅读、关注、转发的无用信息。由于一条微博篇幅有限，所以微博信息仅限于在微博传播，很难像博客文章那样，被大量转载。同时由于微博缺乏足够的趣味性和娱乐性，所以一条信息也很难像其他网站中那样被大量转帖（除非是极具影响力的名人或机构）。

三、容易出现负面影响

微博的信息传播具有自主性，每个用户在信息传播过程中都可主动地评论，每一个“粉丝”都可以主动地表达自己的想法和态度。企业或者个人在营销的过程中如果没有把好关，就可能对企业的形象、产品的评价等起到负面的影响。另外，企业或个人作为微博营销的主体，对于微博内容的传播很难控制，具体传达给“粉丝”的信息内容与“粉丝”获得的信息内容是难以把控的。“粉丝”作为受众只能单方面地接收信息，作为微博营销主体的企业或个人只能被动地传递信息，虽然有互动环节的设置，但是这种被动传播信息的性质是很难改变的。“粉丝”与企业的信息在微博中是完全公开的，如果没有一个保护机制，就会被其他人利用使得个人信息被泄露，这样对个人、企业都有负面影响。

四、与传统媒体相比，客户体验较差

由于微博的产生时间较短，微博运营商自身仍有很多技术问题需要解决。如果企业在营销过程中依托于微博营销，一旦微博出现了问题，就会给企业的用户带来直接的影响。这种不确定性会降低客户的体验感，淡化用户对企业的信任。微博依托于互联网平台，打破了区域性的限制，企业在微博营销的过程中也打破了客户的地域性限制。没有地域性的限制，对于企业市场的拓展是有利的，但同时带来的售后问题却很难及时地解决。

3.2.5 微博营销的传播特性

传播学理论在微博营销的过程中被不断地应用。所谓的六度分割理论认为，最多通过六个人就可以将两个陌生人联系在一起。微博营销的过程中，每个受众在互联网中不断地与其他陌生的受众产生信息的交流与互动。微博营销的主体在传播过程中充当着意见领袖，将信息传递给受众。他们的存在，能够使信息的传递速度更快、传播渠道更为广泛，能够为微博营销的成功提供保障。

一、内容简单化

微博内容字符数的限制决定了微博营销的内容要简洁明了，不能长篇大论。但是在简短的语言描述中，必须兼顾“粉丝”的想法，这样的博文才能够更加广泛地受到关注以及转发评论。这种简单化的内容与大众态度的迎合使得微博营销能够获得更大的成功。内容的简单化还体现在微博的图片、小视频的设置上，微博用户只需将图片、小视频加以文字性的描述就可以发布一条微博。与其他传统媒体相比，微博对内容的生产做了简化处理，无须依托于复杂的设备进行拍摄、编辑或者后期处理就可以将内容进行发布。

二、事件的互动传播

微博平台每天会不断地产生海量的信息。碎片化的信息使得受众即“粉丝”对于事件没有完整地接收。在微博发展的初期，为了提高微博的使用率，很多正能量的事件营销为微博披上了一件正能量传播特性的“外衣”。在整个事件的发展过程中，“粉丝”会将问题的产生、发展进行系统分析进而演化出更多的事件，事件的互动性使得话题得到更多的真实性表达。依托于微博这个平台，“粉丝”可以表达自己的想法。微博的互动传播特性直接影响到微博营销的效果。

三、传播具有导向性

在微博用户群体中，许多用户已经完成了实名认证，但大多数用户仍以未实名认证的方式潜在于微博中，这为网络“水军”的存在提供了滋生的土壤。那些拥有大量“粉丝”的微博认证大V、明星和其他知名人士，在营销和话题事件的产生和发展过程中起着重要的作用。无论是网络“水军”，还是这些“粉丝”数量较大的微博用户，都可以对微博的传播进行人为的控制，使得受众接收到的消息并非真实的信息。“粉丝”可能认为是言论自由的表达，但实际上他们的正义感可能被误导。

四、依托活跃人物传播

微博作为一个自媒体平台，每个人的表达都可以被发布，是一个典型的草根平台。微博的消息同时也在海量地生产中，草根的想法、观点等，要想在海量的信息中产生一定的影响，必须有活跃人物的参与。草根用户发布的微博，如果得到活跃人物的转发、评论，很快就会成为一个热门话题。这些活跃人物通常拥有大量“粉丝”和一定的社会影响力。经过这些活跃人物的传播，微博很快会受到更多“粉丝”的关注，使得消息传播更广泛。活跃人物的助推是微博营销的特点之一。

五、圈子化传播

微博作为一个开放性的互动交流平台，用户可以自由地发布、评论、转发信息。微博具有关注、被关注、感兴趣话题、标签等功能。每个用户的微博都各不相同，关注的内容类型多样。不同的微博用户根据自身感兴趣的事情，会形成不同的圈子，每个圈子里接触的信息内容完全不同。在同一个圈子中，接触的信息、观点、态度基本一致，会形成一种封闭的环境，外来信息较难介入。微博营销的圈子化传播更加明显，有助于构建忠实的“粉丝”用户群，对产品的发布和推广起到积极的作用。

六、具有娱乐性

以新浪微博为例，名人人气排行榜中，知名度较高的娱乐圈明星已经参与微博的各个环节。带有娱乐性质的话题讨论或者八卦内容等，同样受到“粉丝”的追捧。对于微博用户而言，任意的事情都存在娱乐的元素，例如：“解救大龄女青年”的话题是从“随手拍解救流乞儿童”中发展过来的。草根、大V、明星等的参与热情和话题特性等，构成了微博营销娱乐性的基础。微博的娱乐性已经越来越强。

七、同质化传播

微博的海量信息每天都在不断地更新，但真正的原创内容生产量相对较小。类似于开心一刻、励志篇等内容，多为互联网上的经典段落，缺乏原创的内容。创意生产主要依靠模仿，缺乏自身的创意，缺失原创内容。微博营销中的饥饿营销也被很多企业所使用，这种营销方式的重复使用，使得“粉丝”对这种模式的兴趣逐渐降低。原创内容的缺失，是微博营销的一个特点。

八、碎片化传播

微博的特点之一是可以在碎片化的时间里，将碎片化的内容进行碎片化的表达。微博营销同样具有碎片化传播的特点。碎片化传播可能导致客户对产品缺乏系统性了解，系统完整的理解对于提升营销效果至关重要。“粉丝”在信息的阅读、转发、评论中，也表现出碎片化的特点。

3.2.6 微博营销的策略

一、名人明星营销

微博正逐渐成为一个广场型平台。广场型平台意味着它可能是大小事的汇聚地，随时随地都有热门话题或事件发生的可能性。广场型平台更多只是消息的传递，但互动可能会相对变少。主要原因在于微博上沉淀了大量的明星和意见领袖，可以说他们掌握了微博的核心话语权。

微博知名大V用户直发内容，是现在很多品牌方选择打通微博市场的营销方式之一。客户会委托媒介向网红中介机构采买最适合品牌产品调性的微博意见领袖(KOL)，围绕该产品或品牌进行博文内容的输出，以各个垂直类KOL账号为主体而产生内容。名人发布相关内容输出，以图文结合、视频口播为主，辅以品牌在宣传推介环境下提供的奖品（以转发、评论抽奖等形式），吸引更多用户的同时维护了与原有“粉丝”之间的互动。“粉丝”基数大、黏性高的微博红人KOL自带高收益流量，用户转发或评论后，可通过活跃度提升产品曝光率，实现转化。

微博上的明星“粉丝”占微博月活跃度的50%以上。这意味着，如果品牌有明星代言，是能够去调动“粉丝”力量的。品牌也要结合微博平台的大世界给自己带来更大的流量。比如说微博经常有一些明星五周年、明星生日季、新歌发布、明星+节日等重大时间节点活动，企业都可以根据自身的定位及需求去定制微博的名人明星营销策略，尽可能地“造热搜，上热门”。

(一) 制造话题

以话题为阵地，聚合内容。让话题尽可能多地展示品牌相关信息。例如：结合一些中腰部的达人，优质的“粉丝”，KOL的“种草”环节，进行圈层矩阵的选择；明星代言，主要是利用饭圈文化助推话题。在微博的整体平台之外，从曝光互动到转化落地，可以用“微博+X”这个模型。

(二) 微博与其他平台的联动

与新闻客户端、电商平台、视频平台和搜索平台的联动，实现内容互通互补，构建从“种草”到“拔草”的营销闭环。微博热搜，可能是大家每天茶余饭后去了解新鲜事的一个平台，提供了推广，精准定向以及搜索彩蛋的机会。

(三) 商业化营销

与阿里的“U微计划”相结合，联动社交平台和电商平台数据体系，打破了品牌社交“种草”与电商“拔草”的消费者障碍，助力品牌实现全域营销。

肯德基借助明星生日季进行微博营销

2016年，肯德基借助鹿晗生日季的特殊节点曝光鹿晗成为肯德基最新代言人，与“鹿饭”一起，为肯德基的明星代言人一起庆生，引起“粉丝”极大关注。同时利用鹿晗在“粉丝”中的影响力，拉动肯德基App下载量。另外，肯德基借助微博多种特殊资源聚焦品牌曝光：借势鹿晗生日季，强势曝光肯德基品牌信息；入住鹿晗小屋，引爆互动，吸引用户参与；微博雷达肯德基优惠推送等，活动期间，肯德基官方微博“粉丝”净增长数约为平时的8.2倍，话题阅读量、讨论数居高不下，引爆舆论热潮。

鹿晗效应背后是一次教科书级别的微博明星营销。#鹿晗生日季#话题转变了明星在以往传播中的角色，将传统的“被动配合以品牌为核心的传播”转变为“以明星为核心，为品牌创造影响力”，即围绕明星策划事件，为品牌提供传播平台。

1. 四方共赢，新模式保障声量最大化

传统的明星营销中，品牌、明星、“粉丝”之间的关系难以把控：要么明星沦为简单的“照片代言人”；要么明星抢走风头，品牌惨遭忽视。#鹿晗生日季#首次尝试与媒体社交平台进行合作，打造出了明星光环带动，媒体平台支持，合作品牌助力，“粉丝”深度参与的四方互动新模式。“鹿晗生日季”模式由媒体平台提供资源支持，明星主导事件运营，通过媒体资源整合，借助互动技术，让品牌等所有参与方同时获益：既让艺人与“粉丝”借助媒体社交平台产生了更深层次的体验，又让植入其中的品牌刷足存在感，博得“粉丝”的欢心与认可。

2. 开放灵活，让品牌轻松上阵

以往品牌与明星间的合作非常繁复，除了预算，还要考虑档期是否匹配、形象是否契合……社交媒体时代海量信息更新，热点转瞬即逝，传统明星合作的“重度决策”与“长期执行”特性很难适应新的需要。#鹿晗生日季#突破旧模式，以明星主动发起热点事件的方式，开放合作，降低了品牌方的决策和执行门槛，在社交媒体时代让品牌传播更具灵活性。

3. 深度互动，品牌不断刷屏，“粉丝”纷纷效仿

引入社交媒体平台的#鹿晗生日季#显然在互动体验上拥有充足的资本。在活动期间，鹿晗贴纸占新浪微博个人贴纸使用量的1/10之多。其中，“鹿角”贴纸的使用量最高，为123 303次，使用人数达9万人，曝光更达966万次。

资料来源 https：//www.sohu.com/a/135399122_535535.

二、品牌营销

当前，媒体和受众都处于极度碎片化的环境下，品牌想要一直吸引目标用户的注意，就需要持续地产出能够快速触达并吸引用户的内容。特别是品牌建立初期，需要快速吸引用户并完成用户对品牌的认知。适合通过微博发起有噱头的热搜话题讨论，或者与明星有关的话题传播等，达到快速吸引用户眼球和营销破圈的目的。微博的聚宝盆功能正好能够满足这一需求。通过明星、KOL提供核心话题内容，帮助品牌“种草”、背书，并借助聚宝盆进行绑定代投，在明星自带的“粉丝”影响力基础上，将博文内容触达非“粉丝”人群，获取信息流广告之外的自然流量，吸引更多的目标用户。

● 注重价值的传递。首先要改变观念——企业微博是一个给予平台。只有能为浏览者创造价值的微博才有自身价值，才可能达到期望的商业目的。企业应专注于自己擅长的领域与专业，进行技术分享、提供专业持续的价值服务；为用户的学习和认知节省时间成本，培养与用户一起学习、共同进步的习惯，从而“占领”用户时间、用户心智，想用户所想，用户至上。这样才能得到用户认可，企业才可能从微博中受益。

● 注重微博个性化。微博的特点是“关系”“互动”，因此企业微博应避免仅作为一个官方发布消息的窗口那种冷冰冰的模式。要给人感觉像一个人：有感情，有思考，有回应，有自己的特点与个性。一个浏览者觉得你的微博和其他微博差不多，或是别的微博可以替代你，都是不成功的。微博必须塑造个性，具有很高的黏性，具有不可替代性与独特的魅力。

微博品牌营销是企业迅速提升品牌知名度的一种方法，能够激发用户主动传播信息的能力，微博营销在个人媒体线上营销方面有其独特的功能。2015年，喜马拉雅调频（FM）作为一个比较成功的音频制作平台，为了增加品牌的知名度，通过“对1.2亿人说”的微博话题讨论并设置手机等奖品，最终获得3 500万的阅读量，大大地提升了品牌的知名度。

同时，品牌号还可以分享与品牌相关的故事，如产品的研发过程，增加用户的信赖感，例如花西子品牌讲述彩妆的创作故事。

其实“粉丝”是很喜欢跟品牌微博账号互动的，看看品牌最新的动态，提出自己的意见需求，让“粉丝”觉得自己与品牌联系更加紧密。品牌号也可以利用微博平台

的抽奖机制，让“粉丝”转发微博抽奖，在增强“粉丝”黏性的同时，提升品牌的曝光度。

- 寻找专业测评博主。据某小家电品牌方透露，他们在微博上的投放，其实并没有花费很多，主要是把好用的产品送给测评类博主进行测评，反响都还不错。测评类型的博主，也许他们的“粉丝”量不是很大，但因为长期做测评，所以能够精确地说出品牌的优缺点，更能让人信服。

- 品牌蓝V联动，为彼此曝光助力。除了日常投放外，一些微博品牌官方账号与不同类型的其他品牌进行联动合作，互相增加曝光，也是一种微博品牌营销的方法。找的并不是KOL博主，而是跟自己调性匹配的品牌官方账号，互相联动合作，比如瑞幸咖啡分别与椰树集团和茅台的联名。

品牌营销的建设维护以及传播包括以下几个方面：

（1）充分利用微博的传播和信息承载能力，通过多种支持形式开展传播和营销。企业可以利用微博平台的用户流量、交流能力和信息承载能力，进行整合交流和在线创意营销，并塑造品牌形象。

（2）利用微博的社会性质与消费者群体保持亲密关系，加强沟通与互动，了解需求和个性特征的变化。这有利于建立情感联系，并在此过程中让公众深入了解品牌的核心价值。

（3）参考微博的内容和个性化，增加更多内涵，塑造个人形象，吸引更多关注。微博作为一个内容社交平台，允许品牌商通过内容分发来推广自己的文化价值，反映差异化特征，促进品牌的复兴和知识产权进程并增加曝光度，从而提高市场竞争力。

“支付宝抽锦鲤”微博营销

每逢五一、国庆等旅游黄金期，微信与支付宝都会推出各自的免单活动，通过优惠来提高App的使用率，但用这样的方式的营销效果一般，哪家优惠大，消费者自然就用哪一家，难以给用户留下深刻的使用印象。

早在2018年初，阿里巴巴就已经试水过“大奖独宠一人”的方式。当时为了推广淘宝亲情账号，阿里巴巴在微博推出了“一人中奖，全家免单”的活动：抽百人清空购物车，且只要自己的亲情账号绑定了家人账号，一人中奖全家中奖。比起前几年雨露均沾的“敬业福”，“大奖独宠一人”清空购物车，掀起的social风浪和口碑，都更为壮观。

2018年9月29日下午，支付宝发布微博称，将在10月7日抽出一条“锦鲤”，并用多重礼物宠爱“锦鲤”。支付宝公布活动玩法不到6个小时，就已经有100万人参与转发，第二天转发量直接破200万，成为微博史上转发量最快破百万的企业微博；在微博发布后的短短几分钟，加拿大航空公司等公司等提供交通便利，法国Printemps等百货提供各类免单，三星、华为等品牌直接送礼品……

这条微博的评论区瞬间集合了上百个品牌，除了被围观群众“捞”起来的几十个品牌，还有数百个沉在了评论区。

支付宝此次在微博抽取免单“锦鲤”的营销活动，目的是让广大用户了解支付宝已经开通了境外支付功能，培养用户在境外使用支付宝的支付习惯。借助微博营销，网友对“锦鲤”图个吉利的期待心理，让免单活动曝光量得以快速增加，还有广大境外商家提供的锦鲤奖品，让用户意识到原来在那么多地方都能用支付宝，形成“境外购物—支付宝”的绑定，进一步巩固活动效果，强化支付宝在消费者心中的位置。支付宝通过“6·18”活动和国庆的活动，抢占“锦鲤”这一传播IP。在活动发布初期，就积攒了大量的互动，也吸引不少海外商家加入或加码，参加支付宝搭台的这场大戏。根据Social Beta的数据：巴黎春天点赞量就超过2.3万，而官方微博的“粉丝”量才2.2万。超过半数的品牌官方微博在这次活动中“粉丝”增长超过70%，部分品牌“粉丝”量甚至从零暴涨至数万。从微博的数据来看，支付宝这次活动既搞定了用户，也搞定了商家，可谓大获全胜。

1. 掌握爆点

所谓“爆点”其实更多指向的是营销的“关键词”或“符号”。每个营销事件必须有简短且辨识度高的主题词。在此前提下如果能够很好地策划、利用某一事件来激发人们的好奇心理，营销者将会收到良好的市场促销效果。支付宝这次活动营销的关键符号在于“锦鲤”这一概念，通过人们对“锦鲤”的猎奇心理，充分地吸引用户参与营销事件。

2. 突出卖点

事件营销要把火力集中在品牌本身或者核心卖点上，才能将流量和销量挂钩，即使会牺牲一些创意的趣味性，也比时间久了但品牌没人知道带来的尴尬要好。本次支付宝营销中，通过礼单中的海外旅行，充分显示出支付宝海外布局的完善。

3. 深挖槽点

社交媒体让大众传播变得更加便捷，在人人都可以发声的情况下，吐槽的门槛变得越来越低。品牌可以通过“埋槽点”的方式控制受众吐槽的方向，再借助段子手、大V来保持话题热度。300万空降普通妹子之身，“锦鲤”——信小呆具备的槽点能够引起人们的吐槽欲望。

4. 控制节点

在事件营销过程中，关键人物和时间节点都很重要，可能会改变企业对本次事件的把控方向。正常的事件营销最好安排在周二到周四，因为很多人此时都在上班，看到一个事件爆发可以顺便吐个槽。竞争型话题一般选在周四，这样其他竞品很难在周五迅速做出反应。支付宝此次营销选择在十一假期，通过这个人们高频率出国旅行的时间节点，来宣传支付宝完善的海外布局。

支付宝“抽锦鲤”活动发酵仅一天就拿下了微博热搜前十中的三个席位，支付宝

“中国锦鲤”的微博转发数达286万，下面评论的品牌方也有100多个，中奖的“锦鲤”——信小呆，“粉丝”也已经达到了22万。支付宝此次微博“抽锦鲤”的活动，预估成本不超过400万元，最重要的是支付宝通过此次营销，向受众成功传输了支付宝海外布局已完善的概念，达到了此次营销的目的，可谓是一次模范式的品牌营销。

资料来源 https：//baijiahao. baidu. com/s? id=1613744175651083251.

三、口碑营销

(一) 口碑营销的理论基础

口碑营销之所以能成功并付诸实践，主要基于消费者的以下动机：

1. 生理需要

人们在购物后，特别是对于一些平常不太熟悉的产品，购买行为发生后，会有一些紧张感，这时候就需要通过不同的方式来消除这种感觉，其中向亲友诉说就成为一种很好的方式。

2. 安全需要

消费者在购买产品后会有一些不安全的感觉，比如，认为自己受骗了或买贵了或跟不上潮流、太老土了等。这时候，消费者希望通过对亲友诉说，让亲友肯定自己的购买行为，同时，希望亲友因自己的推荐发生同样的购买行为而找到更多的安全感。

3. 社交需要

口碑传播行为一般发生在不经意间，比如朋友聚会，这时传递相关信息主要是基于社交需要。

4. 尊重需要

消费者为了满足某些情感的需要而传递信息，如表明自己是“先知者”或者紧跟潮流、比较“时尚”，特别是当他人因自己的劝说而购买了相同产品时，会更加肯定自己并认为自己得到了他人的尊重。

5. 自我满足实现需要

通过传递信息，消费者与他人分享快乐并使朋友得到方便与利益（通过介绍好的产品与服务），自我满足得到了实现。

(二) 口碑营销的步骤

1. 鼓动

赶潮流者、产品消费的主流人群，作为最先体验产品的可靠性、优越性的受众，会迅速向周围朋友圈传播产品的特点，如质地、原料和功效，或者分享他们对企业5S系统和周到服务的感受，从而激发他人跟着去关注这个新产品或是新业务。

2. 价值

如果传递信息的人缺乏诚意，口碑营销就会无效，失去其传播的意义。任何希望通过口碑传播来实现品牌形象提升的公司，都必须设法精心打造产品，提升服务价值理念，以达到口碑营销的最佳效果。

当消费者初次接触一个产品时，会问自己："这个产品值得我推荐吗?"产品的价值是产品在市场上立足的关键，因此，口碑必须是值得信赖和有价值的。

3. 回报

当消费者通过媒介或口碑获取产品信息并购买时，他们希望得到相应的回报。如果企业或机构提供的产品或服务确实物有所值，进而顺利、短期地将产品或服务理念推广到市场，就能以低成本实现盈利。

《我不是药神》：微博口碑营销的奇迹

《我不是药神》上映于2018年7月5日，上映期间累计票房为30.7亿元人民币，其豆瓣评分为9.0分，也是近些年中国电影难得的超高分数。《我不是药神》取材于真实事件，该片主要讲述了神油店老板程勇从一个交不起房租的商贩，一跃成为印度仿制药"格列宁"独家代理商的故事。在当今这个数据信息爆炸的时代，《我不是药神》的营销者们是如何利用微博口碑营销让更多的人走进影院去看这部电影的？

1. 强刺激、强共鸣、强共情

电影营销者之一的北京文化是电影的主控宣发方，其在与电影制作者合作时有一套选片原则。北京文化事业部总经理张苗总结了他心目中爆款电影的内容法则：从低到高要满足三个特点。首先是"强刺激"即强娱乐性，满足这一特点，电影可以达到60分及格线。其次是"强共鸣"，影片要能够反映时代，让观众有休戚相关之感。最高境界是"强共情"，影片要能打动观众的内心，完成这一要求会成为暑期档的优胜者。北京文化同样也是2017年电影票房奇迹《战狼2》的联合出品方和发行方，张苗谈到对两部影片的对比时说："反过来看所谓爆款作品，《战狼2》是一个'强刺激＋强共鸣＋强共情'都做得不错的作品。而《我不是药神》把后面两点做得非常足。"

《我不是药神》正是在医疗行业取材，抓住了民生的热点问题，引发了观众的普遍共鸣，满足了大多数观众的心理需求，实现了"强共鸣"。影片上映后，网友们针对"看病难"这一社会热点问题展开了激烈的讨论，其中，"重疾""天价药""医疗改革""药企"等词也成为相关舆论的高频词。另外，主人公们作为现实中的小人物，在实现自我救赎过程中展现的人性光辉也赢得了观众的"强共情"。"强刺激"则体现在影片中的喜剧情节，以及一些打斗追逐的激烈场面，满足了娱乐性。

2. 前期预热

2018年4月，《我不是药神》进入宣发期。"要不要讲喜剧这个点?"这是宣传初期最大的争议。在电影《我不是药神》拍摄前，营销者在微博平台就开设了账号"@电影我不是药神"，《我不是药神》进入正式宣传期，官方微博发文量呈上升趋势。同时，官方微博作为主持人发起话题＃我不是药神＃＃我不是药神治愈你＃，网友们在话题讨论组中进行讨论互动，其阅读量分别达14.2亿人次、1.1亿人次。这一时段，官方微博的发文量是拍摄期的10倍，关于电影拍摄进展及相关情况都通过官方微博发布，官方微博成为影片微博推广的主要信息源。2018年5月22日，官方微博发布演员徐峥特辑，关键词为“有头发的徐峥”“皮一下很开心的徐峥”“和演员们哭作一团的徐峥”“你不知道的徐峥”“徐峥拼了”。徐峥本人也发文“130场戏，演一个‘烂人’，还挺过瘾的”。

3. 路演预热

路演是营销者宣传新品的一种重要手段。《我不是药神》电影营销者也在宣传前期进行了两轮路演。第一轮，开启了以“疗解一夏”为主题的全国校园路演，由4位主演分别带着电影《我不是药神》的精彩片段走进6座城市，12所高校，并在官方微博发布路演信息。

在第一轮路演结束后，第二轮开启以“药你笑，药你哭”为主题的全国区域影城路演。6月16日营销者举行“药你笑”主题发布会，并联合微博等多个直播平台进行直播。

4. 促销期引爆市场

2018年6月30日至7月5日，电影开始分时段在全国范围内点映。点映一共分为三轮，每一轮都有计划、按节奏地提前释放了口碑。第一次大规模点映是6月19日在上海电影节的“千人点映”，核心目标是行业人群，如媒体和影院经理。这一场放映的目的是充分带动行业内口碑，形成首轮口碑传播和释放。营销者将千人口碑实录制作成海报发布在官方微博平台，内容为业界人士、媒体人士、自媒体人士、普通观众发布在微博平台的观影感悟，在豆瓣社区内截取的观众影评、微信朋友圈的影评，以及淘票票和猫眼平台上截取的影评。

点映第一天票务总台评分9.6分，上座率、场均人次双第一，微博大V推荐度、V淘推荐度都为百分之百；点映第二天猫眼评分9.7分，位列猫眼当前热映口碑第一，获得观众广泛热议。官方微博在点映后发文表示：“点映后的好评来得太快，就像龙卷风，关于演技，关于质量、关于剧情，有不同的切入点和共同的肯定。”无论是普通观众还是专业人士、媒体、自媒体，都在微博、豆瓣、朋友圈一众刷屏式推荐。

基于这次放映效果，营销者策划了上映前一周的第二轮大规模点映，这次点映面对的是影迷群，这是“自来水”效应的基础人群。“这一阶段的目标是70万人次观影，在小规模影迷群释放口碑”。最终，周六的点映达到41万人次，在安全范围内；但周六积攒的口碑在周日被点爆，两天共达到140万人次，超出最初计划一倍以上。第三轮点映在上映当周的工作日黄金场，这时，无论是媒体、舆论环境，还是影迷口碑，《我不是药神》的热度都已经达到高点。在公映日前两天，《我不是药神》预售已经过亿元。从票房结果上看，购票平台的想看日增数据已经翻倍。在微博上大V推荐度为百分之百；豆瓣、淘票票上V淘推荐度为百分之百，猫眼电影上影片信息为“当前热映口碑第一”。营销者在2018年7月4—8日，开启了主题为“药你笑，药你哭，药你好看”的第三轮路演，主创团队走进 12 座城市与观众见面互动，宣传影片。每次路演之前，《我不是药神》官方微博都会发布路演信息进行宣传。

5. 上映后口碑维护

2018 年 7 月 7 日，营销者在官方微博宣布《我不是药神》所有投资方的一致决定：“一次性捐赠 200 万元，给陆勇先生指定的白血病相关机构，并向全社会公开用途明细；同时，大家也决定，票房总收入每达到 1 亿元，追加 30 万元人民币，捐赠给以白血病资助为主的专业公益机构@北京新阳光慈善基金会，用于白血病患者的治疗及术后恢复。”7 月 8 日，国家医疗保障局督促推动抗癌药加快降价。

针对这一新闻，主演徐峥微博发文：“爱的光芒让未来充满希望，一切都会越来越好。”同时，官方微博转发此微博。网友评论“好电影推动进步”“时代进步充满了希望”。

中国电影的未来有方向：“内容为王”“口碑制胜”。影视作品只有踏踏实实讲故事，回归现实，做到正能量，有情怀，才能实现与受众的情感共鸣，才能在激烈的市场竞争中获得成功。传统的电影宣发以中心化传播为主，更多地利用艺人、明星、话题做媒体中心化的传播，而在今后的电影宣发方面将着重于以观众为中心，特别是利用微博进行营销，让观众参与其中，观众看完电影之后在微博上发表电影评论，全链路的口碑数据成为电影宣发很重要的一部分，营销者要基于观众口碑来进行营销物料的选择和更新，并采取有效措施促发口碑传播，给电影票房带来增量。

资料来源 https://www.sohu.com/a/241621449_614639.

四、情感营销

在个性化营销时代，产品市场被不断细分，受众人群的个性化特征也被不断关联于产品之上。销售具有精神属性的产品，更能使消费者在购买的过程中获得心理满足、情感表达或者身份认同等情感因素。近年来，微博作为营销平台，其营销手段逐渐成熟，但同时，微博庞大的信息量使得广告和活动信息的传播效果减弱。运用情感营销策略，以情动人，已成为各商家的核心微博营销趋势。

情感营销是从消费者的情感需要出发，唤起和激起消费者的情感需求，寓情感于营销之中。在情感消费时代，消费者购买商品时，不再仅仅关注数量、质量以及价格，而更追求情感上的满足和心理上的认同。

企业进行情感营销时，首先要对产品进行情感定位。情感定位可以通过商品的命名、设计及宣传方式等多种方式来实现。

企业在微博上开展情感营销应注意以下几点：①避免情感宣泄对品牌和产品产生负面影响，需干预和引导负面情绪转化为娱乐性的吐槽或良性的情感沟通；②在情感宣泄和沟通中，不断塑造正面、富有同情心的品牌形象。通过优化话题和活动，加强参与者的情感体验。情感体验越深刻、情绪波动越大，就越容易留下深刻记忆，而且能长时间保持，从而形成强烈的品牌感知。

小熊电器：爱，不停炖

2006年诞生的小熊电器是一家提供妙想生活创意小家电的企业。这位后起之秀在营销中惯用情感营销策略，凭借“爱，不停炖”主题系列微电影，在激烈的竞争中杀出了一条血路。

继前三部微电影风靡网络之后，小熊电器打造了描述夫妻关系的第四支微视频——《饭和爱情》，延续“以情动人”的情感营销模式，讲述一对平凡夫妻间“让爱保鲜”的爱情故事，令网友产生触动。同时，为配合视频营销，小熊电器在微博上发起了“便当挑战赛”活动，鼓励网民晒出自己的拿手便当，晒出对家人的爱，并提供电热饭盒作为奖品，为大家的爱与心意保鲜，吸引了各路英雄纷纷参与挑战。

当下繁忙的生活，人们有心想与朋友、知己常常相聚却难以抽空。2018年，小熊电器从消费者痛点切入，借势春节团聚的热点，携手艺人张艺兴发起线上暖心盛宴，邀请“粉丝”共赴暖心饭局。微博话题一经上线，随即受到用户的热捧，超过18万的用户关注了活动，更有数万人发起了自己的暖心饭局，邀约好友线上一聚，最长饭局竟突破了1 700米，引发了刷屏。

有朋友好久不见相聚的暖心，有小熊电器用心烹饪美食的暖胃，“粉丝”在共创暖心饭局的互动中，感受到了小熊电器的用心和暖心。然而当我们称赞此次小熊电器的营销活动时，殊不知此次刷屏的暖心饭局互动式广告，只是小熊电器品牌传播活动的一小部分。

小熊电器这次发起的品牌传播活动，牢牢锁定了张艺兴年轻的“粉丝”群体，用户定位方面的针对性强，通过对目标群体的情感洞察，发掘他们普遍存在的情感诉求——追求有趣、轻松、鲜活的生活方式，打造了五重奏暖心内容，使得“粉丝”、代言人、品牌在良性互动中保证了热度逐渐递增，掀起又一波营销高潮。

回顾整个品牌传播活动，小熊电器五重奏的情感营销是立体的、多维的。暖心一重奏，以品牌系列宣传海报传播品牌主张；暖心二重奏，以张艺兴高清壁纸自己动手(DIY)活动，卷入“粉丝”互动；暖心三重奏，推出除旧迎新系列海报，与“粉丝”深入沟通；暖心四重奏，上线年夜饭食谱，为传播持续保温；暖心五重奏，发布暖心饭局的互动式微博广告，与“粉丝”共创品牌内容。

整个“暖心五重奏”下来，品牌与“粉丝”的互动达到了新高度：整个#熊抱艺家人，玩出心滋味#的话题阅读超过了2 500万人次，相关微博的阅读量突破了3 000万人次，“粉丝”更是纷纷脑洞大开，积极参与用户原创内容（UGC)，引发自主的二次传播，品牌声量极度扩大，在最终的暖心饭局上，用户的参与度更是达到了最高峰！超过2万多用户参与了饭局，暖心饭局累计长度突破了3.5万米，线上聚会更是引发了用户的热烈讨论，暖心饭局的品牌话题页阅读量达8 000万人次，更是登上了微博热搜榜、微博热门话题，众多“粉丝”纷纷留言要入手小熊电器的产品。

从暖心一重奏到暖心四重奏是情感“蓄势”，通过四重的暖心内容，情感的铺垫到了井喷的边缘，就像蓄势待发的火山口，等待着一个爆发的时刻，为整个品牌传播活动的最高潮——“暖心五重奏小熊电器 & 张艺兴的暖心饭局”打下坚实的情感基础，最终在暖心饭局中点燃了用户情绪，实现了用户情绪的集中释放。

小熊电器一系列营销策划都有一个共性——从用户真实的情绪出发。从微博话题“#熊抱张艺兴”到“#熊抱艺家人”，不仅表达品牌对生活的看法和态度，也是对用户实际生活中的经历与情感进行阐述与互动。在这一过程中，品牌的用心正在被持续深化，小熊电器有趣、温暖的品牌形象也因此变得栩栩如生，让明星“粉丝”在很大程度上也转化为品牌“粉丝”，以情感为纽带，连接了品牌和“粉丝”，未来势必将给品牌带来更大的商业价值。

资料来源 https：//weibo. com/2997499062/Ae8eczzIk.

五、公关营销

微博公关是指在微博平台上，通过一系列的策略和手段，提高企业或个人的知名度、形象和声誉，实现品牌推广、危机管理、舆情引导等目的的一种营销手段。微博公关的意义在于，微博已成为人们获取信息、交流意见、表达情感的重要渠道，企业或个人在微博上的形象和声誉直接影响其社会地位和影响力。通过微博公关，企业或个人可以有效地提高在社会中的知名度和影响力，提升品牌形象和声誉，提高市场竞争力。

微博作为网络推手，既是一把快刀也是一把利剑，怎么样才能利用好这一工具，避免其潜在风险是关键所在。第一，建立用户群体即“粉丝”基础是博主的首要任务；第二，在微博平台中，与其他博主、公众媒体、相关大 V 等建立良好关系，有助于企业更好地进行危机公关、发现问题迹象或者解决舆情监测等问题。

（一）微博公关的机遇

微博在舆情、传播、营销、公关上具有重要作用。

（1）微博的海量用户和社交功能，能使企业集中“粉丝”，有针对性地进行品牌建设。

（2）微博舆情反映了大众的关注动向，企业可以通过微博进行高效的舆情监控。

（3）微博催生了多种营销方式，有利于企业贴近消费者进行直接促销。

（4）微博的传播形式多样化，结合传统渠道，可为企业提供更多的传播手段。

（二）微博公关的挑战

微博给企业带来的机遇同时也带来了挑战：

（1）舆情环境发生根本变化，负面消息的来源更加多样化，加大了企业危机公关的难度。

（2）危机爆发的不确定性和不对等性增强，公关战可能由任何人引发。

（3）负面消息一旦流出，传播面广，控制难度大。

（4）危机在微博上的爆发频率高，持续时间长，且具有阶段性波动。

（三）微博危机公关的策略

微博危机公关常用的一些基本原则和策略：

（1）防止微博舆论趋势变化，时刻关注并警惕。

（2）积极及时回应和道歉，查明信息来源，进行查询和调查。

（3）承担责任，坦诚面对，并尽快宣布解决方案。

（4）使用微博保持与公众的持续联系和真诚沟通。

（5）做出进一步澄清和解释，借助权威认证来增强说服力。

无论是企业还是个人，微博的普及在带来巨大的流量和利益的同时，也伴随着风险。谨慎的言行可以避免许多危机，企业需要利用微博的优势，吸引流量，控制舆论，为公关活动提供支持。

张小泉“拍蒜断刀”陷舆论旋涡

一位张小泉消费者王女士在网络上分享自己的经历称，用张小泉菜刀拍蒜时，菜刀断了。王女士联系了品牌方之后，却被张小泉官方客服告知“菜刀不能拍蒜”。2022年7月14日，“张小泉客服称菜刀不能拍蒜”相关话题迅速登上微博热搜。

面对网民铺天盖地的质疑和压力，7月14日，张小泉方面回应称，高硬度刀具不建议横拍操作，无条件给消费者退款。

7月15日，张小泉官方微博发布长文回应此事。称该消费者2020年9月购买了张小泉“龙雀斩切”两用刀，售价99元；2022年7月联系经销商，反映刀面断裂问题。公司官方客服已再次联系该事件消费者，为客服不恰当的沟通方式表示歉意，并赠送一把新刀具以表诚意，由消费者在品牌旗舰店自选一款。

然而，从这篇声明中可以发现，张小泉和消费者的对话其实并不在一个频道上，品牌方根本没有洞察到消费者真正关心的实质是什么。

在致歉的同时，张小泉还不忘为品牌做一次宣传，声称本次的“事故”刀具于2018年上市销售，截至2022年6月底，销售数量超6万柄，自上市至今，收到消费者正式投诉11起，投诉率约为0.018 3%……张小泉每年服务上千万消费者，产品质量是有保障的。

显然，张小泉这场“拍蒜断刀”危机，表面上是刀的质量问题，实质上是“中国人该如何用刀”的问题之争。

消费者质疑“拍蒜都能断的刀”的质量问题，其实是觉得“中国人用菜刀拍蒜”这个习惯理应得到菜刀生产企业的理解和尊重；而张小泉不仅没有回答消费者关心的质量问题，反而一直强调菜刀的分类和用法，试图对中国消费者来一场“菜刀用法再教育”。

比如，对质量问题，声明中只是说其产品“通过了国际国内多项严苛的体系认证”，却没有解释“拍蒜都能断的刀”到底是不是存在质量问题。

还有，声明中一直强调：“一般而言，张小泉的常规刀具是可以拍蒜的。”“并不是所有的刀具都适合用来拍蒜，一些硬度较高或者有专业用途的刀具如果用来拍蒜的话，有断刀的风险。”

而且，张小泉在接受多家媒体采访时也强调自己的一贯态度是“提倡专刀专用”，“张小泉的常规刀具是可以拍蒜的，但张小泉提倡专刀专用，如果实在想要拍蒜的话，可以用手掌轻压刀面达到拍蒜的效果。”

这种认知冲突的结果，就是品牌方做得越多，说得越多，消费者越不满意。果不其然，当张小泉的高管之前接受短视频采访时说过的话被网友翻出来，很快就又让其陷入新一轮质疑中。

总经理过往言论被翻出似火上浇油。在这则视频中，张小泉总经理夏乾良声称：“你学了几十年的切菜是错的，所有的米其林厨师都不是这样切的，为什么米其林厨师切的肉片更薄、黄瓜片更透明，是因为前面有个支点。”

虽然夏乾良这番言论是之前的，并不是“拍蒜断刀”事件后才发表的。但网民管不了这么多，这番言论结合张小泉刚刚发布的声明中的相关态度，彻底点燃了网民的怒火。7 月 18 日晚间，相关话题再度冲上热搜，全网迅速发起了一股抵制张小泉菜刀用法的浪潮，消费者纷纷表达了自己的不满。

7 月 18 日晚间，夏乾良不得不发布致歉声明，夏乾良表示：“网传本人评价‘中国刀工不及米其林厨师’话题，视频是很久之前的采访视频，且并非视频的全部，现传视频中并未根据当时的情境和语境进行描述，从而导致大家对此产生极大的误解。众所周知，张小泉创立时，米其林还未出现，不过我亦为自身的不当言论对消费者理解造成的错误引导，表示诚挚的歉意。”

此外，夏乾良在道歉声明中还表示，张小泉即将发起“断刀召集令”项目，凡在国内购买的菜刀，若在过去五年内有断刀事故发生，包括张小泉品牌及指定同行品牌，公司均可按照类似款型、类似价值进行新刀换货。

有趣的是，作为同行的刀具老字号“王麻子”，在张小泉口碑崩塌的同时也没忘给它一波神助攻，不断地在自己的直播间拍起了大蒜，评论区有人调侃：“这拍的不是蒜，是张小泉的脸。”

想教大家用刀的张小泉被消费者教育了，试图教育中国消费者怎么用刀的张小泉，反过来被消费者教育了一顿。这也提醒企业，别太迷信“消费者教育”。中国有句古话“人之患，在好为人师”，意思是人的毛病在于喜欢做别人的老师。这句话用在企业和消费者的认知冲突中也非常合适，虽然企业可能在产品专业知识领域更胜一筹，但产品最终使用体验好不好，其实还需要消费者自己感受。

张小泉的危机有一个特点，回应虽然有瑕疵，但整体舆情经过官方回应后，按照道理，应该是往下走的。但巧合的是，公司两位高管在之前接受短视频采访时说过的话，都成了新一波舆情的“制造者”。这对微博公关营销来说，是一个新挑战，即短视频传播时代，企业高管接受视频采访说过的话，可能在当时当刻没有任何问题，但在企业遭遇刷屏式的危机舆情之后，你之前说过的话，就有可能被希望借势和蹭热点、蹭流量的自媒体们翻出来，被重新演绎和二次剪辑，再被传统媒体引用后继续引爆舆情。

未深度解读危机。张小泉的刀具到底能不能拍蒜？这是最关键的一个回应点，因为“拍蒜会断”会引申出两个关键点：一个是菜刀本身的质量问题，另一个是你懂不懂中国消费者的用刀习惯。这两个问题，应该是企业最需要和公众沟通的，而不是“客服态度不好”，不停地在前面道歉。这就是典型的没读懂危机。刀到底能不能拍蒜的回应，竟然被放在了公关道歉信中倒数第二段才讲。

忽视公众情绪。拍蒜都能断的刀，质量到底行不行？不是企业自己说一句“通过了国际国内多项严苛的体系认证”就能自证清白了，更不是澄清一句“并不是所有刀具都适合拍蒜”就能解决问题的。消费者不需要商家的教育，消费者需要的是商家对“中国人用菜刀拍蒜”这个用刀习惯和常识的接受和认可。

逻辑自相矛盾。“作为中华老字号企业，公司的产品设计充分考虑了国内消费者的使用习惯……我们将持续研发，力争在刀具产品方面……更能充分考虑中国消费者的实际，真正做到‘更懂中国厨房’。”前半句自夸自己懂中国消费者，结果都不懂中国人用刀拍蒜的习惯，这里其实为“米其林大厨”的那番言论引燃矛盾，埋下了祸端。

从张小泉的“拍蒜断刀”微博公关营销失败的案例中，我们可以总结出以下几点，为企业在微博公关营销中提供帮助。

（1）微博危机公关中，快速反应固然重要，但前提是一定要弄清楚问题的本源是什么。

（2）互联网时代危机无所不在，企业及其负责人任何时候的任何言论，都可能在任意平台被引爆、被二次解读，特别是微博这种传播速度快、传播范围广的平台，更需要企业做好全面的信息监测、信息管理和舆情防控。

（3）在获取资讯越来越方便的当下，任何权威都容易被误解和质疑，品牌妄图单方面“教育消费者”一定要慎之又慎。

资料来源　https：//baijiahao. baidu. com/s？ id＝1780449380860857943.

六、“粉丝”营销

“粉丝”一词源于英语“fans”，原指“追星族”。但是“追星族”早已被时尚抛弃，“粉丝”已成为时尚的代名词。“粉丝”就是支持者，是一群因共同爱好在微博等社交平台上聚集起来的群体。他们虽彼此陌生，但在特定话题上共享相同价值观，形成了具有鲜明特征和具体标签的社群。这些群体会自发组织，规模逐渐扩大，但同时也具有时效性和易变性，一旦企业价值观与“粉丝”价值观不符时，便容易“脱粉”。

“粉丝”营销指企业利用产品或品牌知名度吸引大量消费者成为“粉丝”，利用“粉丝”相互传导的方式达到营销目的。在“粉丝”经济的推动下，高流量IP代言、KOL营销和“粉丝”营销已经成为主流趋势。微博“粉丝”作为营销活动的目标群体，展现出高度的参与热情。企业通过设置奖励机制，可以增加“粉丝”的话题参与度，促进话题的阅读、评论、转发等。这种病毒式的传播模式，会让更多的人参与以微博为传播渠道的营销活动。

在微博“粉丝”营销活动中，互动性至关重要。企业宣传信息不能超过微博信息的10%，最佳比例是3%～5%。“粉丝”营销要更多地融入“粉丝”感兴趣的内容。通过“活动内容＋奖品＋关注（转发/评论）”的形式，激发粉丝参与，同时，企业官方微博的真诚回复更能赢得粉丝的情感认同。

要使企业微博持续发展，单纯在内容上传递价值还不够，必须掌握一定的技巧与方法。比如，微博话题的设定，表达方法就很重要。如果你的博文是提问性的，或是带有悬念的，引导“粉丝”思考与参与，那么浏览和回复的人自然就多，也容易给人留下印象。反之，新闻稿一样的博文，会让“粉丝”想参与都无从下手。

优质内容吸引“粉丝”参与互动。玩转“粉丝”营销，第一步就是吸引“粉丝”，只有通过发布高质量的内容，才能开启“粉丝”营销的第一步。官方微博发布与“爱豆”相关的内容，必然是“粉丝”喜闻乐见的。“粉丝”通过参与互动还能够获得更多的福利。

企业还可以通过UGC活动，让“粉丝”动手参与和自己“爱豆”的二次创作，以“爱豆”同款旅行路线等奖励刺激“粉丝”发布更多的原创内容实现品牌宣传。

留住“粉丝”，延长营销寿命。吸引“粉丝”之后，如何留住“粉丝”，最大化实现营销效果，也是企业在微博“粉丝”营销中需要思考的问题。

拟人化的社交媒体，无论是微信公众平台还是微博等，有了鲜明的人物形象，便不再是一个冷冰冰的品牌账号，让“粉丝”感觉更真实、更亲近，能够很好地提升互动水平。

结合热点开展“粉丝”营销。很多时候，结合热点能够起到事半功倍的作用。热点已经有一部分的影响力，当经过品牌的优化后，可以让它成为自己的营销内容，聚集“粉丝”的目光。

充分了解消费者心理，用吸引眼球的优惠活动，激发消费者的参与热情。例如，“顺丰大当家”选择在吃螃蟹的季节，免费送螃蟹，并制定了阶梯抽取的规则，吸引“粉丝”转发参与。

注重发布的连续性。微博就像一本随时更新的电子杂志，要注重定时、定量、定向发布内容，让大家养成观看的习惯。当用户登录微博后，能够想着看看你的微博有什么新动态。

注重系统性布局。任何一个营销活动，想要取得持续而巨大的成功，都不能脱离系统性。企业想要微博发挥更大的效果就要将其纳入整体营销规划中来，这样微博才有机会发挥更大的作用。

注重准确的定位。对于企业微博来说，“粉丝”质量更重要。因为企业微博最终实现商业价值，或许就需要这些有价值的“粉丝”。这涉及微博定位的问题，很多企业抱怨：微博人数都过万了，可转载、留言的人很少，宣传效果不明显。其中一个很重要的原因就是定位不准确。要围绕产品目标顾客关注的相关信息来发布博文，吸引目标顾客的关注，而非只考虑吸引眼球。

企业微博专业化。同场竞技，只有专业才可能超越对手，持续吸引关注目光，专业是一个企业微博重要的竞争力指标。

微博营销的潜力巨大，企业应充分发挥其作用，创造与用户共振的集体记忆，形成强大的情感连接。通过人格化、近距离的沟通互动，实现社交化营销的新常态。

广汽传祺在微博上“社交”

2021年8月1日，广汽传祺推出一款名为“影豹”的运动家用轿车，在微博上宣布代言人为苏炳添。单纯看这次代言，是很契合的，中国百米飞人苏炳添与运动轿车，双方最突出的特点完美融合。但如果不是后来发生的“互动、社交”，这次代言也仅仅是一次代言，不会变成社交资产而大放异彩。

变化出现在苏炳添创造历史的那天。我们的百米飞人在奥运百米决赛中跑出了9.83秒的成绩，创造了黄种人在奥运舞台上的新纪录。

微博上网友们纷纷@广汽传祺，“为什么不设定9.83万元呢?”“直接9.83万元起不是更好吗?”

原来，影豹轿车原本定价9.88万元起。广汽传祺的响应也很迅速，很快就听取了网友们的建议，次日就把轿车的定价从“9.88万元起”改为“9.83万元起”，并更名为J10飞人版。

在这次互动中，广汽传祺作为品牌方和网友们站在了一起，通过社交行为快速响应，共同为公共事件表态发声，品牌方的反应引发了消费者的共鸣，相关话题阅读量超过2亿，活动期间车型声量为活动前车型声量的2.6倍。影豹一上市就收获上万份订单，自6月18日预售以来更取得超过3万份订单的成绩。这就是社交资产沉淀带来的超级品牌营销效应，所以说今天的品牌营销一定要“社交”起来。

资料来源　https：//new.qq.com/rain/a/20211020A05K4W00.

如何评价一个品牌是否“社交”起来?

微博平台有专门的评判标准，从“内容、声量、用户”三个维度的资产来评估品牌和产品的社交度。符合以上特征的品牌被称为“针不戳品牌”。

基于此，微博发布了“针不戳品牌榜”和“爆品榜”。与传统榜单不同，微博品牌

V力榜的支撑点是更翔实的一手品牌社交数据，不仅是通过“转发、评论、点赞”这些简单数据进行评判，而是透过热点大数据全方位对品牌在一个周期内的声量、内容、用户等资产进行动态的、综合的测算。这种综合考量有助于品牌在微博上多角度建设社交资产的综合考量。透过榜单，品牌获得的最大价值在于：真正将营销与发展紧密结合。

微博为品牌提供了一个成熟的全链路营销图谱。首先是通过社交洞察，帮助品牌在消费族群中建立归属感、流行度、信任度，让品牌“活”起来。品牌还需要具备知名度、专业度和可信度。结合这三个方面，微博总结为品牌流行度、品牌归属感和品牌信任度，认为品牌只有打造出稳定的“三角形”结构，才能实现稳健发展。其次是通过社交资产沉淀，“洞察市场、观察消费者、沟通消费者、管理销售、积累品牌复利”，构建新的营销方案，让品牌“长”起来。微博营销，与别的平台有相通之处，但也有其独特性，即学会社交——洞察目标人群，去聆听他们在关心什么、讨论什么，了解目标人群的兴趣风向和微博的泛文化状态，找到哪些明星和KOL是网友最愿意跟随的。

这些观察与聆听有固定的通道，比如微博平台的用户互动和热搜话题，都是品牌感知消费者的重要工具。在洞察的基础上，结合用户场景与品牌场景，设计匹配的切入点，精准有效地与消费者形成话题场，建立起双方的沟通交流。简而言之，就是找对人、说对话、找对流量。最后，完成销售闭环，沉淀品牌社交资产，并且在很长的时效维度内能反复调用这种社交资产，形成长效机制。

七、广告营销

随着网络时代的不断发展，网上购物已经成为人们生活中的一部分，这种全新的购物方式为人们提供了更多的便利。在网购结束后，消费者常会在网上分享自己的购物体验、产品质量和价格信息，对卖家服务态度的满意度等。微博作为一种交流互动平台，为网上购物等提供了整合的空间。自媒体的兴起，给企业的营销活动带来了新的机遇，比如植入式广告是将广告植入电影、电视剧、游戏、节目等情节之中，使广告成为故事情节的一部分，以不显眼的方式向公众展示。

微博平台每天要产生海量的信息，用户可以随时随地地发布自己的见闻和想法。企业可通过奖励机制，使更多的用户参与活动，提升活动效果。例如在购物结束后，企业可以将好评作为奖励，激励用户主动给予正面反馈。这种简单的广告植入，有利于提升企业形象和促进品牌推广。随着互联网的不断发展，游戏行业也在迅速崛起。微博营销可与更多的游戏厂商合作，将游戏用户转化为自己的用户，并通过增加与企业相关的游戏环节，增强用户体验，提高用户参与度。

广告内容的创新至关重要。微博的内容形式多样，可以是幽默笑话、心灵鸡汤、认识哲理等，同时可以配以图片，使内容更丰富。企业或者个人在营销过程中，如果文案策划比较完善，同时在微博内容方面有所创新，吸引更多的“粉丝”参与话题讨论或者营销活动。内容创新方面还可以结合时下热门话题，由于热点话题的点击率比较高、影响力比较大，相关内容的传播可带来高阅读量和大量转发评论，从而提升营销效果。

实训项目

【教学目标】

让学生了解微博平台的特点和营销价值。掌握微博营销的基本流程和策略。提升学生的实践操作能力和团队协作能力。

【实训内容】

1. 微博平台熟悉与注册

任务：学生需注册并使用微博账号，熟悉微博平台的基本功能、界面布局和用户操作。

2. 微博营销案例分析

任务：分析成功的微博营销案例，总结其成功的原因和可借鉴之处。

3. 微博营销策略制定

任务：

（1）确定目标市场和目标用户。

（2）设计个性化的微博页面，包括头像、背景等。

（3）制定内容策略，包括发布频率、内容类型（原创文章、图文并茂的帖子、视频等）和互动方式。

（4）制定推广策略，如与其他微博账号合作、精准推广等。

思考与练习

（1）微博的分类有哪些?

（2）了解微博营销的概念，列举身边优秀的微博营销案例。

（3）阅读材料回答问题：

安踏是一家中国品牌体育公司，2021 年 3 月，安踏在自己的官方微博上发布了一篇官方声明，该声明针对的是当时的热点事件，表达了鲜明的企业立场，这篇微博的点赞有 70 多万人次，要知道当时安踏官方微博的“粉丝”只有 95 万人，相当于 80%的“粉丝”参与了微博互动，而企业的微博日常点赞量在 10 万人次左右。同时，微博的转发量高达 9 000 人次，很多“粉丝”都自发地在评论区留言，表达对安踏的支持。

安踏官方声明

我们注意到了近日 BCI 发表的声明，并对此事严重关切，我们正在启动相关程序，退出该组织。

作为一家持续不断推动环境保护行动的公司，安踏品牌于 2019 年成为瑞士良好棉花发展协会（Better Cotton Initiative，简称 BCI）的会员。合作的纯粹初衷是从全球和地区的环境保护角度出发，推动关于采购供应链的环境保护和可持续发展问题，使全球各地区棉花的种植及生产更有利于棉农，更有利于种植环境。

我们一直采购和使用中国棉产区出产的棉花，包括新疆棉，在未来也将继续采购和使用中国棉。

安踏品牌坚持做好每一件衣服每一双鞋，致力于为广大消费者提供优质的运动装备，并与所有供应商一起，持续推动环保事业的发展。

思考：安踏本次微博营销的成功，原因有哪些？

第 4 章　微信营销

本章教学目标

知识目标：了解微信营销的含义和特点，明确微信营销的优势和作用，掌握微信公众号平台的操作流程。

能力目标：能够运用微信个人号实现有效引流并进行营销，并能够运用微信公众号进行有效营销。

素养目标：强化学生的合作精神与创新精神，引导学生形成正确的网络参与意识和微信营销基本素养，增强学生的现代市场竞争意识。培养学生自身可持续发展的能力，使其在走上工作岗位后能在复杂的环境中应用专业知识与技能。

案例导入

“的哥”微信约车收入过万

在微信这个大平台上，有许多草根微信账号，其凭借着微信的营销优势，找到了创业的商机，并快速走上了致富的道路。面对微信这个新媒体平台，个人只有运用好的营销策略，才能得到好的营销效果。

杭州“的哥”蒋烨本来是一个普通的出租车司机，有着 10 多年工作经验的他，在 2011 年突发奇想：如今互联网这么发达，为何不在网上进行约车服务呢？有了这个想法，他马上付诸实施，最初他只在 19 楼、赶集网、58 同城等网站上发布约车信息，效果十分明显。

尝到了甜头，蒋烨开始扩展自己的业务范围。在一次接送客人回市区时，他发现这位乘客在车上玩微信，他敏锐地发现了微信背后的商机，正巧自己的手机上也装有微信，于是他开始尝试微信约车。

很快，“微信预约”火了起来，尤其受年轻人欢迎。考虑到很多乘客喜欢在乘车时上网，蒋烨办理了车内的无线上网套餐，免费为乘客提供无线上网服务；考虑到行车安全，他将微信接客的方式配上了专业的微信专用耳机，只要轻松按键就可以收听和发送微信。此外，微信约车还能使用支付宝收款，为乘客提供便利。

后来，通过微信和微博，他手头上积攒了大批铁杆“粉丝”，还创建了一个“微信车队”，月收入也由 4 000 元狂飙到万元以上，一下成为网络红人，也成了名副其实的“万元的哥”。

资料来源　https：//news.ifeng.com/c/7fbYfwsQLnO.

思考题：

自从微信出现之后，你觉得人们的生活发生了怎样的变化？谈谈以下变化。

行为方式	微信出现之前	微信出现之后
阅读新闻		
社交		
购物支付		
分享生活		

4.1　微信营销概述

4.1.1　微信营销的定义

2011 年，腾讯公司推出一款新型的社交软件——微信，其将文字、图片以及语音等功能相结合，为用户提供语音和视频的传播服务。微信以其丰富多样的内容和便捷的交流方式，深受广大用户的喜爱。

微信营销是网络经济时代企业或个人采用的一种营销模式，是伴随微信的普及而兴起的一种网络营销方式。微信不受距离的限制，用户注册微信后，可与周围同样注册的“朋友”形成一种联系，订阅自己所需的信息。商家可通过提供用户需要的信息，推广自己的产品，从而实现点对点的营销。

微信营销主要是指对安卓系统、苹果系统的手机或者平板电脑中的移动客户端进行的区域定位营销，通过微信公众平台实现微官网、微会员、微推送、微支付、微活动等功能，已成为主流的线上线下互动营销方式。

4.1.2　微信营销的发展历史

2010 年 10 月，腾讯广州研发中心在张小龙的带领下开始开发微信。张小龙此前负责 QQ 邮件移动版，2005 年加入腾讯，他带领一支不到 10 人的团队，在不到 70 天内开发出第一版微信，击败了其他内部竞争项目。腾讯公司总裁马化腾确定了该产品名称为“微信”。

2011年1月21日，微信正式发布，最初的版本只允许用户发送文本和照片，不能发送短信。初期用户反馈平平，微信不断推出新功能。5月，微信推出了“语音消息”这个关键功能，极大促进了用户数量的增长。7月，微信增加了基于位置的服务，如“附近的人”“漂流瓶”“摇一摇”等，允许用户与附近的陌生人联系。每日用户数量的增长跳升到了10万人。

2012年3月，微信注册用户达到1亿，4月，微信开始国际化，英文名称定为“WeChat”，同时推出了多语言版本。

2013年1月，微信注册用户达到3亿，成为全球用户最多的通信软件。8月，微信商业化进程正式到来，5.0版本上线，添加了表情商店和游戏中心，扫一扫功能全新升级，可以扫街景、扫条码、扫二维码、扫单词翻译、扫封面。微信发布了微信支付、游戏中心、表情中心，这让微信成为商业化的产品。微信添加了公众号、微信支付、表情商店和游戏中心等大量功能。

2014年1月，微信推出了红包功能，迅速获得用户青睐，增强了微信与支付宝等支付平台的竞争力。

2016年1月，张小龙宣布研发小程序，允许商家和开发者在微信内运行自己的应用程序，提高了用户黏性，并且增加了线下服务的能力。

2017年1月，小程序的开发指南和应用程序接口（API）正式发布。

2017年12月，微信正式推出小游戏“跳一跳”，日活跃用户达到1亿。

2018年2月，微信红包在除夕夜共被6.88亿用户使用，微信的全球活跃用户达到了10亿。6月，微信小程序数量超过100万，用户超过6亿。小程序最终使微信成为一个全面的生态体系，为腾讯创造无限的商业可能。

品牌豪掷千金上春晚发微信红包到底意欲何为？

1983年，春节联欢晚会开启了中国进入电视时代的大门，而2015年的春晚，微信抢红包成为最大亮点，这一新举措，则全面标志着中国进入全民移动互联网时代，春晚也从被动收看的电视时代进入社交、互动和主动参与的跨屏时代。

更值得关注的是，这些在大年三十飞舞的“红包”，全部来自企业，央视春晚广告的形态也在发生裂变，从过去的硬性广告、冠名、植入等形式，转换到借助一些新的移动互联网的介质，与用户进行互动，“微信红包”成为企业电视广告与移动互联网融合的第一个转折点。

春晚微信红包的数据无疑是巨大的，据微信官方公布的数据，除夕当晚有185个国家的用户参与摇红包，总人数达110亿人次；22:34时达到高峰，1分钟内同时摇红包的最高纪录为8.1亿人次；22:32—22:42发放红包总数高达1.2亿个，总金额超过5亿元。无论是从人数、总金额还是密度来说，这既是一场全民的狂欢，也是一场春晚营销的盛宴。

一、春晚广告的演变：从单一的广告、植入等形式到伴随场景的多元互动

央视春晚作为央视最为黄金的广告营销平台，历来是品牌必争之地，春晚广告包括硬性广告、植入广告以及新年祝福冠名、倒计时冠名、企业老总特写、片尾鸣谢等形式。例如，汇源果汁就曾砸下了不少于6 000万元的费用在刘谦的魔术节目中，曾经被认为是过于直接，而且被笑谈，很多人认为是浪费，原因在于其出现在节目中的场景过于牵强。

2015年央视春晚在微信红包的加入后，场景和互动结合得更加紧密，同时，广告也从单向传播转向了多元互动，首先，微信摇红包的形式，让广告具有更强的伴随性，而不再是被动地接受，品牌信息随红包出现在消费者的视野；其次，微信摇红包，激活了中国的三、四线市场消费者的互动，社交媒体互动过去更多只聚焦一、二线城市的市场，但是，微信平台联合春晚和品牌摇红包，让更多的市场消费者参与进来，让互动实现层层渗透；再次，与移动互联网结合，让广告信息的到达更精准，大数据的统计让广告效果可以得到量化。

二、品牌电视广告的演变：开启一个传播融合的新时代

从电视媒体到互联网，品牌广告的跨媒体横向打通的营销模式，仅仅是利用了互联网媒体的注意力和影响力，并未充分挖掘互联网乃至移动互联网媒体的优势，以及更深层的用户行为和场景属性，仅仅是广告阵地的转移，而不是品牌营销本质上的裂变。虽然很多品牌开始广泛尝试社会化媒体营销，但大多还是停留在小范围内的话题互动上，真正对品牌形成较大的影响力扩散的案例并不多。

央视春晚的微信抢红包，代表着一个新的传播融合时代的开始，品牌不再做广告的搬运工，而是要让传统媒体成为人们互联网生活方式的一部分。品牌要寻找到新的沟通介质，让电视广告与移动互联网的行为连接起来，并制造出契合的时间、场景和氛围，让消费者参与和互动，使消费者在互动中记住品牌，从而提升品牌在消费者中的扩散力。例如，在抢红包之前，在微信“摇一摇”界面就出现了京东和康泰人寿等品牌，获得了超高的关注度。

此外，品牌借助红包这一新介质，还让“营销”变为一种惊喜，甚至可以让营销变成激发消费行为的行动。尽管很多网友戏称在年三十摇手机摇到手抽筋，但是在春节场景下，“红包”意味着好运，钱多少不是核心，摇到就是幸运，因此参与的企业也设置了红包优惠券，刺激消费者的行动力和广告转化率。

三、从传统大鳄到互联网新贵各有所获：大营销平台＋参与和互动性更能为品牌助力

从加入春晚微信红包的企业阵营和参与的形式，可以看出电视与移动互联网整合营销的效应和价值正在全面显现。14家参与春晚微信红包投放的广告主，可以分为三

大类。传统大牌企业：以洋河、泰康、招商银行、陆金所、华为、平安保险、雪佛兰、海尔、伊利为代表；知名互联网品牌：以京东、微店为主要代表；垂直领域：出现了唯一一个亲子垂直领域的互联网“黑马”——妈妈网。那么，这些企业的做法又有哪些新的特征呢？

第一，传统企业搭乘互动列车推广新品。例如，洋河酒业向来是春晚营销的常客，从春晚冠名到产品植入，再到春节期间的央视节目赞助，洋河在春晚营销的路上始终“不落人后”，而 2015 年，洋河不再专攻春晚硬性广告，将其专注于健康的新品“洋河微分子酒”与春晚红包融合。蒙牛乳业旗下新晋上市的合资品牌“Silk 植朴磨坊”也通过“微信红包”来撬动消费者对植物基健康营养品类的翘首期盼，而且“Silk 植朴磨坊”微信服务账号还在初一到十五陆续推出系列抽奖互动，奖品涵盖吃、喝、玩、乐各个方面，这两个传统大鳄，都是利用新的互动方式，来提升新品的影响力。

第二，知名互联网企业搭乘央视春晚列车实现市场下沉。这几年，春晚的舞台上，互联网公司的身影频繁闪现，无论是阿里、360、小米、百度还是京东等，都选择了在春晚期间登台，核心的目标则是关注三、四线市场。例如，京东 2014 年选择在春晚做广告，2015 年春节期间，除春晚红包之外，京东预计将贡献总计 1 亿元现金和 6 亿元京东东券，旨在实现渠道下沉，通过现金和购物券红包，京东希望巧妙地将自己的品牌形象和购物优惠券送到三、四线地区。

第三，垂直领域的互联网“黑马”借助央视春晚平台转身飞跃。在参与微信红包中，妈妈网——一家腾讯战略投资的企业，并不被大众熟知，但是，在很多准妈妈和妈妈群体中，这个垂直网站却有着深远的影响，这次妈妈网的加入，也让央视春晚平台给垂直细分领域的品牌营销带来了示范效应。例如，春晚期间，妈妈网旗下移动端产品妈妈圈的品牌广告曝光次数高达 5 亿人次，有过千万用户摇得妈妈圈派出的红包，其单个最高金额达 4 999 元。妈妈网旗下另一电商产品小树熊母婴进口电商平台，通过春晚“摇红包”和初一“摇卡券”活动实现春晚品牌推广的完美链接，同时，其准确地定向全国女性用户，创造了超高的卡券兑换率和订单转化率。

与往年以传统品牌为主不同的是，互联网金融公司也成为 2015 年春晚红包大战的新军，陆金所就是典型代表，与妈妈网出身相似，陆金所是平安集团旗下的“富二代”互联网金融平台，属于 P2P 互联网金融的代表，借助微信红包，陆金所开始走入人们的视野，也代表着互联网金融的全民时代的开启。

微信和春晚两大平台合作本身就是历史性代表性的事件，无论是作为土豪企业代表的“洋河”，还是互联网大鳄“京东”，或是垂直领域的“黑马”，微信红包与春晚的联合，不仅给品牌的电视广告和春晚营销带来新思路，也开启了一个从场景到时点，从单线性到多层级，从弱关系到强关系的营销变革。

资料来源　https：//www. jiemian. com/article/237247. html.

4.1.3 微信营销的特点

一、点对点精准营销

微信拥有庞大的用户群，借助移动终端、天然的社交和定位等优势，可以推送每个信息，能够让每个个体都有机会接收信息，继而帮助商家实现点对点精准化营销。

传统的营销模式往往是多对多的大众模式，商户集中在若干大型购物商场中，将自以为用户会感兴趣的商品摆在货架上，众多用户通过在商场中对比选择自己喜欢的商品。一旦对客户需求把握不准或者产品过季，商家就只能采取挥泪大甩卖模式，进行降价促销。在整个营销过程中，商家和客户的交互甚少，客户为了寻找自己感兴趣的商品花费了大量的时间成本，而商家也要承担由于滞销导致的成本浪费。以微信群、公众号为例，关注用户可视为企业商家的潜在客户群体，通过消息群发的功能，推送文章、产品海报、产品链接，同时搭配宣传文案，精准抵达微信用户端，搭配其他沟通策略，引导他们点击推送信息，了解营销详情，并最终成单。

HR 赫莲娜在 2014 年伊始曾做过送“赫”礼的活动，用户只需在微信中回复“我爱 HR”即可参与。通过有趣的“接宝”游戏，可“马”上领取赫莲娜 2014 年全新登陆的极致修护晚霜体验装。同时如果参与分享活动，能得到更多的游戏机会和神秘好礼。游戏过后获得结合身份识别的唯一兑换二维码，让中奖用户到线下专柜领取。

二、营销形式灵活多样

微信营销方式众多，主要得益于微信软件丰富的功能，摇一摇、附近的人、二维码、公众平台和小程序都可以成为微信营销的途径。

传统营销场景中，潜在客户被动地接收营销活动传达的信息，缺乏互动性；而微信营销拥有更多的营销模式，比如抽奖、砸金蛋、投票、拼团等，并且可以结合营销场景，增加趣味性和互动性，获得更好的营销效果。微信用户通过“扫一扫”、点击访问页面、识别二维码海报等多种途径，访问营销活动页面，参与营销。传播途径包括微信好友、朋友圈、微信群、公众号等。

微软公司创始人比尔·盖茨在中国社交媒体微信上开通了公众号，在其首条推送中，盖茨录制了一段 30 秒的视频向“粉丝”问好。该视频一开始，盖茨用中文说：“你好，欢迎来我的微信公众号。”盖茨接着用英文说：“希望通过微信与大家分享信息，欢迎中国读者加入讨论。”这条推送发布于 2017 年 2 月 11 日，仅两天阅读量就超过 10 万。

三、强关系的机遇

微信本身的属性就是社交，那么社交必然产生关系。维护好普通的关系也能够实现强关系的互动，进而产生更大的价值。强关系的优势就在于营销的机遇更大，让企业通过互动或联络，与消费者形成朋友似的交易关系，那么大家在需要商品的时候也会优先考虑企业所营销的商品，自然也就提高了购买转化率。

微信的点对点产品形态注定了其能够通过互动的形式将普通关系发展成强关系，从而产生更大的价值。微信通过互动的形式与用户建立联系。互动就是聊天，可以解答疑惑，可以讲故事，甚至可以“卖萌”，用一切形式让企业与消费者形成朋友关系，你不会相信陌生人，但是会信任你的“朋友”。

著名作家、“诺奖”得主莫言在自己的微信公众号——“莫言”上，发布了一篇题为《开公众号100天啦!》的文章+视频，宣布自己开公众号100天，涨粉75万。通过公众号，莫言不断与年轻读者交流写作和阅读，并回答读者提出的五花八门的问题，还发了一系列文章，讲自己小时候阅读的故事、自己家猫的故事、旅游的故事……还做了一系列备受好评的表情包，一下子就抓住了年轻读者的心。

四、病毒式营销

病毒营销（viral marketing，又称病毒式营销、病毒性营销、基因营销或核爆式营销），是利用公众的积极性和人际网络，让营销信息像病毒一样传播和扩散，营销信息被快速复制传向数以万计、数以百万计的观众，它能够像病毒一样深入人脑，快速复制，迅速传播。利用这一特点，营销人员可以在自己的微信公众平台上为关注用户提供足够有价值的资讯和服务，在关注用户中形成良好的口碑，塑造良好的品牌形象。关注用户会成为所关注品牌的忠实“粉丝”，并在自己的朋友圈里向好友推荐该品牌，以帮助品牌营销人员达到品牌营销的目的。

2017年末至2018年，微信有一款游戏小程序“红”了起来，那就是“跳一跳”。打开手机微信，点击这个小程序进入游戏，依靠手指的点触就能玩，当时在地铁、公交等各种公共场合，只要是闲着，就能看见很多人沉迷于这款游戏。与此同时，各大媒体平台也争相讨论发布关于这款游戏的内容。在线下，甚至还有人组织了“跳一跳”的比赛。在它走“红”后，其他的微信游戏小程序也被人先后发现，而与它同款的小游戏也相继被开发出来。

2022年，微信小程序游戏“羊了个羊”在社交媒体上引发大量关注，短短几天，这款微信小程序游戏已经激起无数玩家的“该死的胜负欲”，人气之旺导致“羊了个羊”服务器在24小时内崩溃三次。

4.1.4 微信营销的优势

一、高用户量

微信是一款不收费的软件，提供文字、语音、图片等丰富的沟通方式，这就极大地方便了营销人员对潜在客户的挖掘。据腾讯公司公布的相关数据显示，截至2023年6月，微信用户数达13.27亿人，这一庞大的用户基数无疑为微信营销提供了坚实的基础。

二、高转化率

相较于微博，微信的消息不容易被淹没。微博热搜上的新闻，容易被新来的新闻覆盖。微信是按照时间顺序发布信息的，只要选对发布时间就不会出现消息被淹没的情况，还能让发布的信息获得最大的曝光，从而满足人们的需求。这样就能促进购买转化率的提升。

三、高精准度

在微信公众号和社群运营的过程中，“粉丝”可以灵活地通过“粉丝”分群、用户分组或者地域限制来实现用户群体的精准性，并针对不同分组的用户进行后期的培养以及精准消息的推送。拥有“粉丝”数量大且用户群体高度集中的垂直行业微信账号，是有效的营销资源和推广渠道。

四、高到达率

营销效果很大程度上取决于信息的到达率，这也是所有营销工具最关注的地方。与手机短信群发和邮件群发被大量过滤不同，微信公众号群发的每一条信息都能完整无误地发送到终端手机，到达率高达100%。以前人们用的电话营销、短信营销、QQ营销等方式，在发消息时容易被拦截，不能及时向用户推广营销活动，但是微信在这方面没有什么限制，只要加对方为好友，自己在朋友圈、微信群发的消息等都容易被微信用户直接看到。

4.1.5 微信营销的劣势

一、封号风险

使用微信营销一不小心就可能会违反相关规定，一旦违反就有被封号的风险，如果账号不能解封，那么沉淀在微信账号中的客户资源就没有了；即便能解封，被封的日子里，客户第一时间无法找到企业解决问题，也会让客户很不满意，认为服务体验差，造成客户资源流失。

二、辅助软件的监管力度加大

因为微信本身不具有运营功能，因此，很多企业会使用一些微信营销辅助软件来高效运营客户。但是微信官方对于这类辅助软件的打击力度很大，且易被归类为“外挂软件”。一旦被归类为“外挂软件”，微信账号就会被封号，客户资源依旧会流失。

4.1.6 微信营销的作用

一、给企业带来庞大而又稳固的顾客群

在当今移动互联网时代，与客户保持随时互动是营销的必要手段。企业只有和客户建立起关系，随时了解客户的心声，营销之路才能走得更远。而微信这个互联网平台从一开始推出就走的是社交功能的路线，这一基本功能恰好体现了微信强大的营销价值，真正实现了和客户一对一沟通，而且私密性极强。同时，微信具有强大的腾讯用户基数，目前微信用户已经超过13亿，也就是说基本上每一台智能手机上都装有微信，这样庞大的使用量为微信营销的快速增长奠定了坚实的基础。

二、微信营销的信息到达率非常高

企业要想让产品畅销，需要做广告推广，不仅要做好文案吸引顾客，还要考虑广告信息的到达率。微信可以直接将信息推送到客户面前，无论是通过个人号还是公众号或者是朋友圈，都能够直接到达移动终端，让客户看到。只要注意发送的时间和内容技巧，避免被拉黑，它的曝光率和投放率几乎是100%。

三、微信营销投入低、收益高

相对于传统媒体的宣传需要付出很高的广告成本，而且不一定能够达到良好的效果，微信营销可以选择文字、图片、视频、语音等广告形式，只需要一点点流量，就可以将这些广告精准地投放到用户的手机上，用最小的投入实现最高的曝光率，就实现了低投入和高收益。

四、微信营销互动性强

微信沟通很方便，只要你拿着手机就可以随时随地与客户进行交流，而且现在很多人平时沟通交流用微信比用电话更频繁。微信可以发文字、发语音、发图片、发表情，还可以视频通话，这就使得人与人之间的沟通变得十分便利，有利于企业与客户及时沟通，保持良好的互动。

4.2　微信个人号营销

一个个人号可以承载5 000个好友，发布一个朋友圈，如果有一半的人看到，这曝光率比做广告要强。因此越来越多的企业和个人开始重视微信个人号的运营，助力公众号引流涨“粉”。

4.2.1　打造个人号形象

微信个人号营销的第一步是创建一个高质量的个人微信账号，它与人们日常使用的私人微信账号不同，也与那些朋友圈都是广告的微信账号不同。个人号的打造通常包括微信昵称、头像、个性签名、朋友圈封面、聊天背景等要素。做好这几点，除了能让别人快速地记住你之外，还能对你产生信任。

一、微信昵称

一个好的名字不仅能方便传播，还能提高知名度。好的名字，就是要让别人一看到你的微信名，就能知道你是做什么的。通常，我们在起名字时要遵循简单、真实、好记的原则。取名大忌：生僻字、非主流、前面加图标、经常改名、名字里加电话号码。微信昵称一旦确定，最好不要再修改，否则之前的积累就可能都没有了。

微信昵称的创建需要注意两个方面：一是昵称与职业相匹配；二是建议使用自己的名字，不需要添加任何修饰。我们可以采用职业和名字交融的昵称格式，如法律顾问张律师。

微信昵称可以和产品相结合。销售方进行朋友圈产品信息推送的时间可能不是购买者产生实际需求的时间，若销售方微信昵称难以记忆，当购买者有实际需求准备购买时却很难准确找到销售方，此时，销售方很有可能错失良机。如果销售方将微信昵称改为与产品相关的名字，则极大地提高了购买者的搜索体验。

二、微信头像

在微信这个社交平台里，可以让微信头像为自己代言。让客户成为“粉丝”且能够记住的最重要的标识就是微信头像。微信头像的设置要做到以下几点：让看到自己微信头像的人产生好感，特别是潜在客户；让看到自己微信头像的人能够快速记住；头像要大气、阳光积极，充满正能量；不要用大家都在用的头像，最好是独一无二的微信头像；不能频繁更换微信头像（更换后一定要群发小伙伴，告知大家你改头像啦）。

头像是个人形象的第一次视觉展示。因此，在设置头像时，建议用本人的真实照片，最好是用带着笑脸的照片。微笑的照片具有喜悦的感染力，大家会更愿意与你交流谈心，继而建立信任感。

三、个性签名

签名就是为了让好友简单明了地了解你，同时加深印象。个性签名可以告诉好友你是做什么的、能给他带来什么好处，还可以表达个性、情感、特长等。个性签名是一个重要的标签。签名内容关系到他人是否会产生兴趣或需求。

个性鲜明的签名的设计原则如下：

（1）要讲清楚自己是干什么的；

（2）要讲清楚自己的特长和优势；

（3）最好融入数字；

（4）可加入提示信息。

四、朋友圈封面

我们在被陌生人添加为好友时大多有一个共同的反应，就是打开对方的朋友圈看一看。当怀着好奇心点开此人的朋友圈时，首先映入眼帘的就是“朋友圈封面”。对于这样一块如此宝贵的“广告位”，你一定不能白白浪费。朋友圈封面可以增加信任度，让人觉得你更专业，更有实力和亲和力。

朋友圈封面是朋友圈里最醒目的位置，也是最大、最好的位置。这个位置是所有人打开朋友圈第一时间就看到的，相当于网站的首页广告位。一定要好好设计朋友圈封面，将其当作广告位，要做得大气、漂亮，能够吸引人；让别人看到就有一种信赖感，觉得找你买东西会很放心。

朋友圈封面作为微商广告界面的“最大屏幕”，每一个翻看朋友圈的人都会看到它。因此，朋友圈封面必须有精致的内容，切忌放卡通画、风景照、自拍照等。

课中实训：假设你是一个房产公司的销售人员，想要运用微信来获取客户，那么你将如何设计你的微信个人号呢？

4.2.2 个人号的引流

微信营销已经成为时下最热门的营销模式之一。要做好微信营销，就要有强大的后备“粉丝”力量，只有依靠“粉丝”，才能达到最佳的营销效果。

一、内容引流

发布的内容能够给“粉丝”用户提供很好的价值，能够引起广泛的关注、转发、收藏和讨论。那么“粉丝”会有一个很大的增长。所以，要多创作一些高质量的文章。例如，以主题系列的形式发布的文章，用户无意中看到其中一篇后很感兴趣，那么他会关注你的公众号，期待你的下一篇文章、下一次更新。

二、事件引流

好的事件是提升营销效果强大的工具。在事件营销中，我们可以设置事件机制来达到引流的效果。例如，做抽奖活动，要求是只有转发的用户才能参加。再如，做一个小组活动，需要5个人组成一个小组。原价99元的商品有5人共享，可以59元的价格购买，这样用户为了低价购买商品，便会去转发，邀请好友参与，商家便可以将用户的其他好友引流到自己的商城。

三、线下流量

很多商家都有线下门店。例如，餐饮行业每天都会把线下的人引流到自己的微信号，通过营销机制（如打折等），添加微信可以享受一定折扣的付款，还可以在日常指导顾客回购。例如，让服务员引导每一位来店用餐的顾客使用微信，用微信点餐，快捷轻松地完成引流，同时把手机顾客变成自己的平台用户。

4.2.3 微信个人号的营销价值

一、打造个人品牌

企业需要建立企业的品牌，而我们个人也需要建立个人的品牌。无论是建立企业品牌还是个人品牌，都需要一定的时间，是一个长期的过程。良好的个人品牌有助于产品的销售，当然也是良好的人脉维系的开始，所以打造个人品牌是微信个人号的营销价值之一。

二、促进产品销售

促进产品销售是与打造个人品牌相辅相成的。有了个人品牌，会更好地促进产品销售，因为只有“粉丝”认可了你及你的产品，才有可能实现产品的销售，否则一个陌生人无论推广什么，对方还是会因带有抵触情绪而不会购买。

三、维护客户关系

现在很多销售人员在电话沟通或面谈后都会询问客户的微信号，这样方便后期维护与客户之间的关系。因此微信个人号维护客户关系的营销价值是很大的。建立情感才会有信任，有了信任自然会实现产品的销售，这一切都是水到渠成的。

4.2.4 微信个人号营销实操

现在绝大部分企业都开通了公众号，但是忽略了个人号的经营。其实无论是企业还是个人，个人号和公众号要一起运营，相辅相成。如果想在微信这个生态圈里去建立一套自己的社群商业系统，个人号是非常重要的布局。

一、必须经营个人号的理由

(一) 个人号能主动加粉，“粉丝”价值远大于公众号

美国知名学者凯文·凯利提出1 000个铁杆“粉丝”理论：创作者，如艺术家、音乐家、摄影师、工匠、演员、动画师、设计师、视频制作者或者作者，只需拥有1 000个铁杆“粉丝”便能糊口。很多人听说了这个理论后，就去开通了公众号，发展各种“粉丝”平台，但是很快就会发现，发展“粉丝”太难了。大部分普通人的现状是：费劲去写文章，却发现根本无法传播出去。绝大部分的公众号，每天只是涨几个“粉丝”、十几个“粉丝”，有时甚至是负的，后台的互动也特别少。个人号和公众号在推广中最大的区别在于，公众号是被动等待“粉丝”来关注，没办法主动出击；个人号则可以通过各种办法去主动添加别人，来促进双方成为好友。一个个人号“粉丝”的价值，要远超过公众号和微信群“粉丝”的价值。个人号“粉丝”，可以实现一对一对话以及朋友圈互动，而且是每天无限次数的沟通。

(二) 80%的公众号流量来源于个人号朋友圈的转发

近年来，很多企业不断引导老客户扫二维码关注企业公众号，之后发现：虽然“粉丝”在不断增加，但文章阅读数却越来越少，取关人数也在逐渐变高。一个10万“粉丝”的订阅号，一篇文章阅读量能超过5 000就算是非常不错的了。早在2014年，张小龙在微信公开课上的演讲中就提到，订阅号有非常多的阅读量来自朋友圈，这符合2/8分布原理，即20%的用户到订阅号里面去挑选内容，然后80%的用户在朋友圈里去阅读这些内容。

这个比例还在逐渐变高，公众号主要的作用是病毒源，而私人号和微信群就是传播体。一篇文章如果不被个人号转发和推荐，可能就像从来没有存在过一样。所以现在那些自媒体的大号都有自己的一批个人号，经营公众号的企业也开始把更多的客户都添加到个人号。

（三）个人号离客户最近，最容易和客户建立关系

一个个人号就是一个最小的经营单位。一个微信号＝一个人＝一个社群 KOL＝一家店。让一个个人号能实现引流、转化、复购、转介绍的商业闭环，是企业微零售与微分销体系能运行的基点。如果你的个人号不能卖货，那你的微商城销售是不可能持续的。

明确个人号经营的重要性后，下面将以案例拆解的方式来详细介绍获取个人号优质“粉丝”的操作心法。

二、如何获取个人号优质“粉丝”

首先我们要达成共识的是，除了大众消费品之外，其他商品和服务的目标客户都是有特定人群的。只有跟对的人说对的话，才能把钱收回来。因此，就算要增加个人号好友数量，也不是乱加一通，什么人都加到自己的微信上的。首先，需要明确潜在的目标客户都是谁，他们都在哪，并且最大限度地将他们加为微信好友。

（一）找出谁是潜在的优质目标客户

在明确谁是潜在的优质目标客户时，很多人因为无法描述目标客户的特点，连目标客户是谁都不知道，所以不知道去哪里找目标客户。

通过细分定位，找到最有购买能力和最有需求的目标人群，作为撬开市场的切入点，这是对接优质目标客户的前提。

比如：销售家具，放眼望去，每户人家都有购买需求，不过有需求并不一定会购买，只有结婚或新装修房子的业主才会添置……下面分享一个案例，让大家可以更清晰地理解目标客户定位的重要性。

王老板是开蜂蜜专卖店的，正准备在微信个人号上去推广自己的蜂蜜，他认为每个人都会选择蜂蜜养生，然后以为所有人都是自己的精准客户。

当大脑呈现这种错误的认知时，他就会漫无目的地加人，做广告宣传，王婆卖瓜式地告诉别人，自己的蜂蜜有多好……可惜，这种做法可能达不到明显的效果，还会引来一堆人“拉黑”自己。

正确的思路应该是：分析出最有需求、最有购买能力的人群作为主打客户，并找到精准渠道用引流产品进行对接。

到底哪类人群才是蜂蜜专卖店的优质客户呢？答案：孕妇和老人。因为喝蜂蜜可以增加免疫力，增强疾病的抵御能力，有效预防怀孕期的各种疾病，还能避免怀孕后由于运动量不足引起的便秘、上火。蜂蜜营养丰富，葡萄糖含量高，可以安神助眠、

滋润皮肤、养颜美容，还可以促进胎儿大脑的发育。

如果能够把这些价值塑造出来宣传给精准客户，并提供大量的权威见证和客户见证，可以提高购买率。

从上面的例子中，我们不难发现：大多数人之所以不知道如何对接精准客户，是因为他们认为自己的产品适合所有人。如果你也是这样的思路，建议你尽快定位最有需求和购买能力的人群。

（二）重新定位个人微信号

很多人在做个人号经营时喜欢把小号当作客服，头像就用企业 logo，名称就叫×××机构客服，朋友圈全是企业产品广告信息，一看就知道是营销号，申请加别人微信好友时通过率都很低。

这种号就算有 5 000 个好友，但是大部分人都是屏蔽其朋友圈的，价值其实很低。因此不建议把个人号做成营销号，微信的交流就是人与人之间的交流。宁愿用心经营 2 个号，也不愿意不用心经营 10 个号。

要将个人微信号打造成个人品牌。用户天然会相信个人，相对地，用户是不会随便相信商家的。卖任何产品都不如卖“人”的变现效果好，刚开始打造个人品牌可能会比较难。个人影响力越来越大时，个人号的价值也会越来越大，越来越被认可。以后不管卖什么产品，消费者都有可能买单。这相当于你拥有了这个朋友的终身价值，而不是一次性消费。

（三）提高好友通过率的操作心法

目前，微信已成为重要的通信与社交工具，你的微信就代表你，你的朋友圈就是你的简历。我们通过一个人朋友圈的名字、头像、签名和内容来认识与了解一个人，然后判断这个人的兴趣爱好、消费层次、思想与价值观等。如果感觉你很好、很专业，就会愿意跟你交朋友，从而愿意通过你的好友申请，甚至主动申请加你。

三、提高申请加别人为好友的通过率的操作方法

（一）微信昵称

以下几类昵称，好友通过率几乎为零：类似于 A0001 开头的，一看就是做推广的；带有一堆表情的，一看就是做微商的。微信名应尽量简短，朗朗上口。微信名字，如果让人一看就感觉是“牛人”，就很容易通过。建议用姓名＋IP 定位的组合方式。

（二）头像

千万别选网红脸和公司 logo。建议选择真实的生活照，如果有跟名人合影的照片，也可以当成头像，这样通过率会比较高。

（三）个性签名

个性签名可以用自己喜欢的格言，也可以标志自己的身份。例如：新媒体老司机，90 后奶爸；果壳饭团第一人，领英中国专栏作家，每天一本书，死磕自己不停歇。但

是，千万不要在个性签名中就打广告。

(四) 朋友圈封面设置

朋友圈封面常见的是风景图、人物图等，如果是销售性质的账号，则可以选择把自己能提供的资源设计一个封面，这样一来，朋友点击查看你的朋友圈时就知道你的资源，方便后续资源合作对接。

(五) 朋友圈内容建设

要多发个人感悟、多传递价值、多展示你跟很多“牛人”的链接，不要全部是广告，否则别人一看你朋友圈，就不想加好友了。举个例子：想要展示你的工作场景，就可以展示公司新闻、产品销售情况、学习进修、和“牛人”交流等内容。总而言之，要展示出上进、受人认可和赏识的形象。

四、个人微信增加“粉丝”实操

微信个人号的涨“粉”方式主要分两种：主动加“粉”和被动吸“粉”。涨“粉”路径分别如下：

(一) 主动出击加微信好友的路径

(1) 添加微信群的成员；

(2) 添加手机通讯录朋友；

(3) 雷达加好友、摇一摇加好友、添加附近的人；

(4) 搜索微信号/QQ号/手机号加好友。

(二) 被动吸“粉”加微信好友的路径

(1) 别人主动搜索微信号/手机号/QQ号添加；

(2) 扫码添加；

(3) 推送名片添加；

(4) 别人从微信群添加。

(三) 主动加“粉”的路径

目前，在主动加微信号的路径中，添加手机通讯录朋友、雷达加好友、摇一摇加好友、添加附近的人、搜索微信号/QQ号/手机号加好友等方式，添加效率太低。现在最有效的路径就是主动添加微信群的成员。

1. 积累大量精准的目标客户群

一般来说，追求“粉丝”的质量胜过数量，最常用的方式是加入很多付费群，然后用工具辅助主动添加群里的朋友为个人号好友。

申请话术通过率最高的就是带上群名称，例如：我是×××研习社的社员，申请添加该群里好友时，我就会这么写验证话术，即“我是来自×××研习社××分社的×××”，一般来说，通过率非常高，因为大家对于这个群本身很认可，付费社群的群友质量一般比免费社群高得多。

2. 申请添加群成员为好友

大多数人一般会通过以下几类的好友添加申请：

(1) 亲朋好友、同事、同学、左邻右舍等生活圈和工作圈内的人。

(2) 找合作的人，生意送上门，谁会拒绝？

(3) 朋友介绍的，总是要给朋友一个面子吧？

(4) 行业“大牛”“大咖”来袭，还不赶紧拥抱？

(5) 同一个圈子的，在同一个行业的或者具备同一兴趣的。

说到底，离不开四个社交缘：血缘、地缘、业缘、趣缘。

申请加人的验证语、头像、微信昵称，是别人是否通过验证通过的关键，也是需要设计的。验证语可参考如下：

“你好，我是来自×××社群的×××，想跟你谈下社群合作”或“你好，我是×××，我有10万母婴‘粉丝’，想跟你资源互推”。

真诚是最好的方法，如果是加商务客户，可以这样设计：我是×××，是你的“粉丝”，关注你好久了。别人一看到“粉丝”两个字就感觉自己受到尊重，因为在大多数人眼中，明星才有“粉丝”啊！

因为有微信群这个圈子做信任嫁接，群友之间的信任感会提高一个层次，相互称××伙伴。

制订计划：增加目标客户微信群，每天花30分钟，争取每天至少都能加入一个微信群。

做好头像、昵称、个性签名、朋友圈内容等建设。坚持每天手动或者使用工具添加群好友为个人好友，相信很快个人微信“粉丝”就可以积累到一定数量，初具个人影响力。

(四) 被动吸“粉”的路径

被动吸“粉”有很多路径，首先要思考因为什么而去加人，原因包括：结识“牛人”；拓展人脉资源、合作资源；利益诱惑；学习的需要等。路径总结为两点，即：提供高价值吸引别人；提供利益诱惑吸引别人。

1. 提供高价值吸引

要打造个人品牌，一定要事先准备自我介绍。好的自我介绍可以吸引别人主动添加，可以把自己做过最牛的事和拥有的资源、能提供的服务提炼出来。有一个微信朋友，这么介绍自己：工作22年，读了1个MBA，开了1家5个人的小公司，生了1个娃，买了7套房，嫁了一个比我小18岁的老公，去了46个国家旅行。该自我介绍的内容发布后，一下子引起了很多人关注，纷纷发出感叹。很多人都主动加她为好友。很多时候，只要自我介绍写得完美，就会有不少朋友来主动加好友，甚至还有人针对介绍中提到的工具来咨询。

除了自我介绍吸引别人外，还可以通过在群里分享有价值的资料或对应的“干货”

文章、稀缺资讯来吸引别人。如果这些资料、文章是原创的，大家会觉得你很厉害，从而主动添加你为好友。即使不是你原创，大家也会觉得你很友好，喜欢跟你交朋友。这时候就会有人说了：我就很普通，一点都不“牛”，那我怎么可以吸引大家主动加我呢？如果没有很厉害的经历和过人的技能，那就展示乐于助人的形象，主动帮群主宣传、组织活动、回答问题，也会让群友们喜欢你。

2. 提供利益诱惑吸引

天下熙熙，皆为利来；天下攘攘，皆为利往。这里的“利”，并不单指金钱，它可以是一堂免费公开课，能帮助目标客户提升自己，可以是免费加入一个圈子的门票，能帮助目标客户增加人脉，可以是一本书、一箱水果、一个资料包……只要你能提供目标用户需要的东西，就能吸引他。

要达到吸“粉”效果最佳，不仅要吸引目标用户主动加你为好友，还要促使目标用户主动帮你推荐分享，从而成为你的传播源，帮你扩散，这也就是裂变式传播。

把目标客户加到个人号只是开始，接下来还需要优质的内容、产品和服务去为用户解决问题，这些潜在的目标客户才会成为你真正的客户。

4.3 微信公众平台营销

4.3.1 微信公众平台的认知

一、微信公众平台的概念

微信公众平台简称公众号，是腾讯以微信为基础而增加的功能平台。无论是个人还是企业，都可以在微信公众平台上申请一个微信公众号，利用公众号平台进行自媒体活动，以此来与一定的群体进行文字、图片或者语音等方面的互动和沟通。简单来说，它就是进行一对多的媒体性行为活动，如商家申请微信公众号服务，通过二次开发展示商家微官网、微会员、微推送、微支付、微活动、微报名、微分享、微名片等，已经成为一种主流的线上线下微信互动营销方式。

二、微信公众平台的类型

微信公众平台的用途非常广泛，政府、媒体、企业、明星等都可以建立独立的微信公众平台，进行个人、企业等活动的宣传、营销。微信公众平台有多种类型，在使用方式及功能上有诸多区别。

如图 4－1 所示，微信公众平台有以下四种账号类型：

（一）订阅号

订阅号主要偏向于为用户传达资讯、提供信息，在认证前后都是每天只可以群发

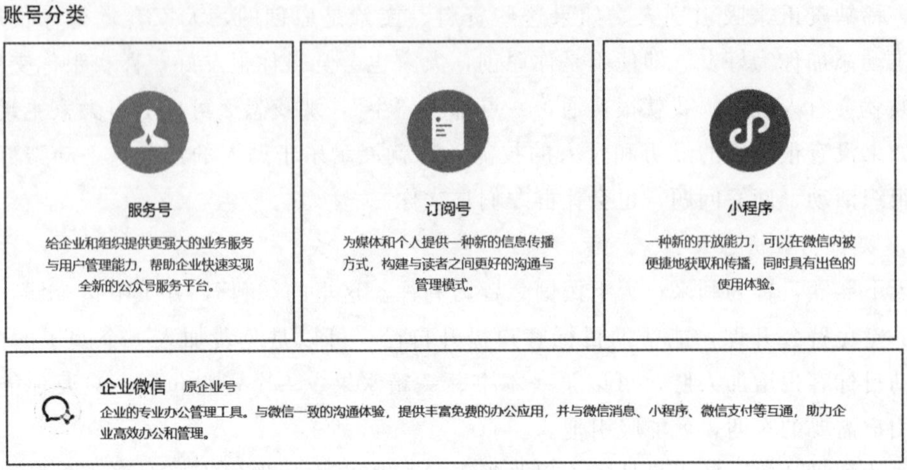

图 4-1 微信公众平台账号分类

一条消息。

（二）服务号

服务号主要偏向于服务交互，提供服务查询，在认证前后每个月可群发四条消息。

（三）企业微信

企业微信是腾讯微信团队打造的企业通信与办公工具，具有与微信一致的沟通体验，丰富的办公自动化（OA）应用，以及连接微信生态的能力，可帮助企业连接内部、连接生态伙伴、连接消费者。

（四）小程序

小程序适合生活服务类线下商铺以及非刚需低频应用的转换。它是一种不需要下载安装即可使用的应用，实现了应用“触手可及”的梦想，用户扫一扫或搜一下即可打开应用。小程序也体现了“用完即走”的理念，用户不用关心是否安装太多应用的问题。小程序应用无处不在，随时可用，但又无须安装卸载，能够实现消息通知、线下扫码、公众号关联等七大功能。其中，通过公众号关联功能，用户可以实现公众号与小程序之间的相互跳转。

4.3.2 微信公众平台的申请步骤

一、进入微信公众平台界面

方法 1：在百度搜索“微信公众平台”（图 4-2），单击“微信公众平台”链接，进入微信公众平台界面。

方法 2：直接在浏览器地址栏中输入网址 https：//mp. weixin. qq. com/并按 Enter 键，即可进入微信公众平台界面。

二、单击“立即注册”链接开始注册

在图 4-3 所示的界面中单击“立即注册”链接，进入注册界面。

图 4－2　百度搜索“微信公众平台”(图片来源：百度网页)

图 4－3　微信公众平台界面(图片来源：微信公众平台)

三、选择注册账号类型

初步选择注册账号类型，如图 4－4 所示。

图 4－4　选择注册账号类型页面(图片来源：微信公众平台)

四、填写基本信息

选定并单击某一种账号类型后，系统会弹出“基本信息”的填写页面，并出现“每个邮箱仅能申请一种账号”的提示，如图 4-5 所示。

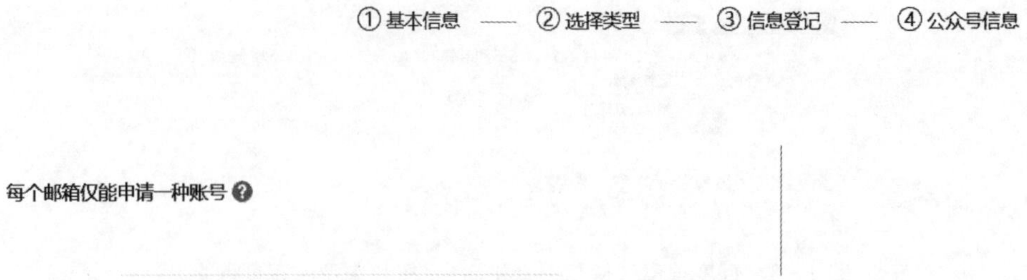

图 4-5　填写基本信息页面（图片来源：微信公众平台）

注册时应注意以下事项：

（1）最好使用国内邮箱，如腾讯的 qq 邮箱，防止邮箱无法登录或者来自微信的邮件被国外的服务器屏蔽。

（2）为了提高密码的安全性，建议密码设置成 6 位以上，包含大小写字母、数字等。注意邮箱和密码设置好之后要备份，以防忘记，同时养成定期修改登录密码的习惯。

（3）成功开通公众号后，登录邮箱可以修改密码，但每月只允许修改一次。

五、激活邮箱

激活邮箱，获取邮箱验证码。

六、选择企业注册地及所需要运营主体的类型

（1）填写完基本信息后，选中“我同意并遵守《微信公众平台服务协议》”复选框，单击“注册”按钮，进入“选择类型”界面，即选择企业注册地。

（2）设置好企业注册地之后，单击“确定”按钮。

（3）选择合适的微信公众平台类型，弹出提示对话框，单击“确定”按钮即可。

七、登记信息

确定类型后要进行“信息登记”，以订阅号为例，在填写信息前，用户需要先填写“主体类型”。各主体类型介绍如下：

（1）政府类型包括国内外各级、各类政府机构、事业单位、具有行政职能的社会组织等的公众号。目前，政府类型的选项主要覆盖公安机构、党团机构、司法机构、交通机构、旅游机构、工商税务机构、市政机构、涉外机构等。

（2）媒体类型包括报纸、杂志、电视、电台等媒体的公众号。

（3）企业类型包括企业、分支机构、企业相关品牌、产品与服务，以及招聘、客服等的公众号。

（4）其他组织类型包括不属于企业、政府、媒体、个人的公众号。

（5）个人类型包括由自然人注册、认证、运营的公众号。

另外，注册服务号或企业微信号需要填写的内容与注册订阅号大致相同，主体类型都是四种，但不同的地方在于：服务号的主体类型包括政府、媒体、企业和其他组织，企业微信号的主体类型包括政府、企业、团体和其他组织。

八、填写公众号信息

在确定公众号主体类型并填写完登记信息（公众号名称、功能介绍、运营地区）后，单击“完成”按钮提交审核，审核通过后即可开始使用。

注意：

（1）公众号名称不需要和公司或组织名称一致，但是公众号名称不能与已经注册成功的公众号名称重复。

（2）信息提交后，会在7个工作日内被审核，在通过审核前无法申请认证，也无法使用公众号的群发功能和高级功能。

（3）目前公众号没有改名功能，在微信认证过程中有一次重新提交命名的机会。

（4）若名称不可使用，页面会有相关提示，留意页面提示即可。

微信公众平台完成注册后，系统会转入设置界面，用户在这里可以进一步对头像、登录邮箱、微信号、认证、地区和二维码等进行修改。其中，头像和登录邮箱一个月仅允许修改一次。公众号在设置界面的最下端提供了自动生成的公众账号二维码，用户可以下载各种尺寸的图像，便于打印推广。

4.4　微信营销推广

4.4.1　微信公众号内容来源

微信公众号的内容编写涉及写作的基本功，需要运营者长年累月地积累和反复练习。但很多人在这方面经常遇到的问题是没有灵感，不知从何下手。微信运营者可以从以下几个方面编写并发布微信公众号的内容。

一、巧妙运用热点

热点之所以成为热点，就是因为关注它的人多。每天都会产生很多热点（如果不知道怎么寻找热点，可以直接看百度热搜或微博排行榜），可以结合热点内容进行梳理，之后巧妙地加入自己的广告。其实，我们不缺热点，缺的是该怎么运用这些热点。

（一）为什么要追热点

“公众号通往10万＋的最短路径是热点”。纵观古今中外，从来没有像今天一样，一个事件可以在短时间内获得全社会的关注，同时又被传播得很快。在原创内容日榜前十榜单中，篇篇阅读量 10 万＋的，至少有 50％的内容都是当下的热点话题。

几乎每次热点一出，就可以诞生至少一篇甚至多篇 10 万＋的文章，那么假设以较低的 2％转化率来算，就相当于一篇 200 万阅读量的文章，可以带来至少 2 万的“粉丝”。试想一下假如现在做个活动，要达到 2 万阅读量已经不容易了，更何况还不能完全转化，在转化过程中数量又会有所折损。

（二）了解热点的本质

大部分人对于热点的理解，还局限在娱乐圈的八卦或者一些社会新闻。其实所谓热点，是因为它具有被“大众关注、引发热议，继而广泛传播”的性质。热点之所以能被“广泛传播”，其实是因为人们热衷于“分享”；人们之所以热衷于“分享”，是由于“分享”能够为人们创造“社交货币”。

而所谓“社交货币”，我们可以拆开理解一下，“社交”指的是应用的场景，“货币”指的是在社交场景中可流通的物件，这个物件在新媒体领域中多指内容，综合地说，“社交货币”就是指在社交过程中可供分享使用的内容。“社交货币”概念源自《疯传》一书，该书将“社交货币”分为五大类：

1. 寻求谈资

寻求谈资也就是能为用户的交谈提供素材，促进更好的社交连接。例如我们日常刷微博看到的明星八卦，就是热点的一种，它们之所以能够在短时间内引发热议、上热搜，一方面是由于内容满足了大众的好奇心，另一方面也是由于它为用户提供了谈资，让群众“有瓜可吃”。

2. 表达想法

大多数人之所以会引用别人的内容，主要有两个原因，一个是别人的内容可以成为自身某个论点的依据；另一个则是别人的内容恰好说中了自己内心想说的东西，更重要的是，还说得比自己好，想表达观点又想省事，当然是直接分享转发更为明智了。例如之前引起热议的“阚清子分手”事件，很多人会转发一些带有明确观点的推文到朋友圈，以表示他个人对这个事件的看法，甚至是爱情观层面的观点等，帮助用户在自己的社交圈中树立自己的形象。

3. 帮助别人

帮助别人其实也就是让用户觉得，自己分享的这个东西，对于别人来说是有用处的，帮助用户在自己的社交圈子中找到存在感。例如“滴滴”事件发生后，有的公众号会总结一些女孩子在人身安全受到威胁时，可以选择做出适当的防御行为。这类推文的内容，也能够引起很多人的分享转发，原因正是在于这类内容起到了帮助他人的作用，从而加强了自身与朋友之间的关系，同时还能表达善意。试想你看到这样一个常见场景——打车，而且是白天打的车，还发生了如此骇人听闻的事件，想起身边某位经常单独行动，或者偶尔单独行动晚归的女性朋友，你是否会转发提醒她注意安全呢？

4. 塑造形象

让内容传达的信息去映射自己的形象。例如，你看到有位朋友经常会在朋友圈分享一些书籍某一页带有深意的语句，或者是一些拆解书籍的推文……你会怎么看？

按常理说，你一定会觉得这个人“是个爱读书的人”，如果对方还会写一些个人的心得体会，那么你对他（她）的印象又会有所升级，“是个爱读书并且能独立思考的人”，这种人难道你不想多交流沟通吗？对应地，你也会想成为这样的人吧？再对应地，假如你是一位内容创作者，你也可以应用这个点，创造相关的“社交货币”，尝试用你的内容去“介入”别人的这段关系。

5. 社会比较

社会比较，本质上是满足用户的荣誉感，以及“攀比”心理的满足。例如在朋友圈刷屏的“足迹地图”，利用的正是用户这种“攀比”心理，尤其是对于去过很多地方的用户，更愿意晒出他们的足迹，因为这个行为能够给他们带来“荣誉感”。还有些公众号会发一些关于全国平均工资或者生活水平的文章，也能够引发大家的分享热议，通过比较去讨论自己生活水平所在的层级，进而产生或兴奋或自嘲等情绪。

同时还要注意一点，热点包含新闻，热点自身其实也具备了时效性。举个例子，假如现在是秋冬时节，你的朋友却突然拉你聊春夏新出的款式怎么怎么样，你做何感想？所以追热点需做到：快！

（三）如何结合公众号定位跟热点

1. 跟热点要快速

比如在“产妇跳楼事件”发生之后，有很多的情感号都纷纷发文谴责，如“摇铃铛”在当天就发表了一篇《难产孕妇跳楼身亡：不到怀孕生孩子，都不知道自己嫁的是人还是狗》，很多大号当天就转载了，累计应该有上千万的阅读量。

如果你的嗅觉非常敏锐，动作又非常快，平时就积累大量的素材，还有新颖的角度和观点，就很容易写出跟热点的爆文。

2. 跟热点要独特

一般公众号跟热点有三个角度：角色代入、置换立场、专业背景。

（1）角色代入：在众多的有关难产孕妇的爆文中，一定会有一份从产妇角度自述的文章，这是作者代入当事人的角度写下的。

（2）置换立场：在这件事情中，有家属方和医院方，刚开始的时候都会一面倒地倾向医院方，医院方也主动提供了很多证据，这个时候如果你还是倾向医院方就没有很大的意义了。所以得从家属方去找到医院的责任，细心的人就会发现同意书上有很大的漏洞。立场有时候是会反转的。

（3）专业背景：我们看完了关于难产孕妇的文章之后会很气愤，但是气愤之后并没有什么可行性的建议。我们是不是可以在谴责社会之余，实际做点什么？

这个时候有一个叫“丁香医生”的公众号发了一篇文章，从医学的角度来分析为什么无痛分娩在中国的普及率这么低，全文没有一个谴责的词汇，却发人深省且具有现实指导意义，一下子圈粉无数。

3. 跟热点要专业

“丁香医生”是一个医学号，内容专业难懂，因此每一个“粉丝”都非常有价值。

如果要跟热点，可以结合自己的定位和专业领域。例如，某公众号内容定位是运营方法论，面对的受众是 0～3 岁的新媒体运营，那么其在看待“薛之谦事件”的时候，肯定不可能和其他娱乐号一样，把事情的前因后果总结一遍，读者也不需要在这里看。专业人士留意到该事件女主角李雨桐的文案能力非常强，甚至比许多的公关公司都强，所以就发了一篇文章《拯救不了薛之谦的人设，至少可以跟李雨桐学文笔!》，与公众号的定位产生了联系，阅读量也比平时高了很多，涨“粉”也很明显。

（四）怎么追热点

关于怎么追热点，这里分为两大部分，分别为常规篇和套路篇。

1. 常规篇

（1）学会判断。追热点的时候，首先要想好：是否可以写？有没有东西可以写？要学会判断。

例如某个公众号，日常发的都是与运营相关的干货内容，假如到了过年过节的时候，一些事件引发关于思乡或者是感情方面的话题，也尝试去追热点的话，一直关注公众号的朋友一定会觉得很“违和”，甚至以为这个公众号“堕落”了想取关。本质上这就是由于热点与这个公众号的调性不相符，因此要追热点，一定要找与自己公众号的调性相贴合、相关联的才行。

其次就是判断是否会触及底线。例如“二更食堂事件”就是一个典型的案例，启示我们：“做人”应当是“做号”的前提。

（2）撰写标题。标题是一篇文章的“门面”。追热点的推文，标题切记一定要提到热点的相关内容，同时还可以添加一些“敏感词”，也就是一些能够引发读者好奇或者其他情绪的字词。

（3）开头引入。“如果公众号开头不能三句话以内抓住别人，这个开头就废了”，开头的重要性不言而喻。开头的引入要怎么写呢——讲和读者有关的，因为“几乎每个人都只关心自己”。所以在文章开头引入的时候，可以尝试套用“你”的句型，让读者在读的时候有种代入感。

例如“上学第一天”的热点，大号“连岳”的这篇文章，开头就是运用了“你”进行引入，采用对话的形式，在运用“你”句型的情况下，使“代入感”进一步升级。虽然对话的是“孩子”，但是每个人都经历过孩子这个阶段，所以读起来也会有自己的情景代入。

（4）具体内容。一篇文章之所以能够脱颖而出并且抓住人心，一般是由于抓住了一个要素：观点。“观点”在每一篇追热点的文章中，基本可以称得上灵魂了，同一件事情，各个公众号都在写，大家凭什么要关注你？靠的就是你的观点足够“独特”。至于怎么算独特呢——“要比别人高半点”，也就是说你要在大部分人都认同的一个观点基础上去深挖一些让人耳目一新的点，这里不是说去“标新立异”。例如一个好人受坏人欺负的社会案件被曝光出来，你为了博人眼球而支持坏人，这就不合适了。

找到观点之后，对观点进行论证加强。在这种追热点的文章中，观点基本等同于一篇文章的“主题立意”。哪有内容脱离主题的呢？

2. 套路篇

(1) 复述事件。从自身出发，假如你现在看到一个自己感兴趣的八卦或者热点新闻，第一反应是什么呢？是搜索吧？因为这个话题内容是你感兴趣的，你会尝试通过多个搜索引擎或者渠道，去了解这个事件的来龙去脉。“吃瓜”群众守则：不仅要吃“瓜皮”还要吃“瓜肉”！这其实就是一种好奇，甚至可以上升到人们的“窥探欲”。

作为一名内容的生产者，知道了读者想要什么，就知道了该干什么了吧？就是提供他们想要的。这种追热点的方法，实际上只需要通过大量的信息搜索进行整合即可，虽然有点笨但是有效。

例如关于奥巴马的演讲，很多篇10万+的文章，都是直接翻译演讲视频的内容作为一篇推文，这是很典型的复述事件的应用。也有比较复杂的应用，需要另外收集一些其他资料进行整合，例如之前“阚清子事件”的相关推文，有人还会整合一些之前在综艺节目上相关人物的互动表现作为事件的背景。

(2) 微博找“高赞”。前面提到的“观点”，也许你会有疑问，要怎么找？微博找“高赞”就是一种十分好用的方法了。“高赞”说明有很多人认同，利用公众数据，不仅客观而且“经济实惠”不花一分钱，你可以从中去提炼一个观点，再在这个观点上进行升华，就可以找到一个促成爆款文章的要素——比别人“高半点”的“观点”了。

(3) 转换角度。有些热点，乍一看是无关的，但是换个角度去想，就会发现其实还是能追的，所以在判断某个热点是否能够追的时候，考验的就是各位文案工作者对于事件思考的多面性了。

可以将一个事件的参与者在一张纸上列出来，然后围绕这个事件，逐个从他们的角度进行思考，挖掘不同角度是否有新观点可用。如果热点过于“老旧没新意”，集中体现在节日热点上面，换个角度也能够带来一些不一样的收获。例如七夕节，在大部分公众号都“常规”地走虐狗路线的时候，怎么反常规呢？可以写“分手”“渣男”“离婚”等相关素材，给人一种“反差感”，其实说到底也算是制造好奇。

二、生动有趣地介绍产品

用户大多不喜欢看“干巴巴”的产品介绍、产品说明书，而是喜欢生动、有趣、有用的知识。以卖茶叶为例，如果只枯燥地介绍茶叶如何好，就很难引起用户的共鸣，但如果将茶文化、茶叶的饮用方法和存储方法、茶的养生之道等相关内容娓娓道来，就可以引起用户的好感。

茶颜悦色的语言艺术

微信公众号平台一直被品牌商家视为宣传推广的必争之地。基于庞大的用户群，商品通过微信公众号能够更精准、更高效地触达高黏性用户群，并在强大的商业闭环下，缩短购买路径、提高购买效率。同时，基于微信的社交属性，熟人间的信任更能够降低交易成本。商家微信公众号野蛮生长，公众号推文内容与形式也不断革新，试图获得更多的注意力。作为奶茶头部品牌的“茶颜悦色”微信公众号，能在此情况下异军突起，收获大量“粉丝”，分析其“出圈”的底层逻辑，就在于其公众号推文的创新型表达。

1. 强调文化属性

人类的各种文明经过漫长发展，形成或正在形成各种文化，凡是有文化共识的记忆和感受、形成符号和仪式的，就是文化母体。比如国家、城市、春节……都是一个个范围不同的文化母体。许多成功的文学、影视作品，品牌孵化、转型等都是依托于传统文化母体的新情境或现代文化母体的新创造，可以说文化母体本身就是有广泛共识的公共IP。因此，品牌抓住并找准文化属性，就有可能成为下一个超级文化符号。以“茶颜悦色”的成功尝试为例，品牌定位为新中式茶饮，公众号自我介绍为“一杯有温度的茶”，本质上就是搭载在文化母体上的新创造。公众号文章主旨多是表达奶茶饮品与历史时代、地域文化、人际情感等密不可分，从历史记忆、饮食习惯等文化母体中汲取并传播新的能量，以获得共识。作为长沙本土品牌，该公众号最擅长用长沙地域文化作为素材，介绍当地美食、人文地理、日常生活等，用类似杂文、随笔、小品文的写法，为城市“赋魅”，为品牌赋能，并与城市旅游业互相成就。除介绍开店所在地的城市文化，该公众号还不断拓宽文化视野，开发了“云游草木志”“逛逛概念店”等系列文章。新的概念店“塞外”开业时，该公众号推文以散文诗的形式介绍了塞外的历史、诗歌、特色地貌；“云游草木志”结合二十四节气生动地介绍了云南、甘肃、内蒙古等地的特色植物。系列文章往往结合了人们对田园回归、故土眷恋、万物有灵等文化原型的新加工，迎合了人们心中对美好文化产品的向往，因此收获了阅读量和点赞数的新增长。

2. 强调公益属性

企业之间的市场竞争归根结底还是品牌影响力和企业文化的竞争。当企业以一种积极的、负责的形象展现在社会公众面前时，就会潜移默化地在消费者心目中逐步积累品牌的影响力。“茶颜悦色”微信公众号推文也明显有意识地朝此方向靠拢，努力宣传品牌的公益属性。一是联合公益机构，做好公益营销。如推文《今天我们不聊茶颜的事，认识“是光诗歌”》，用细腻的笔触介绍了在偏远山区教孩子们写诗的志愿组织，展示了孩子们的诗，强调了消费一杯奶茶送一个小诗本。二是融合传统媒体，扩大正面影响。由于奶茶品牌消费者多为年轻群体，“茶颜悦色”与湖南卫视电视剧《理想照耀中国》创作了联名奶茶杯，公众号推文介绍了电视剧人物的奋斗梗概，还分享了青年员工的职场故事。三是整合文化资源，做好内容传播。如在《被理想照耀的我们》文章的末尾链接到《你好呀，你那里有人民路吗》一文，读者能通过漫画长图，串起橘子洲头、黄兴广场、蔡锷南路、开慧双拥公园、隆平水稻博物馆等具有红色元素的旅游地标建筑，感受历史与信仰的力量，引起心灵上的震荡与共鸣，最终有利于品牌形象在公众心中的提升。

3. 强调共情属性

基于心理学角度，人们更容易接受自己熟悉或者心理上认同的事物和领域，因此，若选取群体心理和集体记忆，利用含蓄的意象和鲜明的语言营造特定的情绪氛围，则最能吸引人、打动人。例如，中考、高考结束后，公众号把握时效性推文《又到了说再见的时候》《人的一生到底要毕业多少次》，用清新隽永的语言，发出离别与成长的喟叹，将读者带入情景交融的审美境界。同时，在文末引出新品“栀晓”：“是离别的季节里，那一句说不出口的再见，问不出口的还能再见，掸也掸不开的香气，捎上放在心里的祝福，祝你乘风，轻轻快快”，并配图栀子花图案的品牌明信片，通过对产品的香味和时令特性进行富有创意的挖掘，让文中的意象和广告诉求融为一体，使受众能在美文回味中实现共情，欣然接受所要传递的广告信息。

“茶颜悦色”官方公众号的每一篇文章都很“走心”，都与“粉丝”保持着良性的互动。“茶颜悦色”还有不一样的“真实”与“坦率”，官方公众号自放差评，每个月还会定期发布“食物安全自查报告”，直接通报检查结果。对表现不好的门店，不仅“通报批评”，还公布食品安全隐患、整改要求，甚至是操作间的监控视频。这种自我曝光更是一种创新与负责，不仅倒逼企业保持门店运营的规范，又有利于让消费者放心安心，同样也有利于引领中国食品安全的发展。

资料来源　https：//wenku. baidu. com/view/ad3dc476f405cc1755270722192e453611665b24. html.

三、充分利用引擎搜索

通过引擎搜索可以知道用户搜索最多的是什么，喜欢什么类型的文章。企业可以根据引擎搜索排行榜，结合“粉丝”的心理，找一篇价值比较高的文章放到企业微信里。

四、讲故事加深情感共鸣

会讲故事会卖货。其实，每个创业者都有一段刻骨铭心的创业故事，每个业务员、每个客服人员在跟客户打交道的过程中都在发生一段又一段故事，挖掘故事中的营销价值和用户价值，照实写下来，就是非常生动、富有感染力的营销内容。

五、名人成功启示

发表一些企业对行业成功者看法的文章。每个行业都有些突出的或比较成功的网站和人士，如果企业能够发表对名博、名站分析的文章，将会吸引众多读者。相信很多企业在微信运营过程中都会为发布什么内容而发愁，不知道“说什么”。甚至有些企业会错误地认为，建个账号，发点新闻、搞笑段子，微信运营就万事大吉了。殊不知，无价值的内容、纯粹的广告推送往往会引起用户的反感。内容的形成应建立在满足用户需求的基础上，包括休闲娱乐需求、生活服务类的应用需求、解决用户问题的需求等。

微信推广案例：招商银行微信查余额

招商银行微信营销可以说是国内最成功的典范之一。他们首先在推广环节采用漂流瓶的方式加快了“粉丝”的增加，而真正的亮点是招商银行实现的功能：招商银行信用卡中心的微信公众号可查询账户余额。

客户通过绑定自己的微信号和信用卡信息（通过弹出页面提交身份证、护照或其他证件），查询“金额”可以查询信用额度，同时该账号还能返回带有部分关键字的相关交互内容。该微信公众号实现了电话银行的部分服务，其他电话银行功能还在持续增加中。

具体实施过程如下：

招商银行发起了微信“爱心漂流瓶”的活动：微信用户用“漂流瓶”功能捡到招商银行漂流瓶，回复之后招商银行便会通过“小积分，微慈善”平台为孤独症儿童提供帮助。

根据观察，在招商银行展开活动期间，每捡 10 次漂流瓶便基本上有一次会捡到招商银行的爱心漂流瓶。不过，漂流瓶的内容是重复的，如果可提供更加多样化的灵活信息，用户的参与度会更高。而在功能实现方面，首先进行业务逻辑分析，将微信开放平台成功与招商银行信用卡中心业务程序连接，实现电话银行具备的功能。

微信现已有苗头成为继中国移动、中国联通、中国电信后的国内第四大运营商。在微信上开设公众账号并且为客户提供服务是众多金融机构必备的。

资料来源　https：//www. qinzhiqiang. com/archives/96178. html.

微信公众号案例：深夜发媸

《福布斯》发布“中国 30 位 30 岁以下精英”，27 岁的徐妍入选媒体类精英榜单。徐妍是妍媸文化有限公司创始人兼 CEO（首席执行官），人称“深夜徐老师”。这是她第一次入选《福布斯》榜单。

公众号“深夜发媸”的自我定位是“一个不装的时尚号”，属于每日深夜推送时尚资讯的订阅号。从这可以看出，它的主要用户群体是 18—24 岁的年轻女性，容易接受新鲜事物，追求美与潮流，拥有极大的消费潜力。

“深夜发媸”创始人徐妍说过：“只有做出足够受‘粉丝’喜爱的内容，才有资格去规划商业模式。”初始阶段，“深夜发媸”是一个情感类账号，推送内容多是情诗，第一篇浏览量10万+的文章写的是北岛。这与它如今给人的印象相差甚远。“我自己本身是学中文的，同样类型的内容别人不一定能写，这是我成立公众号的初衷，也是我区别于别人的竞争力。”徐妍回忆，一开始公众号还没有阅读量的概念，等到这一功能上线后，她才第一次知道不同的内容在市面上有完全不同的受众。

“当时通过我自己的观察，发现情感类账号的阅读数是最多的，因为受众面最广、阅读门槛最低，于是我就去做了。”基于这样的背景，“深夜发媸”在成立之初就有爆发趋势，短短几个月的时间内，很快达成每篇10万+的成就。

《直男改造》是微信公众号“深夜发媸”旗下的栏目。发布至今，多篇系列文章，先后在微博、微信和QQ空间创造了刷屏级的传播。据创业邦了解，该栏目总阅读量近1亿（不包含被转载的微信、微博数据），平均转发量10万。公众号单篇最高阅读量近100万，总涨粉数30万，新浪微博单篇最高阅读量2 411万。徐妍说：“以公众号起家的公司，应该关注背后整个的生产流程，如何更高效化，推动任何账号迅速实现从0到100万‘粉丝’的突破。”

资料来源　https：//baijiahao. baidu. com/s? id=1582187718643837864.

4.4.2　微信图文推广常用的排版工具

公众号推文本质是H5（HTML5），通过图片、文字和视频的组合，形成营销材料。其载体微信本身的流量使得公众号推广裂变非常迅速。公众号推文是如今新媒体营销的重要途径之一。这使得公众号排版尤为重要，越来越多的第三方平台提供了各种各样的排版解决方案。

一、秀米图文排版工具

秀米图文排版工具可以协助用户梳理内容结构，让用户更好地去思考怎么向读者展现内容的层次。为此，秀米所设计的图文排版系统，又被称为结构化编辑。结构化的意思是，在图文编辑的过程中，文字、图片或者是系统提供的模板，都可以看成一块一块像积木一样的结构，每个结构都可以单独编辑，同时也可以进行复制、i排版。

二、i排版

i排版是高效的第三方微信公众号编辑器，操作界面简洁，样式种类丰富，支持一键修改字间距、一键缩进、一键添加签名等。同时，具有短网址、超链接、弹幕样式、一键生成长微博等功能，能够快速为用户提高文章排版的美感，提高工作效率。

三、135编辑器

135编辑器包含10万+数量的模板，也是快速美观的排版工具。同时，编辑器提供公众号裂变增长工具、社群和个人裂变工具、数据表单、免费活动发布、行业社群交流等一站式服务。免费注册后可使用平台提供的10万+数量的素材和文章模板进行图文排版，还可以体验秒刷、一键排版、全文配色、公众号管理、微信变量回复、48小时群发、定时群发、云端草稿、文本校对等功能与服务。

四、易企秀

易企秀涵盖H5、海报、长页、表单、互动、视频等创意设计工具，产品简单、好用、制作快。用户简单操作就可以生成炫酷的翻页H5、海报图片、营销长页、问卷表单、互动抽奖小游戏、特效视频等各种形式的创意作品，并快速分享到社交媒体开展营销。

课中实训： 打开其中一个编辑器，并了解其功能界面，创作一篇文章。

4.4.3 微信图文创作技巧

一、图文标题要简洁，易被用户解读

标题就是一个人群细分的标签，所以最好要区分出人群。比如职场萌新，新手小白，这样让人看了有代入感，感觉标题说的就是自己，这样可以增加文章的点击率。微信图文标题可以最直接地激发用户的阅读兴趣。一个好的标题可以提高你的打开率。在写微信图文的标题时，最好简洁明了，字数尽量控制在15个字以内，且标题要容易被用户解读。

二、微软雅黑做字体

微软雅黑是一种非常安全的字体，同等字号的微软雅黑比其他字体看着更大。所以，在设置字体大小时，正文适用于12～16 px大小，一般情况下会用14 px大小。

三、1.5～1.75行间距为宜

在设置行间距时，1.5～1.75行间距最为合适。对于字数较多的正文一般采用左对齐，字数较少的标题或者文案可以居中对齐。

四、最好首行不缩进，段落间要空行

之前我们写文章都要求每段开头空两格，然而在移动端时，最好不要空两格。同时，段落间空一行，可以很好地将两个段落分开，并给读者眼睛休息的机会，从而提升整体的阅读感。

五、黑色和灰色等颜色巧妙搭配

有些账号，对正文的颜色会有严格的要求。正文中纯黑色太扎眼，大面积的彩色太晃眼，深灰色（如色值#5a5a5a的灰色）最适宜大面积作为正文颜色。而更浅一些的灰色（如#b2b2b2）则适用于解释说明。当然有时也会用红色等彩色做标题或者分割线，这个可以根据文章的颜色基调做适当调整。

六、整体颜色最好不超过三种

整篇文章的颜色最好不要超过三种。如果你具备较强的颜色搭配能力，可以适当增加，但建议不要太花里胡哨。

七、微信的内容不宜过长

微信文章内容最好不要太啰唆，尽量简洁明了，不要去挑战“粉丝”的耐心，尤其在移动端。

八、保证无错别字

写完文章，排完版后，我们还需要通篇检查是否有错别字，努力做到无错别字，给用户一个严谨认真的形象。

九、导读 40～60 个字为宜

微信内部有很多同类文章，为了区别于其他账号的东西，有时会写导读。当然写导读时建议字数控制在 40～60 个字，可以用不同的颜色、字体或者边框标记出来。

十、巧用第三方平台编辑器

常用的图文编辑器有秀米图文排版工具、135 编辑器、i 排版、易企秀等。每个人可以根据自己的喜好选择不同的平台编辑器。如果你需要首行缩进，可以用一键排版工具。

可口可乐瓶盖里的营销

在互联网时代，传统快速消费品巨头和电商平台之间的合作对市场而言早已见怪不怪，但如果再加上最热的移动社交平台，到底会擦出怎样的火花？2020 年 3 月 3 日，可口可乐携手微信，首次尝试了一种新的跨界营销模式，利用小小的一枚瓶盖，给消费者带来全新的产品互动体验，改变传统的促销方式，在销售产品的同时实现品牌价值积累。

一、Pincode：瓶盖互动营销

Pincode，听起来陌生，但如果说起饮料瓶盖里的 13 位数字编码，所有人都会恍然大悟。早在 PC 时代，Pincode 就已经存在，但由于缺少好的互动平台，消费体验差，用户流失比较多，一直没有形成气候。其实长久以来，人们都忽视了这样一串简单数字的潜在营销价值。

此次可口可乐与微信、易迅三方合作推出的“3PM 午后畅爽畅赢”活动，正是利用瓶盖里的这串数字编码，给消费者带来了全新的品牌互动体验。在 3 月 3 日到 5 月 31 日活动举办期间，消费者扫描瓶身上的二维码关注可口可乐官方微信，点击“3 点秒杀”按钮，输入瓶盖内的 Pincode，即可参与每天下午 3 点的零元秒杀限量版三星 Galaxy Trend 3 手机活动。在此次活动开始前一周，官方预热活动开启，充满张扬搞

怪的网络时代气息的海报随处可见，吸引数不清的年轻一族拧开可口可乐瓶盖，用微信试试手气、分享快乐。

据悉，此次营销战役可口可乐共投入9.9亿瓶定制版产品，借助移动互联的力量，通过商品编码与海量消费者瞬时实现互动，将品牌在线下的零散客户群体吸引到线上留存下来，在培育他们形成品牌忠诚度的同时，搭建一种门槛更低的长期会员式客户体系。9.9亿瓶产品，在卖货赚钱的同时，更赢取了亿万“粉丝”，这样的营销效果不能不引起关注和思考。

在移动互联网时代，因为人、商品和上网终端在同一时空形成关联，依靠一串商品编码，就可以巧妙地将用户和品牌绑定，吸引散客成为“粉丝”，同时给消费者带来愉悦的社交体验，为品牌积累价值。一个小小的Pincode，让互动营销呈现出一种新的可能，而其背后的关键正是微信。

二、跨界营销：产品促销3.0

为拉近与消费者的距离，实现营销实效并为品牌注入新的活力，传统强势品牌正在不断寻找与时下最时髦的娱乐或社交方式结合的跨界营销机会。消费者都喜欢体验顺应当下潮流的新鲜事物，以年轻人为核心消费人群的快速消费品企业在营销过程中首先要考虑年轻人的喜爱偏好。他们是互联网的主要受众人群，乐于接受新鲜事物，也喜欢和朋友分享他们的用户体验，动动手指网上购物，没事在朋友圈里“点赞”刷屏，微信等移动社交工具已成为他们生活的一部分。

可口可乐借助微信平台，创造出在线时时互动优惠的新玩法，这样的跨界营销不仅覆盖了可口可乐线下、易迅网线上的两类群体，更重要的是能够真正将客户留住，进行客户管理，将品牌推广、促销和客户维护紧密结合在一起，实现全新的营销价值。

从发展演化来看，企业促销推广策略经过了三个阶段，从原始的促销奖励到互动的激励，再到跨界整合的“社交式促销”，营销效果越来越明显。

1.0式的促销，简单直接，无论是“再来一瓶”还是“集包装换礼品”，企业与消费者是一次性交易，品牌与消费者之间是纯粹的利益驱动，无法让消费者真正产生对品牌的好感。

2.0式的促销，企业尝试建立专属会员服务平台和积分兑奖网站，以常态化的促销奖励积累用户，但积累不了价值，消费者对于品牌难以形成真正的归属感。

而如今的可乐式3.0促销，企业利用一个微信公众号、一串商品编码和一个电商平台，将消费利益和消费乐趣在一个体验流程中同时实现，消费者在利益引导和趣味刺激中不知不觉地关注品牌，实现了用户和品牌“粉丝”的双积聚。这种跨界营销带来的价值，值得很多企业思考和借鉴。

资料来源　https：//wz.yuzhua.com/goods/201539.html.

十一、O2O整合：CRM客户关系管理

目前国内移动社交平台，一般不拘泥于常规，求新、求异、求个性是它们的主要

特征，不断推出吸引眼球、又好玩又好用的附加功能，以便引爆网络传播。作为目前移动互联网的主要入口，微信在整合线上线下、沉淀用户方面都具有其他平台难以比拟的优势。因此，企业的微信营销思路不应仅仅停留在信息推送、“粉丝”互动、客户服务、在线交易等单一的模式上。作为移动平台，微信不仅是信息传播的载体，还应当成为品牌效应的聚合平台。

通过微信公众号，企业可以在与消费者进行线上线下无死角互动的同时，向消费者进行点对点的二次精准营销，最终带动产品销量提升。而更重要的是，在营销的同时，通过 O2O 价值整合，一步到位地将每一个新增加的消费者纳入企业 CRM 客户关系营销体系中。

在 PC 互联网时代，CRM 营销虽已受到众多企业重视，但企业仍然面临客户数据难以抓取、现场销售和 CRM 数据管理脱节等难题。企业投资建立数据库，依托连锁专卖店或电商等渠道搜集顾客信息非常困难，基于客户数据库进行推送的营销效率比较低。在移动互联时代，无论是线上还是线下，一串 Pincode 就让商品本身成为搜集顾客信息的载体，一方面使 CRM 营销成本显著降低，另一方面使营销效果得到极大提高。

其实在微信营销广受关注的今天，企业公众号难以获取“粉丝”是每个营销人员的困惑。从微信大号推广、外网引流或二维码线下转化等推广方式看，企业公众号“粉丝”增长缓慢，“粉丝”转化率逐渐降低，获取一个高质量微信“粉丝”的成本越来越高。此次可口可乐携手微信的营销事件带来的重要启示是，CRM 营销的门槛也许并不像想象中的那么高，商品就是最好的载体，O2O 就是最好的路径。

十二、“微信＋”：更大的营销空间

在移动互联时代，市场商机稍纵即逝，每个企业都想在下一个发展阶段独占鳌头，但如何把握住营销契机却并非易事。如何在准确把握市场变化的同时，借助技术手段与消费者深入互动是每个企业都必须探讨的课题。应该说，“互联网＋”的整合再造能力，让微信的每一次创新都带来了新的营销机会，从企业公众号与目标消费者形成的内容默契，到扫描二维码实现线下线上用户整合，再到今天的 Pincode 互动将商品与消费者关联。“微信＋”正在成为一种现象，每一次新的组合，都给市场带来更大的营销空间。

实训项目

【教学目标】

掌握微信营销的基本原理和策略。学会创建和管理微信公众号，提升公众号曝光度和用户体验。

【实训内容】

1. 微信公众号设置和优化

（1）创建企业微信公众号，完善公众号资料和设置，包括公众号名称、头像、简介、菜单等。

（2）提高公众号的曝光度和用户体验，包括优化公众号界面设计、提升内容质量等。

2. 内容规划和创意设计

（1）根据目标受众和所在行业，制定内容规划，包括文章主题、发布频率等。

（2）进行具体的创意设计，包括文章撰写、图片制作、视频制作等，确保内容质量高、有吸引力。

3. 内容发布和推广

按照内容规划制订时间表，定期发布文章、图片、视频等内容。

通过微信朋友圈、微信群、微信小程序等方式进行推广，提高内容曝光度和传播效果。

思考与练习

（1）微信营销的模式有哪些？

（2）微信公众号的运营如何开展？

第5章　社群营销

本章教学目标

知识目标：了解社群的构成和社群营销的优缺点，掌握创建社群的方法、保持社群活跃度的方法，掌握社群商业变现的方法。

能力目标：能够创建社群，明确社群的成员结构，能够正确掌握和区分社群成员结构中不同成员角色和作用，熟练制定并运用社群的运营规则。

素养目标：鼓励学生参与社群实践，培养实践精神；激发学生对社群营销与运营的强烈兴趣；具备社群运营的职业道德，保证内容的真实性和合法性。

案例导入

米粉玩出新花样

提到湖南的饮食，人们第一印象就是“辣”，而说到具体的食物，米粉具有典型的代表意义。霸蛮社是一个在北京居住的湖南人社群，在偌大的北京城住着30多万湖南人，他们远离家乡，却时刻思念着家乡的味儿。伏牛堂的米粉是很多湖南人的选择，霸蛮社的出现，解决了许多在北京居住的湖南人的“相思之苦”。

但是，再喜欢吃粉也不能天天吃，一辈子吃。社群建立起来后如何维护？仅仅靠米粉，过了蜜月期应该就直奔冷淡期了。于是，运营者将霸蛮社积极打造成在北京居住的湖南人的优质乐活空间。霸蛮社做了一件似乎与卖米粉没有任何关系的事情，只是带着大家一起玩，目前核心“粉丝”有300人，核心到就跟自己家里人一样。比如今天伏牛堂有事，这300个人可以同时到场。

霸蛮社的主流群体是80后、90后，他们玩的形式不限于吃，观影、公益、读书都可以玩。你也可以把霸蛮社理解为一个湖南文化品牌，做了一个青年社区，顺带着卖点米粉；或者把霸蛮社理解为一个文化公司，做了一个自媒体，顺带着给伏牛堂做些广告。在“自己人效应”之下，这些都是无可厚非的，大家能够理解并且愿意主动为老乡捧场，而无须区分主次。

资料来源　https：//www.163.com/dy/article/EOD8FGEU05388U10.html.

5.1 社群营销概述

5.1.1 社群营销的定义

"社群"一词源于"社区"的概念，英文表达为community，这两个概念具有相似的特征。但是社区和社群之间存在一定的差异。社区指现实生活中以地理区域为基础的社会集体，是人们日常生活的社会场所。而社群则是基于社会关系建立起来的跨地区群体集合，不受地理位置限制，成员之间的联系主要基于共同的兴趣、爱好和价值观等。因此，社群具有跨区域的特征。

社群是一种利益群体，其成员因共同的物质需求或精神需求而聚集在一起。随着互联网的发展，20世纪出现了一种以网络为媒介，基于共同的兴趣、价值观和相似的文化背景而形成的虚拟社会集合体，即"网络社群"。随着社交媒体技术的不断更新，数字社交平台如微信、小红书、抖音等已成为社群快速发展的加速器，不断扩大社群边界。

虚拟社群是基于网络平台构建的线上社交关系，它是一种群体，依赖于网络技术实现集体互动和探讨。虚拟社群具备信息获取、交流和沟通的功能，能够满足人们的相关需求。该社群拥有众多成员，这些成员积极参与社群活动，并持续参与，从而建立了相对稳定的人际交往关系。虚拟社群也是一个群体，社群内的成员有一定的共同目标并且愿意互相分享知识和信息。虚拟企业社群指以企业品牌为吸引要素的由消费者形成的群体，以品牌为中心、以组建社会关系为目的、无明确地理意义，具备共同意识、共同仪式和传统、道德责任感。除了传统社会组织的数字化转型，互联网也催生了许多亚文化和兴趣群体。这些群体依托互联网平台，构建起自己的社群空间，有些甚至成为性别政治、身份政治、国际政治等领域的重要影响力量。虚拟社群是网络空间的一群陌生人依托于数字技术基于自愿的原则主动结合在一起形成的合作型自组织集体。随着人们交往方式和交流方式的网络化，虚拟社群组织已成为组织智能化、去时空化、去中心化的变革趋势之一。

在虚拟社群组织中，信任的建构与发展是核心治理机制，对虚拟社群的建设至关重要。由此，可以通过社群运营的方式来维护虚拟社群组织的关系。对于企业来说，运营的目的是营销，社群运营是社交媒体营销的一部分。

在漫长的人类发展史上，每一种新的社交模式的诞生，都会催生出全新的营销模式，如电话营销和邮件营销等。智能手机、移动互联网的普及，使人们在工作和生活中越来越多地接触到网络社群。社群经济的兴起，为企业提供了更多通过社群营销获取客户和销售产品的机会。社群这一社交模式出现之后，自然也会与营销等商业形式相结合。越来越多的企业通过创建网络社群来加强与消费者之间的互动。

社群营销的目的在于建立一个强大的社群，重点放在建立线上网络虚拟社群上，通过社交平台，吸引玩家因共同兴趣爱好而集聚加入，具备产品、服务和社交属性，以及依托于互联网技术搭建强连接关系的社群成员。社群运营者应重点考量技术与用户需求发挥的重要作用，把握运营要点原则，界定共同价值观，明确目标用户群体的定位，增加社群流量，掌握尽可能多的可用资源和社会关系，依靠线上线下等多渠道共享有价值的信息，匹配并满足内外部供需，激发社群成员的归属感与认同感。通过精细化的社群运营，建立互动性高、有活力的社群，精准分析社群成员的需求点，挖掘潜在的消费者群体，进而根据社群成员的喜好开展营销活动，以提升消费者购物体验，构建信任关系的社群，促进社群营销，提升品牌知名度、声誉和忠诚度，最终实现交易。

5.1.2　社群的价值

社群自身必须具有一定的功能，才能给群成员带来一定的价值。社群的价值是基于能力构建的。构建社群价值需要注意以下几个问题。

一、价值要尽可能抓住群成员的痛点

同好定位一旦偏离，社群的运营目标自然达不到预期。要让社群的价值抓住群成员的痛点，就需要从以下两个维度思考：

第一，从社群发起人的角度思考，社群发起人为什么要建立这个社群，希望通过创建与运营社群而得到什么，也就是要明确建群的目的。

第二，从社群成员的角度思考，群成员为什么要加入这个社群，希望通过加入社群而得到什么。对于一个社群来说，聚集在一起的群成员必须有一个共同的强烈需求，社群必须能提供解决这一需求的服务。

二、价值要具体

社群要让群成员看到具体价值所在。以“李笑来老师的共同成长群”为例，群成员在这个社群里面能接触到各行各业的专家，所以这个社群的价值非常明显，那就是群成员要和老师身边的专家们一起做朋友，感受他们的思维，学习他们的方法。

三、价值要有回报载体

社群既然要为群成员提供价值，那就必须有一个能够产生经济回报的载体。同好的标签固然可以把具有同类特质的用户快速聚集起来，但如果没有相匹配的回报载体来满足群成员深层次的需求，这样的“同好”就会陷入组织一群人热闹、社群发起人什么回报都没有的窘境。

社群发起人很多时候还没有想清楚把一群人聚集起来之后的商业回报，就凭着一腔热情把社群建立起来。一旦运营的激情消退，那些缺乏运营的社群，要么沦为广告

群，要么就慢慢沉寂，不会再有价值。例如，“趁早”社群有自己的微店，出售各种衍生产品；“罗辑思维”有自己的电商平台。

一群人有共同的爱好，极有可能买同样的服务或者产品。当购物话题在社群中被聊起来时，还能带来从众购买效应。建设一个社群是需要付出巨大的时间成本和精力成本的，只凭兴趣爱好而不求回报地付出是不现实的。免费得到的一般是低质的服务，付费才能得到好的服务。在社群运营过程中，这个规则依然成立。所以，一个健康并能长久生存的社群是基于连接的“自生式”生态系统，它既能满足群成员的某种价值需求，又能给运营人员带来一定的回报，只有这样才能形成一个良好的循环。

四、价值要有互惠互利的共生点

通过调研大量社群发展的案例发现，真正能长久存活下来且不用特别维持，还能很活跃的社群，社群成员之间逐步建立了互惠互利关系。

因为一个社群就算有回报载体，但如果仅仅是一个产品或服务销售群，群成员难免对社群的商业化性质产生怀疑。想打消群成员的疑虑其实并不容易，但是如果社群运营者和群成员之间的回报是相互的，那么社群的自运营生态才能真正建立起来。

像“秋叶 PPT”的核心群，聚集了很多喜欢制作 PPT 的群成员，秋叶老师有需求的时候群成员会主动帮忙，秋叶老师有定制 PPT 的订单也会介绍、推荐群成员去挑战。群成员也经常打赏、分享彼此的好作品，互相帮助扩大个人品牌的影响力，这样的社群因为有了互利互惠的关系，就有了价值。

5.1.3 社群营销的目标

一、销售产品

社群成立的目的是更好地售卖自己的产品。例如，有一个朋友做十字绣，建了群分享绣花经验，分享后就可以推销淘宝小店。这种基于经济目标维护的群反而有更大的可能生存下去，因为做好群成员的服务工作，就可以源源不断获得老用户的满意度和追加购买。

二、提供服务

例如，在线教育要组织大量的学员群进行答疑服务，通过微课在线分享知识；有的企业建立社群与客户形成连接，提供一些咨询服务。这些行为都是提供服务。

三、拓展人脉

无论是基于兴趣还是为了交友、构建自己的人脉圈，这是任何一个职场人士都会去维护和拓展的人脉关系。人脉型社群尤其要明确定位，否则很容易找不到自己的圆心。例如，“正和岛”定位是企业家的群体，为围绕创业者社群建立的生态链，下面有很多细分的组织；“猫的剽悍江湖”定位为“不断走出自己的舒适区，突破自己的认知疆域，多跟优秀的陌生人做朋友，向他们学习”，所以该社群招募时只招陌生人。

四、聚集兴趣

这是基于读书、学习、跑步、艺术等爱好而聚在一起形成社群，这类社群的主要目的是吸引一批人一起维持兴趣，构建一个共同爱好者的小圈子。如 Scalers Talk 成长会以“持续行动，学习成长”为目标和价值观，口译等技能的练习只是一种实现成长的手段，其核心是聚集一群价值认同者，一起完成更有意义的事情，并从中得到成长。

五、打造品牌

出于打造品牌的目的而组建的社群，旨在与用户建立更紧密的关系，不是简单的交易关系，而是实现在交易之外的情感连接。例如，消费者不会觉得用洗手液就代表什么生活方式，因为其功能性太强；而手机作为时尚、潮流的产品，用户对它的关注度极高，可以讨论的话题较多，那么社群就可以快速建立。

六、树立影响力

社群营销的一个重要目标是树立影响力，这是通过在特定的社群中建立信任和权威来实现的。树立影响力一方面能够提升品牌知名度、增强客户忠诚度和推动销售增长，另一方面有助于品牌构建一个忠诚的社群，形成一个有强烈归属感和忠诚度的社区，为品牌的可持续发展打下坚实基础。

5.1.4　社群的分类

一、流量型社群

产品福利群，如通过免费领资料建立的群，运营成本低，是比较高效的私域流量引流手段。把社群当作一种流量渠道，通过文案实现进一步转化。或以团购、秒杀、送券等福利组建的社群，核心的目的就是购物消费。比如大家加入的淘宝优惠券群、社区团购群、花小猪打车群、瑞幸咖啡门店群，这些群有一个共同的特征，就是社群成员几乎都是消费者，入群是为了领取福利和消费。群成员的消费意愿极强，而且最大的吸引力就是优惠力度。

二、转化型社群

一般教育类机构常创建转化型社群。准备一些具有吸引力的东西，像试听课、运营资料等，以体验课＋社群服务来实现转化。特点是短、平、快，以一次体验课为诱饵来建立链接，会有专门的客服在群里督促学员听课，布置作业，等到课程结束后，对于有意向的客户，客服会一对一进行私聊。

三、学习分享社群

这类社群侧重于资源的分享和日常的讨论学习，部分基于兴趣爱好创建的社群也可以纳入学习分享社群。如古籍爱好者、读书爱好者、国画爱好者，群内讨论的内容大部分与该领域和个人专项技能提升相关。除了爱好相关的学习群，也有目标明确的自发组织形成的考试类学习群，比如期末资源互助小组、考研考公同学群等，自发组织建立的社群很随意，甚至三四个人就可以组成一个社群。

四、组织型社群

组织型社群是在转化型社群的基础上创建的，一般包括产品社群、学员社群、知识付费社群，以及一些线上+线下组织型社群。知识付费社群就是以知识付费为目的而组建的群组，社群的主要目的就是实现知识变现，该类社群除了知识付费产品外，还有知识服务收费项目。知识付费社群常见的管理形式有知识答疑、监督打卡、学习指导等。知识的价值是社群的核心，有价值的知识和有趣易懂的教学方式都能产生引流效果。这类社群主打有温度、有远景的学习氛围，通过所谓的利他思维来提升社群的凝聚力，更注重用户的长期价值，关注成员之间的相互连接。

五、人际关系型社群

（一）工作关系型社群

这是由工作关系组建的社群，工作关系结束，社群也随之解散。比如公司员工群、行政管理部门群、某某项目群。该类社群的交流内容一般都与工作内容相关，建立这种社群的目的在于使工作便于沟通、问题及时地得到反馈和解决、需求交付便于对接等。

（二）友缘关系型社群

这是由友缘关系组建的社群，亲属关系、朋友关系、同学关系、交友关系等都属于友缘关系。常见的友缘关系型社群有亲属群、闺蜜群、同城交友群等。如果个人与该群体的友缘关系变淡，则个人与社群关系割裂。特殊事件致使群内成员关系破裂会导致社群解散。随着时间的流逝，群内成员的社交关系变淡，也会使社群解散。定时进行群内互动有助于联络群内成员的感情。

（三）行业关系型社群

这是由同行业、同职业关系组成的社群，社群内的成员都有相同或类似的身份，如美妆从业者、教育从业者、市场勘查员等。成员入群的目的多为获得行业资讯、项目动态、经营方法、资源人脉等。行业关系型社群的用户非常精准、需求明确，有强烈的付费意愿，同时准入门槛相对较高。

5.1.5 社群营销的优势

一、铁杆“粉丝”自组织传播

社群营销是一个主动吸引和传播口碑的平台，通过把社群海报发到朋友圈、贴吧等平台，吸引有需求或者有共同爱好的人主动加入并成为铁杆“粉丝”。

那么何为自组织？自组织是相对于他组织而言的，即个体之间自发组织和协作的系统和过程。自组织不是个体的简单叠加，而是通过个体之间的非线性交互，产生协同效应，使自组织整体上涌现出新的特征和功能。在社群中，人们在自发组织和自主参与的过程中，不断进行交互传播、协作生产和价值创造。以维基百科为例，个体学习者不断创造碎片化的微内容，单一的微内容微不足道甚至错误百出，但微内容之间经过非线性的相互作用，互相纠错调整，可以产生群体协同效应，形成从无序到有序、从低级到高级的知识成果创造。

二、社群是最重要的曝光平台

网络上的各种交友聊天平台越来越多，社群也成为最重要的曝光平台。朋友圈等的浏览量越来越少，这就意味着你发一条朋友圈，100个好友可能只有10个人看。社群营销就不同，它可以通过各个平台提高曝光率，特别是置顶的消息大多数人都会看，如果你能让你的消息被置顶，那么曝光率也是显而易见的。

三、社群裂变复制便利

假设成功运营一个群，有50个铁杆“粉丝”就意味着你可能会有100个甚至更多的群。如果你有一个成功的社群，可以通过铁杆“粉丝”去裂变复制无数个社群。因此，社群营销成功的关键是先用心做好一个社群，有了一个高质量的社群就不担心会缺少“粉丝”。

由于移动互联网的便捷性，社群成员在社群组织内部能够自由、高频、高效地进行信息传播和沟通，快速生成“圈子”，产生很强的聚集力。而在社群组织外部，因为个体之间的关联，不同社群之间形成交叉。同一个体可以在不同的社群间切换。社群与社群之间这种多维度的关联性，使社群传播很容易实现跨边界的扩散，呈现出滚雪球般的裂变性，一个特定的引爆点就能引发蝴蝶效应，呈指数倍放大。圈层式聚合力加上裂变式传播扩散，使得社群传播成为一种新型的传播方式。

四、通过情感优势，弱中心化，多向互动

著名的六度空间理论认为，你和任何一个陌生人之间所间隔的人不会超过六个，也就是说，最多通过六个中间人，你就能够认识一个陌生人。在互联网时代，六度空间理论实现的可能性变得更大了。社群的本质是链接，由手机端和电脑端构建的新媒体环境彻底突破了空间和时间的限制，将人与人联系在了一起，而且这种联系通常是一种基于熟人的联系。出于对熟人的相对了解，在咨询信息、购买产品等方面也更为信任。如果能获得一个用户的信任，那么熟人传播的力量往往会超乎你的想象。

社群营销与其他营销模式不同，社群营销更看重情感，在营销过程中，企业需要与客户建立情感上的联系，需要与客户在陌生人的状态下通过沟通交流逐渐成为朋友，需要用心去维护好新老客户，通过用心的服务让他们买单。社群成员都是基于共同的

爱好、兴趣而聚集在一起的，彼此更容易建立起情感关联。人类社群与动物社群的区别在于情感体验和价值传递。社群中的各个成员正是基于情感交流、兴趣图谱、价值认同才聚集到一起。也正是依托在信息交互上的情感价值传播，才能保持社群的活跃，使社群可持续发展。在社群中，一方面，人们主动参与社群互动，寻求满足感和归属感；另一方面，人们的满足感和归属感加强，又会反过来促进社群的进一步发展，从而创造出更多的创新服务。

社群成员可以一对多或者多对多地实现互动传播，并不是只有一个组织人和一个富有话语权的人，而是每个社群成员都能表达。社群成员之间的互动交流，也包含信息和数据的平等互换，每一个成员都可以成为信息的发起者、传播者和分享者。

五、价低效率高，精准性强

传统营销在推广上花费巨大，且取得的效果有限。社群营销花费相对低一些，比起传统媒体动辄百万元、千万元的投入，做好一个社交平台往往一年的预算不过数十万元而已。这对企业尤其是对中小企业来说是非常适合的。社群营销是以目标人群的双向互动沟通为核心的，社群成员可以是信息的制造者，也可以是信息的传播者。相对于传统营销的单向传播，社群营销更加高效。社群营销是网络营销里唯一能和搜索营销相比的精准营销方式，搜索是定向流量，社群营销是定向需求、人际信任和口碑传播。在即时性上，社群营销相比搜索营销更便于提供新鲜资讯。社群营销，不仅可以作为普通宣传活动的手段，还可以针对特定的目标组织、特殊人群进行宣传活动。不管社群是以什么目的建立起来的，都具有类似的生活形态、人口特性。由此，可以看出社群具有很强的精准性。

六、传播速度快，时效久，针对性强

传统的营销模式，产品卖了以后，卖家和买家之间就没有任何关系了，除非买家想退货，或者产品有质量问题，买家才会找到卖家。但采用社群营销，把用过产品的人的联系方式都纳入微信群或其他的社交工具中，当卖家有新的产品推出后，这些买家都有可能购买。社群营销虽然不能与大众媒体的广泛传播相比，但是其到达精准目标人群，也就是在圈子里的传播速度非常快。一旦社群营销效果显现，企业就会感受到“一传十，十传百”的魅力。网络营销的主要特点就是“凡走过必留下痕迹”，社群营销是以人际关系、兴趣圈子和口碑传播为核心的营销方式，这些网络上的口碑随着时间的流逝，不仅不会消失，相反，不知道何时会被一些因素激活，能够二次甚至三次发酵。

社群营销是基于圈子、人脉而产生的营销模式。社群有稳定的群体结构和较一致的群体意识；成员有一致的行为规范、持续的互动关系；成员间分工协作，具有一致行动的能力。也就是说，社群里面聚集的都是有着共同需求的用户，也就是微商行业经常所说的精准“粉丝”。在当今社会，人们的消费是分圈层的，相同圈层的人是可以

玩到一起的，他们可以买相同品牌、价位的产品。

5.1.6　社群营销存在的问题

一、缺乏社群规划

社群运营，大多数还停留在初始阶段，不知道如何正确地去搭建一个社群框架。纯粹就是为了建群而建群，直接把用户拉到群里，改备注、设置群规则，大概说明群的主题，随后就任其自由发展。有需求了就在群里发一些广告，不知道如何维护、管理社群的运营。

二、缺乏激励机制

一个优质的社群离不开三个要素：好的激励制度、内容创造者、优质群管理者。而目前社群有价值的内容创造者基本上是群主，群成员输出的优质内容基本为零。所以需要针对内容创造者、群管理者、活动发起者、其他群成员确定激励机制，给做出贡献的人较大的激励，让群内成员有互动、做出贡献的积极性。

三、缺乏高效沟通，内容难以沉淀

微信群聊天一个很大的缺点在于很难保存有价值的内容。群里聊天记录一多，群成员就经常会把一些干货内容全部刷过去。看见的顺手保存，没及时看见消息的完美错过。大部分社群整天是一群闲人在里面闲聊，其他群成员偶尔瞟一眼发现没有自己需要的内容，自然看群消息的次数越来越少，更别说在群内回答问题、分享知识。

四、忽略群成员的感受

很多社群宣称是去中心化的，实际上还是服务于个人的利益。比如不让别人发广告，但是自己就可以发广告，说自己发的是福利，很难激发群内成员的积极性，最终只会让大家对社群失去兴趣和关注度。

五、社群运营工作缺乏重点

社群数量大，运营人员每天的工作就是做社群日常管理，例如发送入群欢迎语、监测群内发广告的成员、回答群内成员提问、每个群发送一些消息等。如果整天在这些繁杂琐碎的事情上花费大量时间，那么哪还有时间做好社群运营？其实这些工作完全可以交给微信助手这样的社群管理工具来完成。毕竟社群运营的本质应该是规则的制定者和利用者，而不是一个在线客服。

六、碎片化

社群的资源性和多样性特点，使得社群在产品设计、内容、服务上呈现碎片化的趋势。

5.2 社群运营

5.2.1 寻找社群

1. 竞争对手

(1) 去竞争对手的公众号和网站，去寻求是否有加群的二维码。

(2) 用“加群”这样的关键词搜索历史文章。

(3) 参加竞争对手推出的活动、课程等，可以找到很多竞争对手的微信群。

2. 行业垂直社区

我们可以通过网络找到知乎、微博、贴吧、豆瓣、辣妈帮等各式各样的行业垂直内容社区，加入行业微信群、QQ群，挖掘目标用户，最后加到目标用户的微信。

3. 微信换群

4. 参加线上线下课程、活动

各种类型的课程、培训和沙龙活动等都聚集了大量的具备某个共性的消费者，如果是与自己的业务相关的消费者，完全可以引流到自己的“鱼塘”里。

5. 组织单位

6. 举行活动（引导种子用户/亲朋好友/老客户转介绍）

(1) 产品体验，主要适合于App/公众号会员资格、线下店、赠品实物等。

(2) 进入圈子，主要依靠大V“站台”或擅长社群运营的团队。

(3) 领取资料，需要真干货。注意：只有目标客户想获得但是难以获得的资料才能打动对方。

(4) 领取课程，难点在于目前知识泛滥，必须真正洞察到用户的痛点。

(5) 加入训练营，相较于单节线上课程，对用户来说更加有诱惑力，而且可以组成大V矩阵互推。

7. 具体操作方法

(1) 加入付费课程微信群，工具：例如千聊、荔枝微课、唯库等。

(2) 从知识星球搜索：行业关键词。

(3) 加入线下活动、展会微信群。例如在互动吧、活动树等搜索行业关键词。

(4) 从微信上搜索：入群＋行业关键词。

(5) 从朋友圈搜索：入群。

(6) 加入行业媒体交流群/活动群。例如搜索历史文章：扫码入群。

(7) 从百度搜索：入群＋行业关键词。

(8) 从微博搜索：入群＋行业关键词。

(9) 找到微信群二维码发布平台。

(10) 从豆瓣上搜索：微信群。

(11) 通过知乎搜索：行业关键词入群。

5.2.2　构建社群

一、制订计划

无论是做社群营销还是做其他类型的营销活动都应该有计划和安排，找到适合本企业的方式和方法，有一个明确的目标，有步骤地执行计划。

二、组建团队

要做好社群营销，仅靠个人的力量是不够的，还需要依靠团队的力量，组建一个团队一起来完成社群营销的各类活动和工作。

聘请专业的人来负责社群营销，专业的人具备专业的知识和技巧，有丰富的经验，他们可以做好社群营销，真正创造出结果和价值，给企业带来效益。

星巴克组建社群

如果说星巴克的成功得益于社群，可能很多人都不赞同。毕竟，星巴克创立于1987年，那时候无论国内外的互联网技术都还不发达，更不用说社群。但事实并非如此，星巴克的成功是社群运营的重要案例。

1987年，星巴克的主人鲍德温和鲍克决定卖掉星巴克公司在西雅图的店面及烘焙厂。这一消息被霍华德·舒尔茨知道了。他是名拥有敏锐市场洞察力的商人，很快就决定将星巴克买下，同时还把自己在1985年就创立的每日咖啡公司与星巴克整合，成立“星巴克企业”。

但星巴克企业成立后，并未守着星巴克固有的老资本，而是在营销的领域做了新的尝试。首先，星巴克在Twitter、Instagram、Google、Facebook等诸多互联网平台打信息流广告，几乎这些平台的绝大部分地方都能够看到星巴克的身影。同时，星巴克还在这些平台上通过社群营销，找到了属于自己的精准消费人群，为下一步营销做了极为重要的铺垫。

在各大互联网平台都拥有自己的身影后，星巴克做出了以下几个重要的决策，让星巴克的市场占有率发生了非常大的变化。

第一，根据精准消费人群的定位以及人群的分析，推出Facebook App，顾客可以在这个App上得到星巴克新品资讯、优惠福利等信息。与此同时，在Twitter、Instagram等平台的引流推广并未停止。

第二，充分利用热点以及主题来结合自己的产品，在各大主流媒体上发布、推广，既增加了自己品牌的传播度，还深化了品牌在市场上的根基。比如，美国曾遇到过一次罕见的暴风雪，名为“尼莫”。星巴克在这个主题上，输出了一个在寒冬中握着热咖啡的广告。这一广告不仅切合了主题，也获得了“粉丝”的好感。

第三，与知名品牌商联合做活动。星巴克的活动，最为成功的莫过于慈善。与Foursquare合作的慈善活动，直接让星巴克上升到关注国民、体谅消费者的高度，提升了企业形象。

这些营销活动造就了星巴克在美洲、欧洲等地开了6 000多家店铺，平均每周全球有1亿人喝星巴克咖啡的盛举。

资料来源 https：//www.163.com/dy/article/EOD8FGEU05388U10.html.

知味葡萄酒社群营销

知味葡萄酒是一家专注于为葡萄酒爱好者提供轻松的葡萄酒文化、专业的品酒知识、实用的买酒建议和精彩的品鉴体验的公司。

自创立以来，知味的推广与内容始终以社群为核心。通过知味专业的葡萄酒媒体内容和线下的葡萄酒教育体系，知味已然成为国内最火的葡萄酒媒体，超过50万规模的葡萄酒爱好者聚集到了知味周围的葡萄酒文化社群里。

社群已经建立，运营应该怎么做？知味并不希望像传统的运营方式那样，单纯地搜集所有会员的联系方式做成通讯录，或者是在社群内部群发广告。知味认为，社群营销是依赖个人偏好及消费者特征进行的，在增值服务这方面，应适度规避“商业激励”而采用“情感维系”，以升华客户与厂家和品牌的关系。知味能够通过用户数据采集功能内容标签的方式收集所有社群用户与知味的交互行为和内容偏好。用户无论是看了一篇特定内容的微信图文、参加一场特定主题的品酒活动，还是购买了知味所推荐的葡萄酒或周边产品，知味都能记录下来。通过足够长时间的数据搜集，知味可以通过结构化获取用户信息并对他们进行分类，通过不同主题的话题将社群用户组织到一起。

比如阅读过较多次数关于意大利葡萄酒文章的用户，或者参加过知味组织的意大利葡萄酒品鉴会的用户，都会被邀请加入“知味意粉”小组。知味的葡萄酒爱好者用户会陆续被不同主题的社群以网状的形式邀请到至少一个社群小组中。如此一来，精准的分组使得社群活跃度非常高，而且还可以精准定向地对用户发送他们感兴趣的内容信息和产品营销内容。

同时，基于对庞大的“粉丝”数据系统进行挖掘，知味可以据此为“粉丝”发送完全个性化的促销信息。例如：知味可以设定自动流程规则，让系统自动向在过往的一个月内参加过入门级葡萄酒培训课程的客户发送中级葡萄酒培训课程的信息。这样个性化、差异化的优惠大大地提高了“粉丝”购买的可能性，也降低了信息推送的成本。

知味还使用了平台活跃度打分的功能，交互频繁的用户活跃分数会上升。对于不够活跃的用户，定向推送一些“召回”目的的内容以减少用户流失。三个月内，“粉丝”的活跃度上升了 55%。

通过使用多样的营销功能与分析工具，知味做到了全方位精准化的社群营销。客户与知味社群平台的黏性非常高，长期形成的情感维系要远比“满 500 积分抵 5 元消费”这样的商业折扣受用得多。

资料来源　https：//www.163.com/dy/article/EOD8FGEU05388U10.html.

三、确定愿景

任何一家企业都会有愿景，社群也是一样。愿景可以理解为我们常说的 slogan，例如：抖音的“记录美好生活”等。在众多类型的社群中，做得最好的是微商类社群，他们往往会喊出一句让人憧憬的口号来凝聚用户，例如：“不上班，也可以是顶梁柱”“每天 2 小时，实现你的财务自由”等。所谓的设计愿景，往大的说就是用某个点来凝聚社会化群体，往小的说就是 slogan，让人一看就能被吸引。

团队组建完成后，要懂得研究和设计自己的核心产品和文化理念。对于社群营销而言，要想做出好成绩，需要有自己的核心产品和理念，需要有吸引客户的地方。好的产品和理念，会让客户更认同自己的企业文化和营销方式。

四、定位社群

做好社群运营定位可以让社群成员定位更准确，社群内部有高活跃度。做好社群定位，首先要找到相同属性的人群，可以从门店引流、定位进群、关键词进群三个方面进行。

门店引流更深层次的意思就是客户对企业的产品有过了解和购买，将这种类型的客户进行线上社群运营，首先会让客户有一种售后服务的感觉，其次还能鼓励客户在社群内进行使用后的感受分享，在活跃群气氛的同时也能带动其他客户购买。

定位进群就是对区域内的客户进行运营，这也有助于社群目标人群的确定。因为很多即时产品比如生鲜、牛奶、水果、蛋糕等都需要保证新鲜，且客户一般会在需要的时候购买，而不会提前囤货或者长时间等待。这一类型产品的目标客户就是某区域内，且能第一时间送达或者能自行提货的客户。例如瑞幸咖啡，在客户扫码之后就会根据定位自动推送距离最短的群聊，这样能帮助社群将目标群体集中到一起。

关键词进群能让客户自主选择感兴趣的群聊。这样的群聊不会让客户感受到抵触的情绪，因为是自己选择的，也会有利于内容与产品输出，提高客户转化率。值得注意的是，客户可以根据自己的目的和需求选择相对应的群聊，后台也需要设置进群限制，比如一个好友只能同时进入三个群聊，目的是防止社群客户的高重复率。

五、设置门槛

社群运营最大的忌讳其实就是无门槛运营。设置门槛，不但可以过滤非目标用户，还能最大化提升用户的配合度。社群门槛的设计，最常见的就是价格门槛，即入群需要收费，知识付费类社群用得最多。

价格门槛的设置，对于运营团队而言可以明确社群的商业价值，也能获得足够的成本来进行维护，最重要的就是对于后续收益可以有更大的想象空间。对于用户而言，因为有了价格门槛，会产生足够的期待感，提前预设让用户愿意花更多时间，而且因为沉没成本，用户可以持续坚持。

除了价格外，门槛设计上还可以有身份门槛、动作门槛等。比如身份门槛，就是需要有一定的身份才可以入群，比如车主群、校友群、供应商群等。动作门槛顾名思义就是需要用户首先完成某个动作才可入群，例如提交申请书、转发活动海报、填写调研报告等。

无论是哪种门槛的设计，都是为了筛选目标用户，同时让用户珍惜进群机会，从而提高用户的配合度。这类达到某种门槛进群的用户，他们相互之间也更容易产生关联。

六、提供权益

权益通常包含内容类、社交类和服务类。内容类权益就是为用户提供独家、稀缺的内容，比如具体某个独享的产品价格、课程试听等；社交类权益就是通过社群去帮助用户连接某种社交需求，比如资源、人脉等，最常见的就是招聘群、相亲群、商务合作群等；服务类权益就是解决用户的某种需求，比如学员答疑群、售后服务群、外卖点餐群等。

想做社群营销，就要让大家知道这个群的价值所在，这也是维系客户不退群的关键。商家可以在社群中分享一些好文章，或是有价值的内容，或是群成员都很关心的话题，引起群成员的注意，增加群的活跃度。同时，群内的文章也会被大家转发。商家在文章管理中发一些隐含的推广链接，这样就完成了裂变推广。

七、设计社群主题

试想大家在一个社群内，彼此又不认识，如何相互信任？有必要存在于这个群体中吗？是什么吸引着消费者存在于陌生的环境中？其实这都是商家需要考虑的问题。要建立一个社群，你必须有相同的需求或相同的兴趣，才能维持它。为了相同的目的相互了解可以为未来的市场营销打下基础。如何让人们快速知道我们这个社群的主旨即社群主题。

八、搭建成员关系

不可否认，社群其实就是社会的一个缩影。社群需要搭建组织，社群关系的强度是利益关系强度与情感关系强度的加总。社群机构不只有群主和群员这两种关系，社群成员大致可划分为以下几类：

(一) 实权派 (群主)

群主拥有社群的最高管理权，可以说是整个社群的灵魂人物。这里需要注意的是，所谓实权不等于强权。不要把社群运营成群主的一言堂，尤其是倡导分享类的社群。

(二) 大管家 (管理员)

根据群成员的总数，可以适当设置多名大管家。大管家是社群真正意义上的组织者，核心工作是维护社群的日常管理，服务于社群成员。大管家和群主是可以相互"制衡"的。

(三) 隐藏大佬

任何一个社群最好都有一个隐藏大佬，作为社群内容的主心骨，在内容、知识方面具有一定的权威性。这种权威体现在"潜水"期间依然有足够的威慑力。

(四) 骨干精英

区别于隐藏大佬，骨干精英的活跃度相对较高，在专业领域中也具备一定的信服力。

(五) 团宠

每个社群都应该有这样一名"团宠"，主要负责社群的氛围调节，可以无厘头，可以活泼打趣。"团宠"如果是某个用户，效果最好。在前期，企业可以找自己人来扮演"团宠"。

(六) 吃瓜群众

吃瓜群众是社群的追随者，是活跃担当。在隐藏大佬或骨干精英发表有价值的内容时，无条件进行支持；也可以在团宠打趣时进行互动。

(七) 潜水党和充数群众

一个社群的人数一般控制在200人左右比较合理，但无法使200人都活跃，一般每天活跃的人数达到20～30人就足够了。任何一个社群都会有潜水党和充数群众。他们区别于吃瓜群众，没有那么积极，更不会时刻进行互动，但是在某些条件下是可以被激活的。这类成员对于社群价值应该是认同的，需要将其与非目标人群进行区分。

(八) 反动派

毫无疑问这类人就是对社群价值存疑，对规则发出挑战的。他们会在群里乱发广告或是其他同类竞品的信息等。对于这类成员，不要指望改变他，直接送他"机票"就行。

如果仔细观察就会发现，任何一个优秀的社群，都会有以上几类成员。运营人员在建群时需要对成员结构进行一定的设计，要以一定的比例去搭配这八类成员，有时一个成员会身兼多种身份，有时成员之间的身份也是可以相互转换的。

九、新用户进群破冰

一个新用户进群的第一天，往往决定了这个成员未来在社群内的活跃程度，所以运营人在设计新用户进群破冰时要格外地重视。

群主个人背书＝情感账户。很多学习、知识分享类群大多利用某位大咖来进行引流建群。例如像运营圈子、三节课等，主要就是以运营大咖为卖点，通过包装个人IP来引流。

千万不要小看群名，优秀的群名往往能够第一时间吸引人。群名一般以主题明确、风格明确、引人好奇，或者利益点明确、玩法明确来确定，例如百度网盘分享群、××社区菜园群等。

十、制定社群规则

运营社群，要求社群管理者制定一个符合社群定位的运营规则。规则模式可以先从一个社群做起，验证模式的可行性，最后进行大规模复制。从本质上来讲，社群规则不是规定群成员做什么或不能做什么，而是确定这个社群的文化是什么。

（一）引入规则

发现并号召那些有共同爱好的人聚集在一起形成金字塔结构或者环形结构，成为社群最初的一批群成员，会在以后对社群产生巨大影响。

所谓金字塔结构，就是由一个人做精神领袖，群成员做社群的分群主。实际上只是用比较分散的方式，完成一个金字塔的关系。

所谓环形结构，就是社群中有成员是这个社群的灵魂人物，而且在这个环形结构里面，群成员的专业不一样，每个群成员都有其他群成员需要学习的东西。总之，建立社群一定要用门槛来保证质量，让群成员由于“付出感”而格外珍惜这个社群。

（二）入群规则

入群规则就是群成员入群后需要遵守的一系列规则。

1. 群的系列化命名和视觉统一

社群关于命名和视觉统一有以下几种做法：

社群统一命名：社群名＋序号、群主名＋归属地＋序号。

群资料、群公告统一告知：社群管理者提前准备，告知相关事宜，如入群后报到、交流、设置聊天字体等。

成员统一命名：身份＋序号＋昵称、归属地＋类型＋序号。

2. 用好群公告，告知入群须知

一般群公告设置时可以明确“三个行为”：鼓励行为、不提倡行为、禁止行为。这是对社群质量的严格把关。

鼓励行为：如发表原创分享、入群的自我介绍、成长感悟等。

不提倡行为：如询问“小白”问题、发“心灵鸡汤”链接等。

禁止行为：如发广告、拉投票、言语不净、无休止争论、破坏群内和谐气氛等。

3. 自我介绍

一般来说，社交活动比较少或者偏内向的人不太会做自我介绍，会显得比较局促，还有的人不知从何说起，或者抓不到重点。这种时候，可以提供一个自我介绍的模板，让他们在此基础上进行发挥。

（三）交流规则

交流规则一般与社群自身的定位有关，最简单的办法就是社群管理者小范围尝试后，将出现的常见问题罗列出来，然后一一对应设置群规。例如，华中科技大学的“HUST大电信团结群”的交流规则如下：

[群定义]

华中科技大学无线电系、电子与信息工程系、通信工程系的学生建立微信交流、友情联络、信息互通的社群。首发群名为“HUST大电信团结群”，扩展群名后缀为“求实群”“严谨群”“进取群”，以此类推。

[群公约]

远离违法言行。

严惩人身攻击。

抵制传销集资。

拒绝商业广告。

不提倡“鸡汤”文。

克制拉票行为。

[群礼仪]

如群内出现多次、重复、持续、强烈的争吵、挑衅、侮辱等言语，各成员、群管理员应及时友好劝阻当事各方，以维护群内友好团结的基础环境。如劝阻无效，群内所有成员皆可用“投诉接力”的方式表达不满，形式如“投诉@马向东＋1”。当出现“投诉@马向东＋10”且当事方仍未停止时，群管理员应及时将其移出群冷静反省，当事人改正后重新入群（如原群已满不保证能回原群）。

（四）分享规则

社群的分享规则一般包括运营者主导制、嘉宾空降制、轮换分享制和经验总结制等。

1. 运营者主导制

很多社群，大家之所以愿意加入，就是冲着运营者的威望来的，是冲着运营者分享干货而来的。这种分享机制一般对运营者要求很高，需要运营者有极高的威望，还要有源源不断的分享主题和机动时间。

2. 嘉宾空降制

运营者邀请社群外的“大咖”或专家分享，每次分享人是不确定的。这种机制要求运营者要么有一定的人脉关系能请来各路嘉宾捧场，要么社群有足够的能量吸引嘉宾来做分享。

3. 轮换分享制

如果群成员本身质量很高，那么也可以由群成员轮换分享，这是最佳的状态。

4. 经验总结制

这种形式比较适合企业的内部社群。例如，太平人寿的“PP琪”社群的群规是群成员把自己一天的拜访经历逐字逐句地分享出来，而不是转发一大堆链接。群成员自己用心写的，别人才会愿意去看。一方面，群成员白天努力工作，晚上做总结，每天都有成长；另一方面，如果群成员今天没有出去拜访，就没有原创分享，这种形式又起到了督促的作用。

(五) 淘汰规则

淘汰规则常分为人员定额制、犯规剔除制、积分淘汰制、成果淘汰制四类。

1. 人员定额制

例如，秋叶PPT的69群，规定群成员不超过69人，如果群成员达到69人，进一个就必须先剔除一个，基本上是将长期潜水的或者长期没有参与原创内容输出的人剔除，这样的动态调整过程可以保证社群的不断成长。

2. 犯规剔除制

影响到社群正常秩序的行为必须及时制止。一旦有群成员发和社群无关的主题，特别是发垃圾广告，或者两个人在群空间里过度聊天，影响别人的阅读体验，就可能会被剔除。

3. 积分淘汰制

例如，某知名个人研究会，每周有小任务和作业，群成员根据成果质量的不同换取不同的积分，一个周期过后，剔除积分排在后面的几位，然后进行新一轮的招募。

4. 成果淘汰制

例如，冯新老师的C9社群，有一个有趣的逆向淘汰规则。所有加入社群学习的成员要交8 000元学费，如果群成员完成了学习任务，8 000元学费返还给群成员；如果群成员没有完成学习任务，学费就成为社群运营经费。

十一、开展活动

开展有主题、有话题的活动，促进大家消费。做好社群营销的一个重要体现就是创造了实实在在的消费，让自己社群内的客户真正买单，为商家创造利益。开展各类有话题度的活动也很重要。通过活动与社群成员做好互动，激发社群成员的参与感和体验感，让大家积极参与其中，积极体验商家的产品和服务，才会有接下来的消费行为。

社群的活动主要分为两种，一种是娱乐性的小活动，目的是让成员彼此熟悉，彼此有话聊，从而建立情感连接；另一种是干货分享，通过分享高质量的内容，让成员感觉到社群的价值，从而累积对社群品牌的信任。

（一）确定活动目的

一定要弄清楚为了什么做活动，是拉新人进群、提高活跃度、留存还是转化？只有明确活动目的才能有目标地进行策划，否则，就可能陷入为了做而做的状态，虽然看起来热闹，但实际没什么用。

（二）确定活动主题

确定好活动目的后，便开始确定活动主题。娱乐性活动可结合近期热点或临近节日来开展，比如“端午节晒晒各自的粽子”“猜猜各地的美食”，这些活动以休闲放松的小游戏为主。而干货分享类的活动，则需从成员的特点和需求着手，了解成员们目前想要什么，在烦恼什么，思考能通过什么活动为其提供所需的价值。

（三）设计活动策划方案

活动策划方案越详尽越好，最好是不管拿到方案的人是谁，有没有参加过前期的策划工作，都能有节奏地执行方案。

1. 重要的时间节点

明确活动的时间节点，并列出时间清单。如活动宣发、预热、正式开始的时间、主持人开场、嘉宾入场、嘉宾正式分享以及互动答疑的时间，活动结束时间，奖品发放的时间等相关节点。

2. 工作权责与任务分配

确定重要时间节点后，紧接着便是梳理出每一环节的工作内容是什么，负责人是谁，所需要的物料分别由谁来准备，由谁来执行。如果发生意外，备选项是什么，如何处理意外事故。

3. 做好心态管理

根据自己的优势和劣势，做好心态管理，同时多鼓励群成员，激发他们的潜能。不断学习，增加自己的创新能力。做好社群营销，需要有创新的想法，需要好的心态和情绪。

十二、引导消费

在社群营销管理方面，商家通过打造的群可以吸收很多“粉丝”，但对于“粉丝”而言，进群后也有退群的可能，因此必须重视。吸引“粉丝”入群的目的就是促进社群成员进行消费，因此商家必须做一些问题引导，让“粉丝”了解产品性能，并认同这一技术产品的价值，从而实现消费。

未来的社群营销不仅是一种营销理念，还应该融入商业模式中。在互联网经济社会里，它可能打破很多中国传统的思维方式和解决这些问题的方法，它是一个企业生存、发展、竞争必不可少的策略与战略。社群营销引领市场范围广泛，精细化运作一定大有作为。从认知到输出，到交互，到裂变，再到转化，这是社群营销精细化运营之道，也是从“流量”过渡到“留量”的必经过程。

瑞幸咖啡社群玩法和引流方法

瑞幸咖啡利用新人礼包引导用户首次消费，通过优惠券绑定用户促使社群留存，并且平台不间断发放折扣券促进用户持续领取，使其不断复购。发布消息以及活动主要通过三个渠道进行，分别是瑞幸咖啡 App、小程序和公众号。

一、老带新活动

通常的套路就是通过老用户邀请新用户的形式，邀请成功之后，双方即可享受相应的优惠。

1. 转化路径

(1) 推荐新人领福利。在小程序或瑞幸咖啡 App 中【我的】界面上方有一个“邀请好友喝咖啡立得 20 元”的横幅，点击进去可以看到分享任务，同样，在公众号里面，中间【最新福利】菜单栏也有一个子菜单栏是“邀请好友得 20 元”选项。

(2) 邀请奖励。只要邀请一位新用户完成首单，就视为邀请成功，即可获得 20 元的饮品抵用金。在活动规则里可以看到，每个推荐阶梯的奖励其实是一样的，没有任何递增或递减的奖励，福利是恒定不变的。有一点非常巧妙，就是当你在这个推荐页面想要返回的时候，会有是否要离开的弹窗提醒，并且重点强调了推荐的福利，增加了用户的记忆点。

(3) 抵用金。目前的抵用金的金额是比较高的，抵用金的金额比平常发放的高，对用户来说，还是愿意参与的。因为有较大的优惠券力度，用户往往会有动力去分享。不过相比之前老用户邀请新用户可以免费得一杯饮品的优惠，还是相差较多。

(4) 领取新人福利路径。除了老带新以外，新用户也可以直接注册领取平台给予的奖励，新人 100 元抵用金，该奖励在小程序、瑞幸咖啡 App、公众号文章中都可以领取，可以说用户涉及的渠道都能看到该奖励并领取。

(5) 实体店路径。在线上下单之后，去实体店拿取咖啡时，取餐区会展示带有扫码加入福利社群“立领 4.8 折券”的二维码餐牌，用户直接扫码之后，手机会跳转进群链接，用户可以直接领取优惠券福利。

2. 流程设计的亮点

(1)“邀请好友喝咖啡立得 20 元”这个横幅基本可以说是无处不在，在【首页】就有两个入口，在【我的】顶部又有一个入口；还有在公众号里面的菜单栏以及文章中都有很显眼的“福利”字眼，这其实可以说明瑞幸很注重老带新这个环节。另外，首次邀请一位新用户，可以获得 20 元的抵用券，这个抵用券是非常实惠的，基本上相当于 3 折多的券，很容易刺激用户去完成邀请分享，而且多邀请多给抵用券，进一步地激发用户的分享欲。

(2) 新用户注册可得 100 元的抵用金，对于新用户来说非常划算，看得出平台对于新用户的重视程度，并且将其嫁接到老用户推荐中去，双方都能获得抵用金，是一件双赢的事情，双方都很愿意去推荐和使用。

(3) 即使是新用户自行注册，也可以领到100元抵用金。瑞幸其实就是给新用户一个注册大礼包，在注册的时候给足优惠，给刚注册的用户营造福利满满的体验，用户有了这种“薅羊毛”的体验，后续复购也不是难事。

(4) 老带新的活动，双方都可以获得一杯免费的瑞幸咖啡，而新用户自行注册，也同样获得一杯免费咖啡，但是这种容易拉很多“薅羊毛”的非目标人群入群，可能领取完一杯饮品后便没有了后续。抵用金这种优惠方式，尽可能促使用户去使用抵用券消费，用户会更为精准，更容易完成复购行为。抵用券可以让用户产生抵用券不用就过期的心理，这种“不能浪费”的心理会让用户使用抵用券，实现复购，最终都是不断促进留存和复购的可能。

3. 待优化的点

邀请福利中的推荐阶梯奖励是有待优化的，一般来讲，一直恒定不变的福利很难促进用户进行推荐动作。建议抵用券金额采用递增的方式去设计，让推荐更有动力，如：从开始设置推荐1位获10元抵用金，然后逐次递增，并且在推荐阶段的设置上，把推荐人数设一个区间，这样的好处是用户更有动力去推荐更多的人进行注册领取。

二、社群福利活动

另一种引流方式是领取4.8折社群福利。

1. 转化路径

(1) 另一种在小程序或瑞幸咖啡App中【我的】的界面上方有个横幅，点击进去之后，会有专门的落地页福利显示；在公众号里面，也是在菜单栏的“最新福利”里面点击跳转。

(2) 点击进入下一页面之后，会指引你获取社群福利，只要两步，第一步是加个人号，添加个人号之后，瑞幸首席官会发送一个链接，先根据门店来识别你所在地区，再根据地区邀请你进该地区本地的瑞幸社群。

(3) 在进入“瑞幸福利社”社群之后，首次进群的用户享受4.8折饮品券，系统会自动在5分钟之后发布到账户上。

2. 流程设计的亮点

其实入群的显示在小程序和瑞幸咖啡App上是不明显的，但是通过强有力的文案引导“周周领大券包”，可以提高一定的诱惑力度，进一步筛选意向用户进群。值得注意的是，这部分福利也是被瑞幸做成了顶部横幅，显示出其对社群运营的重视。

从流程上来看，唯一的路径就是要让用户扫码添加福利官领取4.8折福利券，而且福利券也是自动发放的，基本没有额外的操作。这种单一的路径，可以让用户不经过多的思考和打扰，由简单和单一的路径完成入群。

社群福利方面，统一做成了长海报的形式，福利一目了然，每日的时间节点福利也标注得很清楚，提前告知用户在什么时间领取什么福利，让用户形成时间的记忆点，巧妙之处是这个时间表的设置可以培养用户习惯。

让用户提高对社群的重视程度。群里时不时会推荐瑞幸的各类饮品和小食，并且通过社群的限时优惠不断给予用户激励，营造出一种社群内可以享受到比社群外更优惠的待遇，这样可以让用户在社群里长期留存下去。

群里偶尔还会做一些活动，例如微博抽奖的活动，邀请用户进入社群薅羊毛的同时，还可以领取瑞幸的优惠券及获取各类优惠券发放的信息，这些社群里面的活动多种多样，用不同类型的福利活动刺激用户不断关注社群的活动。进入社群的用户生怕没有办法及时参与，怕会错过哪项福利，这样社群所发放的优惠券也有了长期的价值。

3. 社群里面的福利活动

(1) 早上是当日新品发布或最新优惠消息发布。

(2) 中午是抢 15 元现金抵用券的时间。

(3) 新品介绍。

(4) 下午大额立减券拼手气抽奖。

(5) 微博抽奖活动。

图 5-1 是瑞幸社群的一些福利活动截图。

4. 待优化的点

现在瑞幸已知的社群基数接近 1 万个，社群内采用的是机器人管理，通过自动回复、关键词回复、广告警告提示踢人、嫁接小程序等管理所有社群，即通过智能工具去实现自动化管理。因此社群用户的体验感是需要提升的，需要把人性化的机制融入进去。群主或其余管理员不定期或定期地在群内举办互动活动，如群内的直播秀、热点互动话题等，这样会更好地体现出该社群是有温度的。在群主的扶持下，把群内的用户盘活，是非常必要的，只有在一定的活跃程度上，用户才能对社群有归属感和认同感。

5. 可复用的点

老带新的活动，重点就是体现一个“互利”原则。如果想提高转介绍质量，必须把介绍人和被介绍人双方的关系绑定在一起，不只是福利绑定，还应挖掘双方更多的共同价值。其实对于用户来说这种方式会更具有诱惑力和分享欲。如果只是形成单一的福利享受，那么这种关系是没办法持续下去的。

福利发放速度体验好。进群之后立刻有话术提示，5 分钟后抵用券自动加入券库中，而且在群内参与的活动，领到的福利都可以及时去使用，无须等待，并且在这个流程中，用户领到优惠券后就有平台入口去用这张券，形成了一种“紧迫感”。

群内福利众多。进群第一感觉，就是群内的福利多，每个节点都有抢福利的活动，

图 5－1　瑞幸社群的一些福利活动（图片来源：瑞幸社群）

并且每项福利都是多样化的，并非单一的形式，这就让福利活动表现得更有“新鲜感”，每次领券都能有不一样的体验。

资料来源　https：//www.sohu.com/a/453656890＿120572960.

完美日记社群运营

一、造势：打造轻松的社群氛围

不同于卖货风格很强的社群（每天发广告，群内用户几乎无互动），完美日记的社群“小完子”研究所更像一个朋友群，大家会互相调侃，营造出一种轻松的氛围。完美日记是如何做到的呢？

经过观察，发现群里经常有几个固定的群友和“小完子”互动，并且这种互动一般发生在新人进群时。比如，当有新人进群，会有固定群友@“小完子”，让她发个大红包表示表示，“小完子”就会发一个“大红包子”出来进行互动，如图 5－2 所示。这样一来，既弱化了卖货氛围，又降低了用户的戒备心，有助于用户沉淀下来。

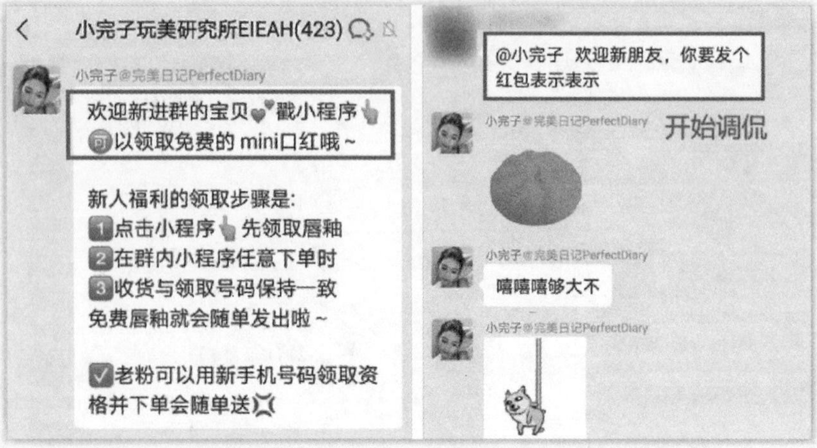

图 5-2 完美日记社群活动（图片来源：完美日记社群）

二、培育：有节奏地渗透用户心智

通过有节奏的群内推送，将用户从新手期带入成熟期，对于社群运营来说是非常重要的。于是，完美日记的社群形成了一种“小完子”负责强效输出，“固定群友”负责渗透用户，最终引导用户下单的节奏。那么，这些固定群友是从哪里来的？虽然群里每天主推的产品不同，但是它们的这种节奏是差不多的。

(1) 初步建立认知：用户“真实反馈”获得好感。群主“小完子”会在每天上午发布当天主推产品的优惠链接，这时往往会有群友紧随其后，反馈自己的“使用体验”。如图 5-3 所示，“小完子”发布的主推产品是清洁泥膜和冰川水乳。

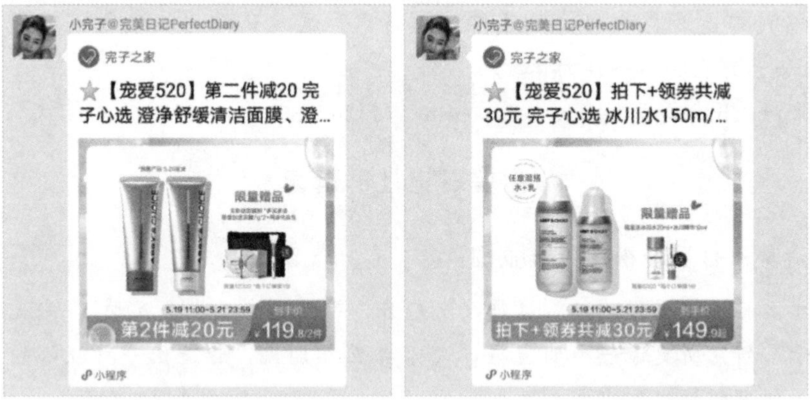

图 5-3 完美日记在社群发布产品链接（图片来源：完美日记社群）

紧接着就有用户在群里“真情实感”地评论：“我昨天收到填写问卷送的新泥膜了，试了一下有一股淡淡的茶香。虽然长得好像牙膏，但是上脸不拔干，感觉有白头冒出来，清洁力还是不错的！”

首先，上来就表明自己使用者的身份；其次，通过“有茶香味”“长得像牙膏”等接近普通用户的发言，增加可信度；最后，从用户视角为产品背书——“不拔干，清洁力很不错”。

这样一来，就为用户植入了产品确实好用的第一印象。首因效应告诉我们，第一印象虽然不一定总是正确的，但却是最鲜明、最牢固的。只要该产品给用户留下了不错的第一印象，用户购买的可能性也就随之上升。

（2）加深认知：问答形式引出其他卖点。在引导用户建立该产品“好用”的认知以后，“小完子”还会通过和“固定群友”们的互动，继续引出其他卖点。比如，当有人问“新泥膜是不是比旧款泥膜多了60克”时，“小完子”是这样回复的：“是的宝宝，新配方泥膜比旧款加量20%呢！功能升级，质地也升级！首发价119.8元还送面膜刷、便携泥膜和网袋，冲！”通过这种方式，既完成了群内互动，又引出了其他卖点“加量升级不加价”，同时避免了过度宣传引起用户的反感。此外，还有人问“小完子”：“以前的旧款绿泥膜是不是没有水杨酸、果酸和金缕梅这些祛痘成分？”“这个泥膜孕妇可以用吗？”……“小完子”对此都一一做了解答，并附带了购买链接。

可以看到，社群成员们问的这些问题，没有一个是“无效问题”，几乎是为了引出产品的其他卖点，如“技术升级且安全无负担”，进一步让用户形成该产品“物美价廉”的认知。

（3）日常科普：制造消费需求。在用户对产品有了一个综合认知以后，还需要为用户制造消费需求，让他们意识到购买该产品的必要性，从而产生强烈的购物欲望。于是每天下午，“小完子”都在群里进行护肤知识科普，这些科普往往和当天推荐的产品关系密切。社群内推荐的产品是泥膜，下午“小完子”就会在群里分享和面部清洁有关的小科普：“黑头是因为油脂的堆积物被空气氧化形成的，泥膜主要可以清洁皮肤的油脂和毛孔里的脏东西，让毛孔可以自由呼吸！毛孔清洁，才不会形成黑头粉刺。夏天坚持做泥膜清洁，就不会上妆卡粉。”

这些护肤小技巧不仅无形中为用户创造了消费需求，增加了用户的购买欲和下单率，而且能够树立专业形象，增强用户信任感。此外，这些小科普下的互动，也别有深意。例如，有的用户会立马问道：“我天天都有用洗面奶啊，这还不够清洁吗？为啥还要用泥膜？敷完泥膜还需要补水吗？”

这些“有效问题”又出现了，他们全都问在点子上了。一方面，“小完子”通过回答“为什么天天洗脸，还要做泥膜清洁”，进一步强化了使用泥膜的必要性；另一方面，“敷完面膜需要补水”这个概念，也成功关联上了当天的推荐产品——冰川水乳套装，如图5-4所示。

（4）帮助决策：“贴心”透露优惠。每天群内推送的最后一个环节中，“小完子”在总结一天的好物，为用户下单提供参考的同时，还会透露第二天的优惠政策，这样做的目的是让用户心里有数，同时也在用户心里埋下“钩子”。例如“小完子”在5月

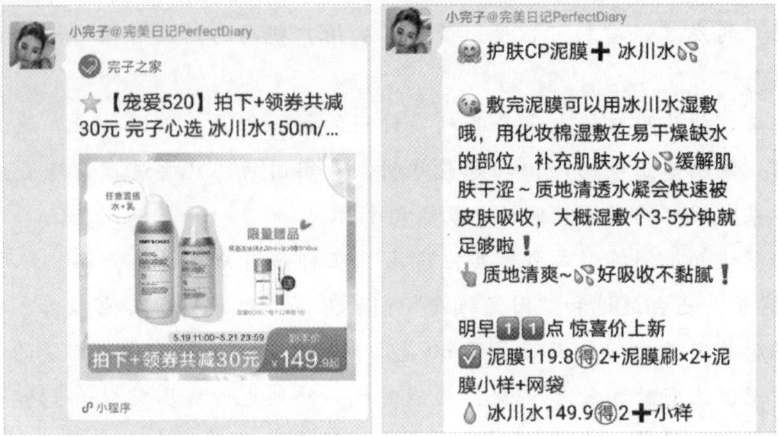

图 5-4 完美日记在社群发布产品信息（图片来源：完美日记社群）

20 日的前一天晚上预告第二天的优惠活动：单笔满 149 元送 15 ml 卸妆水＋卸妆巾 1 片，单笔满 209 元送卸妆膏和洗面奶小样，单笔满 279 元送手机支架、卸妆膏小样、洗面奶小样和 10 片棉柔巾，单笔满 399 元送丸子之家定制化妆箱、棉柔巾和 2 片肌底液面膜。

为了方便用户凑单，有的“热心群友”已经提前给大家安排得明明白白了！

“明天 399 元还可以凑满赠化妆箱耶！泥膜 119.8 元两支＋冰川水乳 149.9 元一套＋安瓶 129.9 元五盒等于 399.6 元！刚刚好！”

社群用户上来先说“明天 399 元还可以凑满赠化妆箱耶”强调活动最吸引人的一项——赠化妆箱，吸引用户注意力。其次，如何凑单最实惠，他们也帮用户计算得清楚明白了，这些产品不仅件件用得上，而且刚刚好价格在 399 元出头，一块不多一块不少。这样一来，就让用户瞬间产生“赚到了”的错觉，下单动力瞬间增加！

三、转化：降低用户下单门槛

无论是造势还是培育，最终的目的都是提高转化率，也就是让用户尽可能多地消费。

(1) 通过具象化，铺垫热卖氛围。社群管理员“小完子”特别擅长利用话术，让用户感受到产品的热销。对于预售产品，“小完子”会在群里这样说：“产品加购量已经超过库存 5 倍！务必抢先加购领券，今早 11 点抢！冲鸭！准备开抢了，××套盒的数量是最少哒！现在套盒的加购已经超库存 10 倍左右！”通过加购量和库存的数字对比，让用户立马就能感受到产品的热销程度，激发用户的“从众心理”。

此外，对于优惠活动结束的产品，还会有“群友”不停地向“小完子”咨询什么时候补货：“啊啊啊啊！这个真的巨好用，什么时候补货啊，我还想囤上几盒啊！什么时候补货??? 讲真，这个面膜一次囤六盒根本不够呀！”……通过这种方式，营造出一种该产品不仅热卖且复购率高的氛围，而且为下一次活动进行预热和铺垫。

(2) 反复强调价格，方便用户下单。对于产品的价格介绍，社群管理员“小完子”也有他独特的方式。首先，介绍活动折扣的时候，不是直接说单品原价打几折，而是采用价格阶梯的方式，不断地给用户惊喜，刺激用户下单：“完美日记探险家眼影盘，原价148元，现在第二件只需要1元!”“丸子之家倍护轻润防晒霜，拍1件减10元，拍2件减40元!”这样不仅能够最大限度表述出活动的优惠力度，还能够提升用户单笔客单价。

其次，引导用户下单的时候，“小完子”还会把每件产品到手多少钱，需要拍几件，一一罗列出来，让用户一目了然。最后，“小完子”还会反复强调如何买最划算：“4件最划算4件最划算!! 4件最划算4件最划算!! 后台宝贝们都4件起加购!!”“小完子”往往会在群里发好几遍这样的话，最大限度降低用户的下单门槛，提升成交率。

(3) 制造紧张感，诱导冲动消费。有了热卖的氛围和优惠的价格以后，“小完子”要做的就是诱导用户赶紧下单。首先，福利活动一开始，“小完子”就会在群里透露：“库存告急! 还没有加购的先加购下单，优惠券用不了可以过后退款，手慢无!”以此营造供不应求的紧张感。

在活动过程中，为了减少用户犹豫时间，刺激用户无脑下单，“小完子”还会实时更新哪些颜色或品类已经被抢空，顾客想要购买只能期待刷新或者捡漏。

值得注意的是，他的每一句话都伴随着醒目的红色感叹号，时时刺激着用户的肾上腺素。

最后，活动快要结束前，“小完子”还会进行倒计时，倒计时1小时，30分钟，10分钟……每个时间段，他都会强调还剩下×××有货，但是剩余库存不足×××，售空不补。这样一来，既能够引导用户直接下单有货产品，降低购买门槛，又能够增强紧张感，刺激用户冲动消费。

表5-1为完美日记社群运营不同阶段的动作以及目的。当然，完美日记能够获得如此巨大的成功，绝不仅仅因为社群这一环。它前瞻性的动作和早早入场的时机，很难被第二家公司全盘复制。但是，完美日记在社群营销上的投入和操作，还是值得我们学习的。毕竟，伴随着社群营销越来越热，下一个建立40亿元美妆帝国的“完美日记”会是谁？没有人可以预料……

表5-1　完美日记社群运营不同阶段的动作以及目的

阶段	动作	目的
造势	通过入群互动，打造轻松氛围	降低用户戒备心，有助于用户留存
培育	“使用者”进行“正向反馈”	给用户留下“好用”的第一印象
	和“固定群友”进行问答互动	软植入产品其他卖点
	日常科普	制造消费需求，提升用户信任感
	提前透露优惠福利	提升用户下单动力

（续表）

阶段	动作	目的
转化	铺垫热卖氛围	激发用户从众心理
	反复强调价格	降低下单门槛
	制造紧张感	诱导冲动消费

资料来源　https://zhuanlan.zhihu.com/p/384062621.

百果园的私域运营打法

一、领跑水果行业的百果园

商业是一个效率游戏，而水果生意在生产、仓储、物流上的天然限制，使其几乎成了一个地狱级赛道。业内有一句调侃的话“卖什么都不要卖水果”。从盒马鲜生、每日优鲜到数十家甚至没来得及打出品牌就已经倒闭掉的地区性生鲜连锁店，近几年国内生鲜行业的竞争可见一斑。

但我们来看百果园的一组数据：百果园现在是水果行业的NO.1，这个第一不是高出第二一点点，而是压制性的——百果园的营业额是第二到第十名的总和。百果园现在全国有4 800＋门店、线上＋线下7 000万会员，以1个线下门店2～3个微信群，平均单群300人左右估算。百果园在全国拥有将近500万私域社群用户，抖音“粉丝”近200万，微信公众号“粉丝”1 360万。

更加值得一提的是，在无数企业“倒下”的疫情风暴中，百果园却实现了逆势增长，靠着社群运营，其自营电商增长2.5倍，小程序订单增长5倍，线上成交额占总体成交额的25%。

2023年百果园集团在香港交易所挂牌上市，成为“中国水果连锁零售第一股”，由此登陆国际资本市场。

这一切都让我们非常好奇，百果园是怎么凭借私域流量和营销数字化，笑傲水果江湖的？

二、百果园如何靠社群营销在激烈的水果江湖竞争中突围

1. 社群搭建与引流获客

百果园社群体系搭建离不开公域流量的布局以及长远的私域运营规划，百果园拥有超过5 600多家线下实体店，门店覆盖全国22个省市140多个城市，为全球2亿人服务过，这是一个巨大的天然公域流量池。

百果园一开始的市场定位就是中高端的水果店，百果园的每一家门店基本上在40平方米左右，其主打的是中高端水果精品店。他们对自己目标人群定位是——受教育程度较高，易于接受新兴事物的年轻人群；工作、交际、生活忙碌，日常消费品的采购喜欢集中在节假日；注重生活质量。落实到自己的私域IP形象上，百果园选用小店

长的形象，创建多个企业微信个人号，承接微信和线下各触点导入的用户。

初期，百果园以门店为引流点，社群为私域运营阵地，覆盖周围3千米内的用户群体，通过门店店长、店员和老顾客关系网打破门店地理位置的限制，实现覆盖人群最大化。

2. 用户分层与成交复购

百果园公域流量不仅布局在微信生态（公众号、小程序）中，还布局在头条系（抖音）和阿里系中，百果园在全国拥有将近500万私域社群用户，要想“驾驭”如此庞大的社群私域流量，除了要制定一套行之有效的标准化运营SOP流程外，还要拥有一套能够帮助企业高效的程序化私域运营SAAS系统。

百果科技前首席营销官（CMO）沈欣曾聊到百果园对用户的精细化运营，“对所有顾客和会员做调查，发现70%的人关注点在价格上，那使其降价就可以了。如果做进一步细分，比如按客单价、按年龄、按性别这几个维度细分，我们可能会发现对于30岁以上、女性、客单价在30元以上的会员，这群会员的关注度实际上70%在服务，她们根本不太关注价格，所以当我们把数据做细分、精细化运营的时候，会发现很多数据分析和直觉不一样，和整体数据也不一样，这就是做精细化分析的基础。”

百果园用企业微信做一线赋能，5 600多个店长每个人都有企业微信，里面可以直接用这些数据辅助经营。店长可以看到哪些是我这家店的会员，哪些会员下个礼拜年度权益可能到期了，就可以从资料库找到一条信息模板发给这些人，告诉年度会员有什么样的好处和价值，去年帮你省了多少钱，会员看到消息之后可能更愿意进行续费。

“也可以通过企业微信私域管理的方式，看到哪些人买过A级某商品，但是没有买过更好的招牌级的某商品，这样可以发一张券促进其消费升级等。这些都是让一线经营人员可以直接用数据带来的营销成果，是一线营销人员的‘数据炮火支援’。”图5-5为百果园的营销CRM系统框架。

对于私域的留存，百果园门店每周二会针对社群用户做一个“果粉”日活动，用88折优惠回馈社群，来保持社群黏性。

为了增加社群的活跃度，群内会不定时做一些活动，玩法有成语接龙、摇骰子、晒单抢红包等，用户可以直接获得现金奖励或者优惠券奖励，可以直接用于线上、线下消费抵扣。

要想实现营销闭环，搭建一个良好的、可循环的私域流量体系，就要打通社群、小程序、门店三者之间的联系。图5-6为百果园小程序首页。

首先是社群流量导入，门店自带流量，会持续为社群注入流量，通过互动、内容、分发等方式实现用户留存及转化的目标，通过群内活动（果粉日、群接龙、有奖竞猜等），为线下门店导流。

例如群接龙这种玩法，就提前预订当天到店购买的客户数量。用户在群内获得的

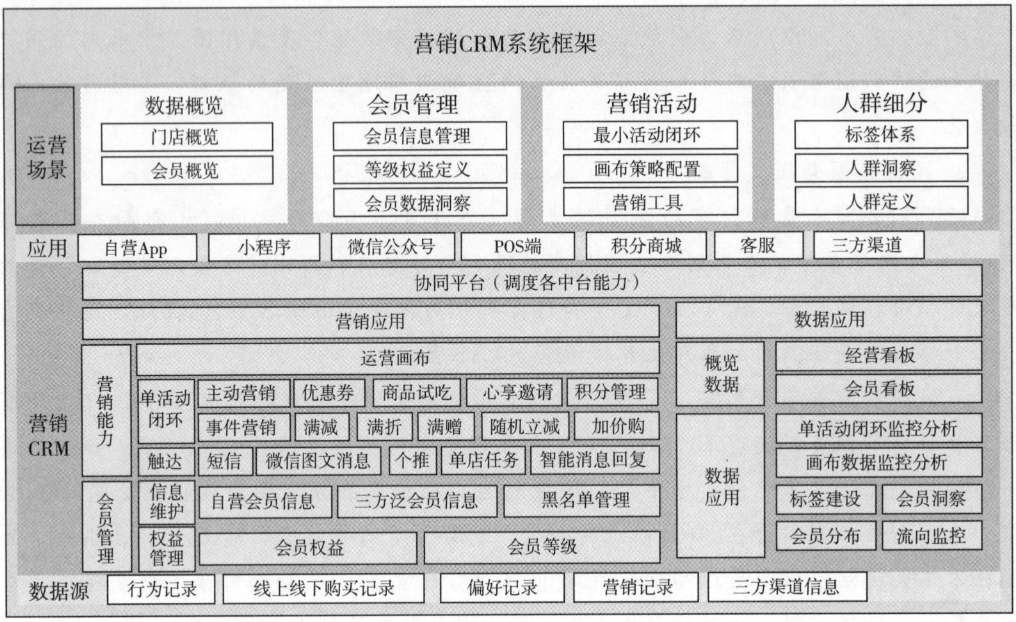

图 5－5　百果园的营销 CRM 系统框架

图 5－6　百果园小程序首页（图片来源：百果园小程序）

优惠券或实物奖励等，可以按照活动规则到门店领取，大部分用户会顺路买一些其他产品，此时社群充当的是门店的一个核心营销窗口的角色。图 5－7 为百果园某社群内的接龙活动。

同时，比起简单统一针对所有用户的新品优惠，这种通过接龙游戏来获得新品优惠的互动，可以带给用户更多的成就感，且在社群里可确保触达到所有在实体店附近的目标用户群。

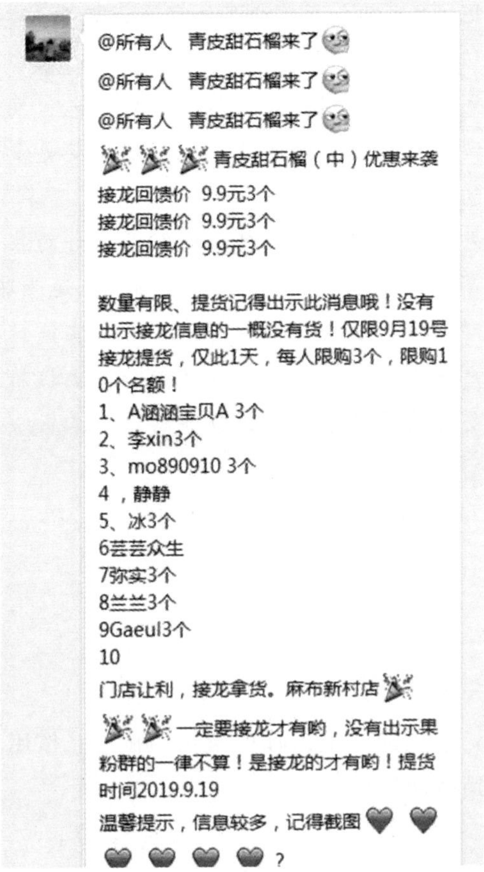

图 5－7　百果园某社群内的接龙活动（图片来源：百果园社群）

其次，小程序与门店是连接的关系，社群运营人员在群内发布拼团活动，基于门店地理位置，利用小程序中的拼团功能，充分发挥群内熟人社交圈，实现高转化率，而拼团商品自提又再一次给门店带来精准的客户，实现二次销售。

最后，客户通过小程序完成线上购物，门店直接履约送到用户家中，这样成功打通了社群运营的营销闭环，并使线上、线下相互赋能。

3. 裂变增长

社群里做裂变增长是很适合像百果园这样的线下零售品牌的。百果园经常做社群生态内的裂变活动，比如“朋友圈分享获取优惠券”“百果园一块钱吃水果”等活动。

拿“百果园一块钱吃水果”这个活动来说，百果园从一开始就确定好了整个裂变的诱饵和裂变的路径。

第一步，明确地告诉客户：只需要一块钱，你就可以任选一款单品（售价 10～20 元），迅速完成首单。

第二步，在客户支付的时候，会提示到店自提或满 49 元免运费，未满 49 元送货上门需要 6 元运费，让客户为了凑包邮继续去购买商品。

第三步，引导用户把“1元购”福利分享给好友，好友下单后，已支付的金额会原路返现。

许多商家采用的方式是用户支付完毕，给用户发红包、发优惠券使其复购；从用户生命周期去看，不如这种直接做裂变的方式，可以裂变更多的用户去参与活动，活动的效果会比直接发红包理想。

可以看到，目前百果园私域流量的构建，已沉淀出好的基础和有效的经验。快速投入向其他生态扎进，百果园也已有能力接得住任何一个运营环节的流通和协同。

以上就是百果园社群私域打法分析，社群的本质其实是对用户做精细化管理，并提供极致的服务，使用户产生黏度，最终达成复购和再次拉新裂变，从而提高用户的生命周期价值。企业需要把流量思维转化为服务思维，真正给用户提供有价值的内容和服务。

资料来源　https：//zhuanlan. zhihu. com/p/422674207.

实训项目

【教学目标】

通过本章实训内容，学生能够掌握社群营销的概念、作用和优点，了解社群营销的流程并能策划社群营销活动。

【技能要求】

（1）明确社群的定位。

（2）创建社群的名称、口号、logo 等信息。

（3）制定社群的人员结构、规则等。

（4）制订社群的发展计划。

（5）编写一篇社群营销文案、制订社群营销方案。

【实训内容】

近年来，越来越多的人喜欢外出旅游，假设你是某旅行社的营销人员，现在需要创建一个旅行分享的社群，开展社群营销。

（1）建立社群前，需要对社群进行定位，明确社群需要吸引的消费者群体。

（2）根据目标用户设置群的名称、口号和社群 logo。

（3）明确社群的结构规划，分别制定社群的命名规则、任务规则、言行规则和惩罚规则。

（4）制订社群发展计划。

（5）根据目标客户需求，编写一篇优质的营销文案。

思考与练习

(1) 你身边有哪些优秀的社群营销案例？请举例说明。

(2) 如何打造社群品牌？

(3) 简述构成社群的基本要素及社群的营销价值。

(4) 提高社群活跃度的方法有哪些？

(5) 社群福利主要有哪些种类？

第6章 直播营销

本章教学目标

知识目标：了解直播平台的类型及直播营销的优势；了解直播营销的主要类型和直播营销运作方式；熟悉直播营销的策略；掌握直播商品的选择与规划方式；掌握直播脚本的撰写方法；掌握直播活动引流的方式。

能力目标：能够完成新媒体营销直播类活动的定位与策划；能够完成直播活动整场脚本以及单品脚本的撰写；能够根据直播活动的情况选择不同的方式进行引流推广；能够组建一支优秀的直播运营团队；能够根据企业营销目的，实施具体的直播营销活动。

素养目标：增强遵纪守法、规范经营的法治意识；引导学生学以致用、关注民生，践行电商兴农、科技助农，助力乡村振兴，厚植家国情怀；引导学生在直播中弘扬社会主义核心价值观，信守公序良俗，坚守道德底线；树立“正能量、守底线、有德行、守法纪”的新媒体职业价值观。

案例导入

春晚 GO 青春

作为一年一次的国家级文艺晚会，央视春晚已陪伴国人走过 38 个年头。每年大年三十，一边包饺子、准备年夜饭，一边看春晚已成为很多人不可或缺的“仪式感”。随着当代生活的瞬息万变，春晚也在飞快地推陈出新。

2021 年央视推出了一档创新性春晚预热直播节目——“春晚 GO 青春”。在春晚现场，多位央视主持人一起给观众带来春晚开始前最新鲜的台前幕后资讯，参与春晚的嘉宾们也在直播间提前亮相。直播期间，主持人与众嘉宾甄选、分享各地年货、公益好物，直播间还有众多福利，全国观众可以一边了解春晚最新准备情况，一边下单购物。

每年春晚是对过去一整年的总结与回应。2020 年既是“抗疫之年”，也是脱贫攻坚决胜年，作为新时代的产物，新媒体直播营销在 2020 年的疫情防控、复工复产、脱贫攻坚等重大历史事件中发挥了关键的作用。

2020年，新媒体直播营销活动中的主播们扮演了优质商品与广大消费者之间、农村与城市之间桥梁搭建者的角色，一边积极和消费者互动，理解消费者需要，一边不断更新知识储备，扎扎实实地了解产品，保证严苛的品控和完善的售后服务。很多主播热衷于社会公益，通过新媒体直播营销让偏远乡村的农产品有了一个真正走出大山、进入互联网的机会。

对直播电商行业来说，央视这场活动面向14亿多人民，可能也是其真正意义上的首次“全民直播”，是为行业正名的一次大好机会。众所周知，2020年新媒体直播营销在各大平台，在明星、商家、企业家等各方推动下发展迅猛，全平台成交总额（GMV）在万亿元左右，业内预计，2021年有望超过1.8万亿元。但与高歌猛进的发展势头形成鲜明对比的是行业声誉的下滑。2020年上半年因为支持消费复苏，提升购物体验，其调性还多是正面的；到了下半年多个头部主播翻车，糖水燕窝、假羊毛衫等层出不穷的直播消费“欺诈”让很多人对直播营销的好感度降低，业内的各种直播骗局也让商家望而却步。

新媒体直播营销发展过快过热的种种乱象，最终引来有关部委发文，要求加强管理，出台新规。整顿之后，直播营销去其低俗、落后、糟粕，取其积极、正能量、精华。春晚预热直播面向14亿多观众，是让大众重新对新媒体直播营销树立信心，为行业正名的好机会；在这个重要的场合，春晚以公益好物为主题，创新预热节目形式，也为新媒体直播营销提供了范本。此外，新媒体直播营销在提振消费、电商扶贫方面都有十分积极的作用。在内外双循环的大背景下这个行业的发展需要新的正能量故事。

思考题：

2021年，央视春晚为什么要改变之前延续的预热节目“一年又一年”，转而采用直播的呈现形式？

资料来源　https：//baijiahao.baidu.com/s？id=1691370652062526534.

6.1　直播营销概述

6.1.1　直播营销的概念

随着移动互联网的发展和智能设备的普及，人们将目光越来越多地集中到直播上面。明星、红人、潮人的加入让直播的形式丰富多彩起来，而企业的青睐更让直播成为名副其实的营销利器。2016年作为直播元年，媒介也开始步入“直播”时代，越来越多的企业希望借助直播进行立体化的营销。

直播是指在事件发生过程中，同时进行录制和发布，这是一种具有双向流通过程的网络发布形式。很显然，这与传统的文字、图片、语音等形式不同，因为直播无法修饰、无法伪造，其体验更加立体和真实。

“网络直播”或“互联网直播”是指用户在手机上安装直播软件后，利用手机摄像头对发布会、采访、旅行等进行实时呈现，其他用户在相应的直播平台可以直接观看与互动。

广义的直播营销，指企业以直播平台为载体进行营销活动，以达到品牌提升或销量增长的目的。2016 年起，互联网直播进入爆发期，直播平台超过 300 家，用户数超 2 亿。现阶段谈到的“直播营销”“移动直播营销”等，在大多数情况下默认为基于互联网的直播。

与传统媒体平台（电视、广播）的直播营销相比，互联网直播营销有以下两个显著的优势。

第一，参与门槛大大降低。网络直播不再受制于固定的电视台或广播电台，无论企业是否接受过专业的训练，都可以在直播平台创建账号，开始直播。

第二，直播内容多样化。除传统媒体平台的晚会、访谈等直播形式外，用户利用互联网可以进行户外旅行直播、网络游戏直播、发布会直播等。

基于互联网的直播营销，通常包括场景、人物、产品、创意四大要素。第一是场景，企业需要用直播搭建销售场景，让用户仿佛置身其中；第二是人物，主播或嘉宾是直播的主角，他的定位需要与目标用户相匹配，并友好地引导用户互动、转发或购买；第三是产品，企业产品需要巧妙地植入主持人台词、道具、互动等，从而达到将企业营销软性植入直播中的目的；第四是创意，用户对于常规的“歌舞晚会”“朗诵直播”等已经产生审美疲劳，新鲜的户外直播、互动提问、明星访谈等形式，都可以为直播营销加分。

6.1.2 直播营销的主要特点

直播营销之所以受到越来越多企业的青睐主要是因为其具备三大特点。

直播的第一个特点是“即时事件”。由于直播完全与事件的发生、发展进程同步，因此可以第一时间反映现场状态。无论是晚会节目的最新投票、体育比赛的最新比分还是新闻资讯的最新进展，直播都可以即时呈现。

直播的第二个特点是“常用媒介”。用户收听或观看直播通常无须专门购买昂贵的设备，使用手机、电视机、计算机、收音机等常用设备即可了解事件的最新进展。也正是由于这一特点，用户之间的相互推荐变得更加方便，从而更有利于直播的传播。

直播的第三个特点是“直达用户”。与录播节目相比，直播节目不会做过多的剪辑与后期加工，所有现场情况直接传达给用户。因此，直播节目的制作方或主办方需要花费更多的精力去策划直播流程并筹备直播设施，否则一旦直播出现失误，将直接呈现在用户面前，从而影响制作方或主办方的品牌形象。

6.1.3　直播平台的分类

根据平台主要内容，可将直播平台分为综合类、游戏类、秀场类、商务类、教育类等（表6-1）。需要强调的是，此分类仅表示各个平台的主要内容，实际上绝大多数直播平台并非单一属性，会出现“既有游戏直播，又有教育直播，还有秀场直播”的多维度定位。

表6-1　直播平台的分类

综合类	游戏类	秀场类	商务类	教育类
一直播	战旗直播	六间房	脉脉直播	网易云课堂
映客直播	斗鱼直播	YY直播	微吼直播	沪江CCtalk
花椒直播	虎牙直播	新浪秀场	京东直播	千聊
QQ空间	龙珠直播	腾讯视频	天猫直播	荔枝微课

一、综合类直播平台

综合类直播平台通常包含较多的直播类目，用户进入直播平台后的可选择余地较大，包括游戏直播、户外直播、校园直播、秀场直播等。

目前属于综合类的直播平台有一直播、映客直播、花椒直播、QQ空间等。一直播是属于一下科技旗下的一款娱乐直播互动App，而一下科技已经与新浪微博达成战略合作伙伴关系，因此一直播相当于新浪微博的直播平台，新浪微博用户可以通过一直播在新浪微博平台直接发起直播，也可以通过新浪微博直接实现观看、互动。一直播之所以包含丰富的直播类目，也是基于新浪微博用户本身的多样化属性。

二、游戏类直播平台

游戏类直播平台主要是针对游戏的实时直播平台。游戏爱好者通常会较为规律地登录游戏直播平台，甚至追随某位游戏主播。

三、秀场类直播平台

秀场直播从2005年开始兴起，是直播行业起步较早的模式之一。秀场直播是主播展示自我才艺的最佳形式，用户在秀场直播平台浏览不同的直播间，类似于走入不同的演唱会或才艺表演现场。

目前属于秀场类的直播平台有六间房、YY直播、新浪秀场、腾讯视频等。其中较典型的是六间房。作为较早进入中国直播领域的企业，六房间曾一度引领互联网视频娱乐消费新方式。六房间早期以视频为主，随后转型为秀场直播，用户在该平台可观看歌曲、舞蹈、相声、朗诵、戏曲等不同形式的表演内容。

四、商务类直播平台

与游戏类、秀场类等直播平台不同，商务类直播平台具有更多的商业属性，因此在商务类直播平台进行直播的企业，通常带有一定的营销目的。企业可以利用商务类直播平台，尝试以更低的成本吸引用户，并产生交易。

商务类直播平台又可以分为两大类，即常规商务直播平台和电子商务直播平台。其中，脉脉直播、微吼直播等直播平台属于常规商务直播平台，而京东直播、天猫直播等直播平台属于电子商务直播平台。

脉脉直播是较为典型的常规商务直播平台。脉脉直播专门针对职场人士和公司职员，主要目的是让用户了解到不同职业和行业从业者的想法，分享职场经验，给职场人提供一个可以交流的商务平台。

京东直播是较为典型的电子商务直播平台。作为京东旗下的直播平台，京东直播运营紧扣京东商城的整体活动策划，曾举办过人气较高的“京东吃货嘉年华”“锤子2016新品发布会”等品牌专场直播。

五、教育类直播平台

传统的在线教育平台，内容以视频、语音、PPT等形式为主，虽然呈现形式足够丰富，但互动性不强，主播无法做到实时答疑与讲解。因此，教育类直播平台应运而生，其中网易云课堂、沪江CCtalk等平台直接都是在原有在线教育平台的基础上增加了直播功能，而千聊、荔枝微课等平台则属于独立开发的教育直播平台。

网易云课堂是较为典型的教育类直播平台。网易云课堂的直播课程目前属于邀请制，以确保直播课程的质量。2016年6月7日，在线教育领域的“知识型网红”秋叶大叔进行了“你的工作经验为什么不值钱”的直播，有上万人观看，赢得了全场好评。

6.1.4 直播营销的六大优势

在传统的营销活动中，商家主要通过户外广告、电视广告、线下活动、推销员上门等方式进行传播。直播营销出现之后，凭借直观、实时性强等特点迅速走红。作为一种崭新的营销方式，直播营销具有许多独特的优势。商家可以用更低的营销成本获得更快捷的营销覆盖，并且可以在第一时间收到客户的反馈，极大地提升营销效果。

一、现场直播具有更强的说服力

以前消费者在电商网站搜索产品，总是会或多或少地感到一种隔阂，他们虽然能够看到产品的尺寸、材质、颜色等相关信息，但是这些信息仍然不足以全面反映出产品的各项细节，容易出现失真效应。只有等到快递送到以后，消费者才能知道产品是否适合自己。如果对产品不满意，就只能选择退货了。

相比之下，直播营销对产品的展现更加全面，主播在试吃、试玩、试用的过程中，把产品的各项细节一一呈现在观众面前，因此具有更强的说服力。例如，一些专门从事海外代购的人，为了打消客户的疑虑，选择在海外的商场购物时进行现场直播，将整个购物过程都展现在客户面前，以表明自己童叟无欺。

如果主播是资深从业者，就可以凭借专业性强的特点，迅速建立营销优势，在消费者群体中传播自己的影响力。

和传统的电商营销模式相比，直播营销更容易打动消费者，让他们下单购买，而且退货的可能性也更低。因此可以说直播营销具有更强的说服力。直播与电商的深度结合，为产品营销开辟出了一条新的道路，不用再像以前一样铺设繁重的销售渠道，使电子商务迎来了新的发展契机。

二、用更低的成本实现营销覆盖

传统广告的营销成本高昂，无论是硕大的楼宇广告，还是精美的电视广告，都需要花费很大一笔资金，这对中小型商家和希望从事带货行业的自媒体主播很不友好。而直播营销为他们提供了一个全新的平台。直播营销对场地、物料等需求较少，是目前成本较低的营销形式之一。

例如，2016 年 5 月 25 日，小米公司也赶上了直播的热潮，董事长雷军亲自在办公室里做起了直播。他没有租借商务酒店、布置大型会场、邀请众多新闻媒体等，只是使用了几部手机，就完成了一场线上直播，吸引了很多数码爱好者的关注。

综合来看，目前直播营销的竞争相对较小，门槛非常低。作为一个初入行的新人，你只需要一部手机，就可以开启直播生涯。从平台端来看，直播营销的浮现权和排名也比较公平，营造出适合直播行业快速发展的环境。不过，这并不意味着直播不需要成本。事实上，随着直播人数的增加，竞争日趋激烈，直播的成本也会逐渐提高。例如配备更好的直播设备，设置更多的折扣和优惠，在多个平台进行宣传，寻找更热门的网红主播等，都会导致成本增多。

三、实时互动，及时了解客户的需求

在以往的营销模式下，厂商和用户之间的距离很远，中间隔着经销商和销售等多个环节，往往需要经过很长时间才能收集到用户的反馈，这显然是不利于经营的。

实时互动是直播营销的一个特点。通过浏览观众在直播过程中发送的留言和弹幕，厂商可以准确地捕捉到观众的心理变化，因此和传统营销模式相比，直播具有明显优势。

四、传播及营销更快捷

在电商营销中，留悬念、曝卖点是非常重要的，尤其是在互联网企业里。一个恰到好处的爆点可以帮助商家迅速登上头条，成为所有人关注的焦点，这离不开便捷高效的网络及受众广泛的应用软件。直播技术的成熟，以及众多直播平台的涌现，为营销提供了新的可能。

现在很多厂商在发布新品的时候，都会精心准备一场发布会，前期努力宣传造势，给大家制造悬念，让观众产生期待感。发布会开始之前，观众的情绪已经被充分调动

起来，此时发布会上的任何一条信息，都会获得极高的传播度。

直播也是一样，虽然电商直播不是新品发布会，主播们带的货也大都是人们已经知道的产品，但是在直播开启之前，主播们还是会预先发布信息，充分造势，博得关注和热度。例如，罗永浩在加入抖音直播之前，就在网上发布了相关信息，引起了很多人的讨论，再加上抖音官方的支持，他首次直播就获得了极高的热度。

另外，直播是以视频的形式呈现出来的，轻松有趣的表现形式，非常适合进行改编和加工，形成二次传播。

可以预见的是，随着通信技术的进步，直播的受众群体将会越来越广。直播带货如今已经成为大势所趋，电商的发展也将会迎来第二春。

五、增强用户的参与感

直播营销贴近用户习惯，是一个新的热门产业，已经成为很多人的共识。

在观看直播的过程中，主播会使用各种方式，让消费者能够充分享受参与其中的乐趣，例如做出标志性的动作、讲幽默笑话、发放优惠券等。这只是直播行业的一个缩影，它反映出直播在很大程度上满足了用户边看边买的需求，将娱乐、社交及电商结合在了一起，让用户有了更多的乐趣和参与感。

一些商家还会向用户直播展示产品制造和销售的过程，以此强化用户对企业文化的感知能力，这样用户对品牌的理念和生产细节会更为了解，与企业的距离也更近了。

六、降低消费者的决策成本

当消费者在网上购物时，他们往往会在搜索框中直接输入产品的关键词然后浏览筛选出来的结果，并一一进行挑选。例如，在淘宝网上搜索“茶杯”会得到无数个结果。消费者是不可能将这么多产品都浏览一遍的。同类产品的功能特性相差不大，图文描述又十分相似，这让很多人出现了选择困难症。

相比之下，直播营销在很大程度上避免了选择困难症的出现，主播会在很短的时间内，用最朴实的话语，把产品的特征、用途、使用场景、适合人群等全部介绍清楚。客户不需要再反复对比，只需要选择 yes 或者 no，因此提高了成交的效率。

6.2 直播营销的主要类型

6.2.1 私域流量营销

所谓私域流量，就是私人拥有的可以随时反复免费利用的流量，通常指沉淀在公众号微信群、个人微信号、B 站等自媒体的好友或“粉丝”等用户，包括商家的直播间都属于私域流量渠道。运营私域流量的主要目的是帮助主播或者商家维护与用户的关系，增加与“粉丝”的亲密度。私域流量具有营销成本低、增强主播与观众之间的联系、维护并留存用户的优势。目前营销过程中，流量投放费用占比能够达到销售额的10%甚至是20%，因而私域流量营销能够大幅度降低流量投放成本，同时培养忠实的用户，收割“粉丝”经济带来的红利。

6.2.2　“网红”营销

现如今，电商直播市场中呈现经典的“二八分布”，即头部主播拥有平台上绝大部分的资源和收益。头部主播发展呈明显的明星化、网红化趋势，头部主播的“粉丝”会像明星“粉丝”一样，将观看直播变成追星行为，而购物行为则演变成为主播的打榜支持行为。根据淘宝直播数据服务平台“销售盒子助手”公布的淘宝直播带货日榜，在2020年10月20日当天排在榜单前两名的著名头部主播的销售额分别达到了35.21亿元和32.04亿元。尤其是网络红人、直播达人等意见领袖的商品测评与推荐，其专业程度更容易赢得消费者的信任，在直播中处于中心领导位置，且受到大批“粉丝”追捧的主播所引发的网红效应越发明显，其影响力与号召力显著提升。通过网络红人或直播达人带动“粉丝”经济，大大提高了电商直播营销的效率。

6.2.3　低价营销

价格优势一直是电商直播的一大优势，也是吸引消费者购买的主要原因。主播或运营团队与商家进行合作，在直播过程中通过打折或有买即赠等方式，降低商品单价，特别是在购物促销节假日时，电商直播的热度将达到高峰，增加用户对电商直播的关注度，通过这样的价格促销方式来提升成交率。低价营销正是利用了人们损失厌恶的心理，在面对商品打折时，主播会不断强调原价与折后价之间的价格差，这样的价格差会影响人们对事物的感知与判断，不买似乎意味着损失，这样的心理会促使观众不断购买。这样的价格刺激，使消费者在心理上有一种满足感和愉悦感。

6.2.4　直播类互动营销

电商直播不仅是一种销售模式，而且是一个巨大的、开放的社交空间。直播中，主播可以与观众进行深度互动，建立主播与用户之间的情感联系。由于用户的评论能够实时滚动出现在屏幕中，其他观众都可以看到，用户的参与能够营造热闹的气氛，带动更多观众参与，有效刺激用户的购买欲望，使消费者在购物时产生积极的情感影响。这一点在相关研究中也得到了印证，高度的互动性通过激励消费者正向的情感态度，从而对购买意愿具有显著性影响。

6.2.5　活动营销

在直播开始之前，商家会发起预热宣传活动，积攒人气，如在社交媒体上发布直播信息，并通过“转、赞、评”的方式进行随机抽奖，从而达到扩散传播的目的。在直播过程中，可以通过举行公益活动的形式，从通过网络直播筹募资金到具体的资金下发，或是主播深入贫困山区传递爱心等，使得用户对于平台的信赖度和好感度更高，从而建立了良好的商家形象。

6.3 直播营销的运作方式

直播营销彻底改变了信息的传递效率。在“无直播不活动”的今天，出现了“直播＋”的行业形态，涉及的领域十分广泛。概括来说，企业在“直播＋”的营销过程中主要有以下几种运作方式。

6.3.1 直播＋内容营销

这种方式以品牌推广和产品宣传为目的，在直播中亲身试用产品或参与体验，因此可分为产品体验、新品发布及户外旅游三大类别。

直播新品发布向来不新鲜，无论是乔布斯时代的苹果产品发布，还是罗永浩的锤子手机发布，都让众多“粉丝”守候在屏幕前。直播平台上的发布则大不相同，地点不再局限于会场，互动方式也更多样和有趣。2016 年 5 月 25 日，小米抛弃了“御用”的发布会场地——国家会议中心和新云南皇冠假日酒店，在五彩城的某间小米办公室里史无前例地举办了一场纯在线直播的新品发布会，据粗略估算，这次发布会上的在线人数有上千万人。除发布小米无人机之外，雷军在两个多小时的直播时间内还透露了小米手环 2 的上线时间，并回答了“粉丝”们的多个提问。2018 年 5 月 31 日，恰逢小米公司成立 8 周年之际，小米在深圳开新品发布会，用户不仅可以到现场观看直播，也可以在小米官方的 9 个直播平台观看网络直播，同时还有惊人的 72 家网络直播合作平台。这场发布会上，雷军接连发布了 7 款产品，在小米历史上也创下了新的纪录。

小米的发布会让我们看到，直播将这种同现有客户和潜在客户交流而不谈销售的内容营销实现手段和效果的最大化。“直播＋内容营销”方式不仅能向更多的用户传递有价值的信息，还可以节省开支，增加用户参与度和“粉丝”黏性，获得更高的曝光度，这势必提升用户对企业品牌的忠诚度，进而提高产品销量。

直播＋内容营销的案例中，最经典的应该是为了宣传投入了 400 亿元成本的“万达南昌文化旅游城”。熊猫 TV 直播团队携手《鲁豫有约》，展现“亚洲首富王健林的一天”。虽然在直播过程中设备出现了一些问题，但是高峰期也吸引了近 30 万人同时在线收看。

6.3.2 直播＋互动营销

直播不仅可以带给用户更直接、更接近的使用体验，而且可以做到零距离互动。

“直播＋互动营销”指直播中用户在参与互动的环节中加入营销，观众的主动参与起到信息的双向交流传播作用，使用户对企业品牌和产品信息形成深刻印象。

这种方式的展现形式丰富多彩，例如，熊猫直播平台开发出赞助抽奖、冠名口令红包互动投票及魔力贴等多种广告信息交互展现形式，在直播的某款综艺节目中，观众在规定的时间内输入总赞助商携程旅行的 slogan“订酒店上携程”，便可领取口令红包。也有企业尝试线上与线下配合，招募“粉丝”亲身参与直播，在满足大众猎奇心理的同时，加深用户对企业的认识。

“直播＋互动营销”方式可以借助互动环节刺激用户积极参与，从而吸引用户的注意力，使企业品牌或产品信息真正有效地触及用户。未来，随着技术与内容的创新，会出现更多更新鲜的展现形式与互动活动。

6.3.3 直播＋电商

“直播＋电商”方式是营销活动最为明显的一种直播营销形式，最好的例子就是淘宝最新版本的淘宝页面特别设置了“视频直播”栏目。普普通通的淘宝主可以在淘宝上进行视频直播，对消费者展示自家商品的过人之处，抓住消费者的眼球，让消费者能够进入这个直播间。消费者进入直播间之后，可以发现直播视频下方附带主播正在直播的商品，点击“加入购物车”即可立即购买感兴趣的商品。同时，在直播营销过程中，主播会让消费者把直播的页面分享给朋友从而给消费者一些更多的优惠。这样一传十、十传百自然带入许多消费者，增加流量的同时也大大提高了商品能够销售出去的可能性。它以直播为媒介，对品牌或产品进行全方位的介绍或试用，最终实现产品的销售增长。由于电商平台具有较高的用户集中度和购买目的性，所以这种营销方式多以电商平台为主。这种营销方式能让用户对于所售卖的产品有更加直观、全方位的了解，提升用户的购物体验，便于用户边看边买。这种方式的直播活动能带来极高的转化率，尤其是由明星和意见领袖作为主播带来的消费引导，更能达到显著的营销效果。

6.3.4 直播＋明星（网红）

在第 69 届戛纳国际电影节中，欧莱雅的“零时差追戛纳”系列直播间记录下了包括巩俐、李宇春、井柏然等知名艺人在戛纳现场的台前幕后，创下 311 万总观看人数、1.639 亿总点赞数、72 万总评论数的各项数据纪录。艺人们在专访中对欧莱雅产品的推荐，带来的直接市场效应就是直播 4 小时之后，被称为“李宇春同款”的 701 冰晶粉色唇膏在欧莱雅天猫旗舰店售罄。此外，还有吴尊推荐的惠氏启赋奶粉，1 小时直播达成 120 万元的交易，柳岩与聚划算合作，打包推荐面膜、吊坠等七种女性必需品导致相关产品销量大涨等。

6.3.5 直播＋日常

日常包括主播分享自己日常工作和日常生活两种情况。例如，企业将明星拍摄宣传广告的日常工作进行直播，将会吸引大量“粉丝”关注，获得较大的流量。比如欧阳娜娜自从去了伯克利读书后，把自己的生活拍成 vlog 放在网上。看了 vlog 后，“粉丝”被欧阳娜娜的穿搭、护肤等所吸引。除了丰富多彩的日常生活外，欧阳娜娜的私服、美妆也受到了极大的关注，她所推荐的衣服、鞋子、美妆产品经常销售一空。

6.3.6 直播＋广告植入

直播中的广告植入既摆脱了插入广告的生硬感，又能获得“粉丝”好感。在直播场景下，通过原生内容插入的形式，自然而然地进行产品或品牌的推荐。例如很多主播通过直播与“粉丝”分享化妆秘诀，植入各种护肤商品的宣传广告并导入购买链接，获得购买转化。为了配合联想美国 Tech World 科技大会，推介联想一系列新产品，展示联想的非凡创新，联想 CEO 杨元庆在映客直播进行了 5 小时的跨国直播。在这场直播过程中，进行了抽奖、展示等一系列的互动活动，吸引了超过 200 万人在线收看，“最潮杨元庆，我美我联想”的话题刷爆微信平台。同时，“直播＋广告营销”成功地以新的形式，为联想新产品做广告，新颖的方式赢得了“粉丝”的口碑。

6.3.7 直播＋发布会

2016 年 4 月 14 日，美宝莲纽约举行新款唇露发布会。美宝莲邀请大牌明星 Angelababy 为品牌站台，并且在淘宝上进行发布会全程直播。与此同时，美宝莲还邀请了 50 位网红开启化妆间直播，让用户直击化妆师为模特化妆的全过程。当天，美宝莲纽约的新款唇露在两个小时内就销售出 10 000 支，美宝莲整体无线访客比前一天增长了 50.52%，这样耀眼的销售业绩是通过“直播＋发布会”方式实现的。

6.3.8 直播＋活动

“世界图书日”，罗辑思维创始人罗振宇在优酷进行了一场读书会直播。优酷联合天猫淘宝对线上读书会进行全球直播。此次读书会的视频直播和视频回放都是付费模式，5 个小时的全程直播使罗辑思维的商品在天猫旗舰店的购买量得到大幅提升。

6.4 直播营销的策略与方法

随着互联网的快速发展，网络直播平台也越来越多元化，人们可以用手机或电脑，通过网络直播平台进行及时的信息传播。在信息愈加公开化的现代社会，网络直播平台开启了生产网红的模式，并逐渐被公众接受，借助“粉丝”“变现”，催生出更多的“粉丝”现象，主播与“粉丝”之间、“粉丝”与“粉丝”之间互动更加频繁和便捷，呈现出草根性、实时性的特点。

6.4.1　直播平台营销的策略

一、视觉营销

直播中画面的流动性一般不大，人物形象也相对固定，而过于单调的画面容易让观众产生厌倦感从而离开直播间。企业要让直播的画面充满生机，对观众的视觉造成强劲攻势，实现与观众的沟通，以此向观众传达商品信息、服务理念和品牌文化，实现良好的直播营销效果。

通常，视觉效果可以从光线、角度、镜头的稳定性和主播这几个方面入手。

（一）光线

光线的变化会引起人们不同的视觉感受，带给人们不同的心理感受。要在直播中打造出画面的视觉效果，就应该重视光线的运用，好的光线布局对视频呈现的效果起着至关重要的作用。

一般来讲，在光线好的时候，利用自然光直接进行拍摄就可以，这样拍出的视频更接近实物本身，也更加自然。在光线不好的室内或较暗的环境中拍摄，可以手动打光或用反光板来对光线进行调节。当然，在这种环境下，也可以利用灯光营造氛围，激发人们相应的心理状态。一般直播中，无论色温是冷是暖，通常都采用较为明亮的光线。

（二）角度

画面的展示角度是一个不得不关注的因素，它既能在直播中带给观众新奇感而使观众印象深刻，也能毁掉一个画面。因此，企业应找好角度，把握好的一面，将其展示在观众面前。角度的运用常涉及拍摄高度、拍摄方向、拍摄距离三个方面，拍摄高度和拍摄方向不同，能产生不同的画面效果，拍摄距离的远近则决定了画面的主次。直播中不能一直让观众看着主播的脸，转换镜头才能有效减少观众的视觉疲劳，最简单的做法就是通过调整拍摄距离的远近来放大和缩小画面，以引起观众的兴趣。全景、近景及特写等不同的景可以让整个画面场景鲜活生动，从而让画面牢牢吸引观众。

（三）镜头的稳定性

镜头的移动变换在直播中是不可避免的，但移动变换过程中也要保持画面的稳定性。除了在直播中握稳直播设备外，主播还需注意始终保持画面的基本线条“横平竖直”，当镜头移动变换时，也要尽量缓慢移动且保持水平移动。如果是户外直播，未知因素会更多，不知道会发生什么事，会带来怎样的影响，因为户外直播难免四处走动，一般需要用拍摄稳定器来保证画面的稳定和美感。

（四）主播

策划、编辑、录制、制作、观众互动等一系列工作大多由主播负责参与，并由主播本人担当主持工作，这需要主播具有很强的综合能力。一个优秀的主播要面对线上几万、几十万甚至上百万的观众，并且在与观众的实时交流互动中传递企业文化、宣传企业品牌、推广产品。主播作为一次直播活动的核心，给观众的第一印象会决定观众的去留。第一印象不单指人的外表，它是在最初交往过程中融合了表情、姿态、身体、仪表或服装等方面而产生的综合印象。一个合格的主播不仅需要穿着得体、行为得当，还应有较强的综合素质和临场应变能力，为主办方打造一个良好的形象。

此外，视觉效果的提升自然也离不开听觉。语言作为人们思想交流的媒介，把握分寸、恰到好处的语言更能为企业的宣传推广打下良好的基础。当然，一个有营销效果的直播还离不开优质的内容。

二、内容营销

如今的直播早已不是靠单纯的娱乐就能取胜的，企业真正要做的是用优质的内容打动观众，为企业扩大品牌曝光度，实现产品销量的增长。企业利用直播进行内容营销，有以下三个重点方向需要加以关注。

(一) 专业生产内容

PGC 指的是专业生产内容，具有内容个性化、视角多元化、传播民主化、社会关系虚拟化等特点。目前，大多数企业直播营销的销售转化都依赖于 PGC。在直播营销领域，PGC 的重点在于“P”（即专业），用“P”去聚集话题性人物，包括明星、名人、“网红”等。

2024 年 3 月 10 日 21：00 时，董宇辉全新账号“与辉同行”开启华为全场景产品专场，这是董宇辉首次带货华为，流量迅速引爆直播间，引发消费者购买热潮。文化主播董宇辉与科技创新领军品牌华为的碰撞，立即成为现象级直播案例，众多产品被抢购一空，可谓是“金风玉露一相逢，便胜却人间无数”。

由上可以看出直播营销中 PGC 的重要作用，只有将人物和内容完美结合，才能获得品牌预期的曝光量和销售转化量。

(二) 品牌生产内容

直播营销是企业营销中的一种新型工具，对工具的运用需要掌握灵活的技巧，才可能实现预期的营销效果。直播营销的 BGC（品牌生产内容），重点在于传播企业的品牌文化。单纯的产品营销已不能满足消费者的需求，而 BGC 正好展现了企业品牌的价值观、文化和内涵等。

例如，阿迪达斯 Originals 的跨界涂鸦艺术直播。Adidas Originals 作为阿迪达斯的经典系列，成立于 1972 年，一直以来都在保持经典的同时不断创新，兼具复古内涵与时尚活力。为配合 Adidas Originals ZX Flux 新款发布，Adidas Originals 在上海旗舰店举行了“Flux it！创作直播”。这场直播邀请了多媒体艺术家，基于 ZX Flux 造型现场绘画，并根据网友弹幕，实时变换鞋面色彩、图案等创作元素，为网友呈现了一场充满无限可能性的跨界涂鸦艺术形式。

(三) 用户生产内容

用户参与度是直播最核心的因素。如果直播中忽视了 UGC（用户原创内容），那么它仅仅是主持人的自娱自乐。智能手机的普及、移动互联网的盛行，使直播成本骤减，让“直播”风靡一时，在“移动＋互动”模式的完美结合下，直播的内容边界被无限延伸和拓展。那么，这种“无边界内容”成为网友可参与的内容，就成了企业直播营销中的关键。

很多人对直播营销里的 UGC 认识并不全面，认为 UGC 仅指直播营销里网友的弹幕评论。这种理解未免失之偏颇，举个例子，我们知道一个成功的小品离不开好的导演、演员和剧本，那么 UGC 就类似于小品的导演，而 PGC 和 BGC 则是演员和剧本，导演所起的作用是引导演员将好的剧本呈现出来，排练过程中，导演必须时刻和演员互动，甚至还需根据现场情况改编剧本，但最终目的是让这个小品得到观众的喜爱。

直播营销的 UGC 除了要和 PGC/BGC 互动外，还要改变 PGC/BGC，这种改变的最终目的是使 PGC/BGC 更有趣、丰富，具有猎奇性（不知下一秒会发生什么）、可参与性（情绪他染，吸引更多网友参与）、社交性（志同道合的网友形成社群）。只有这样，观众才会心甘情愿地守在直播前，并全程参与。

三、体验营销

随着人们生活水平的提高，人们的消费需求也从实用层次转向体验层次。体验营销能带给用户充分的想象空间，最大限度地提升用户参与和分享的兴趣，提高用户对企业品牌的认同，增强用户购买产品的欲望。然而，如果直播内容千篇一律，差异化、价值输出存在不足，则会致使用户体验效果大打折扣。利用直播进行体验营销，企业应从观众的感官、交互、信任等方面入手提升体验感。

（一）感官体验

感官体验是让用户通过视觉、听觉、触觉、味觉与嗅觉等知觉器官，来实现对品牌的感性认知。利用互联网传递信息，企业先后经历了文字、图片、视频等方式，再到今天的直播，给用户带来了感官升级，使用户对品牌产生感性认知，可以达到激发用户兴趣的目的。

直播中可以从区分企业和产品、引发消费者购买动机、增加产品的附加价值等方面，提升用户对企业的认知。例如，吉利博瑞拆车 24 小时直播完成实车拆解、同级合资车型同步拆解对比、现场评论等线下活动，并通过多平台进行 24 小时无保留实时直播，受到众多用户的好评，效果远超预期。直播带来的感官升级能让用户更真实地感受产品、更立体地感受产品，使企业能够直接地与用户互动，产生全新的营销场景，扩大企业品牌认知度，实现产品销量增长。

（二）交互体验

交互体验就是网上互动。交互是网络的重要特点，它能够促进用户与企业之间的双向传播，和前面提到的 UGC 有异曲同工之意。因此，交互体验应该作为直播体验营销的核心。在直播营销中，企业应尽可能使用户最大限度地参与直播过程，在互动中使用户感到快乐和开心、提升用户的体验，以实现企业的营销目标。

(三) 信任体验

信任体验即借助直播提升用户对于企业以及品牌的信任程度。企业经常通过明星、意见领袖来引导用户，使其生活形态发生改变，从而实现产品的销售。激烈的市场竞争使行业内提供的产品和服务越来越趋同，这种趋同抹杀了产品和服务给人们带来的个性，因此独特的感受和对品牌及产品的信任才显得格外珍贵。

品牌不是企业生产制造出来的，也不是传播推广出来的，而是由用户体验出来、感受出来的。为此，企业一定要以用户为中心，精心设计、策划、执行每一个直播环节，为用户创造难以忘怀的记忆和感受，提升用户体验效果，进一步推广企业品牌，扩大产品销售。

四、搭配社群营销

如果仅在网站或海报上提前预告直播时间及房间号，转化率太低。为了实现传播量的最大化，企业可以建立一个社群，把所有感兴趣的用户拉入这个群，前期进行情绪铺垫、气氛营造，加上社群成员的配合，直播开始时的关注度就会很高。

社群为直播提高转化率，直播为社群提升活跃度。一个高人气的社群绝对离不开精彩的内容，而直播就是非常好的内容资源。相对于普通的图片和文字输出，直播传递的信息量更大、形式更新颖，更具即时性，能使社群更活跃。因此，社群营销已经成为企业重要的直播营销手段。

6.4.2 直播营销的方法

一、打赏和广告营销

直播平台通过与主播签订合约，在主播收到“粉丝”打赏后分成来赚取利益。“粉丝”花钱购买礼物，送给主播的行为，是“粉丝”实现自我满足的过程，在这个过程中用户得到了虚荣心的满足，送的礼物越贵，代表身份等级越高，也吸引了大量的投资者和创业者。在这种情况下，优质的主播便理所当然成为加强主播和“粉丝”互动的关键所在，直播平台也常常会利用用户对主播的喜爱，在直播过程中植入一些产品广告，这样的宣传也取得了良好的营销效果。直播平台通过各种广告来获取利益，广告商利用直播平台来达到宣传目的，从而达成互利共赢的目标。

二、垂直营销

垂直营销是指用户可以在直播的同时通过发弹幕提问等方式与主播或者商家进行直接的沟通和交流，了解更多商品信息，形成互动。例如，以“明星＝公益”“直播＋淘宝”为切入点的直播形式，已成为越来越多的直播平台获取利益的方式。这种营销手段激活了用户的体验需求，加强了主播与“粉丝”间的交互，从动态的角度向用户展示商品，形成更直观、更全面的感官刺激。这也是直播平台流量变现的重要手段之一。

三、技术营销

近几年，VR技术、人工智能CDN（内容分发网络）技术正处于突飞猛进的发展态势，许多直播平台利用该技术，对网络直播进行了从视觉到听觉的一系列改进，使用户的体验效果进一步提升，缩短了用户与平台之间的距离，在短时间内吸引大量用户的围观，给直播平台带来了更多的潜力和发展空间。但值得注意的是，在直播过程中应把关注的核心集中在“粉丝”的互动上，而非技术的视觉和听觉效果上。

四、营销精细化

随着电商直播规模逐渐扩大，直播带来收益的增长逐渐进入“瓶颈”期，直播的内容逐渐同质化，而用户的需求更加多元化。如果没有足够好的内容，不能给用户提供有价值的信息，就很难在平台上留住用户，也就没有良好的转化率。所以，针对不同的用户提供个性化的服务，必将成为未来企业直播营销需要攻克的难关。

企业需要根据商品类别、属性、特征来确定目标人群，再根据目标人群的习惯、特点制定相应的营销策略，提升电商直播的服务效率和品质。随着大数据技术的发展，平台上海量的用户行为数据得以获取，这些数据无疑是企业的重要虚拟资产。利用大数据技术去实现精准营销，提高信息传递精准度，帮助企业留住忠诚用户，降低营销成本，将成为企业未来营销发展的趋势。

五、传播场景化

随着5G、虚拟现实技术、增强现实（augmented reality，AR）技术的飞速发展，直播场景将越来越多样化，视听效果更明显，信息传输更流畅。VR技术目前最普遍的应用就是让手机屏幕传输的页面从二维转换为三维，而更先进的AR技术是一种将真实世界信息和虚拟世界信息无缝集成的新技术，让观众透过手机屏幕，进行虚拟世界与现实世界之间的互动，能够把原本在现实世界的一定时间、空间范围内很难体验到的实体信息（如视觉、听觉、味觉、触觉等），通过模拟仿真，在真实世界的基础上叠加虚拟信息，将虚拟信息传输到真实世界，被人类感官所感知，从而达到超越现实的感官体验。这样的沉浸式直播使观众产生身临其境的感觉，能够全身心投入直播之中，从而能够提升用户黏性和趣味性，带来颠覆性的视觉体验和信息交互感受。

六、直播途径多元化

2017年以来，短视频平台迎来爆发期，短视频将娱乐与营销进行深度融合，成为电商直播传播新途径。在2020年“双11”宠粉节活动期间，抖音直播带货成交额超过187亿元，优质轻松的内容更容易激起消费者的购买欲望，具备生产成本低、扩散速度快、用户沉浸度高及社交能力强等特点的短视频，成为企业直播营销的一个重要途径。短视频平台是兼具娱乐和购物的直播平台，涵盖了音乐、舞蹈、综艺、游戏、户外、美食等一系列节目类型。目前，短视频平台基本已经布局了直播功能，相比于传统电商平台，短视频平台拥有更多元化、群体类型更丰富的用户，将成为下一个企业直播的风口。

七、主播专业化

由于直播市场的扩张速度快，专业人才的发展跟不上直播的发展速度，优秀主播匮乏。在现如今的直播平台中，主播的平均素质偏低，不仅直播内容低俗化，缺乏专业知识，还出现色情、暴力等道德问题。随着直播增长“瓶颈”期的到来，用户的要求逐渐提高，对主播的选择也更严苛。

对于优秀主播的培养可以从三个方面进行：一是掌握专业的产品知识和真实的数据，向观众进行讲解，避免空洞的泛泛而谈；二是培养定向型的主播，根据不同用户群体选择主播，加深与用户之间的亲切感，减少距离感，从而能够留住用户，形成主播口碑效应；三是通过构建完善的运营团队，共同协作，立足于市场与产品创新，寻找自身差异化特点，避免主播同质化，在激烈的竞争格局中脱颖而出，赢得用户。

八、直播市场下沉化

近年来，互联网企业逐步开始布局下沉市场，存量用户已经很难实现增长，而在三、四线城市的群体还处于未挖掘的状态，直播市场竞争日益加剧，市场下沉化将成为新的关键点。艾媒咨询数据显示，2019 年，大部分的直播用户分布于一、二线城市，三线及以下城市的直播用户不足三成；在年龄分布上，30 岁以下的用户占比高达八成，直播用户年轻化特征明显。然而针对三、四线城市用户，中老年用户，他们的购物需求还尚未完全在电商直播中得到开发。我国 50 岁以上人群已占全国总人口的 20%左右，这部分人群具有娱乐方式匮乏、空闲时间多、对购物价格敏感、收入稳定等特点。目前，我国老年群体的网络购物行为正在快速发展，对电商的接受程度已经超过想象。在某些日常生活商品中，老年人展现了强大的消费能力，如早在 2018 年，某创业人士佟某的老年鞋线上销售额就达到 2 亿元。京东研究院数据显示，2019 年，老年人适用的家具、家居日用、厨具、家纺等品类线上成交额比 2018 年增长 10 倍以上。因此，根据下沉市场用户的群体特征，制定相应的营销策略，挖掘这部分增量用户的价值，实现电商直播销售额增长，是未来企业直播营销中需要重点考虑的问题。

九、供应链管理高效化

在企业直播营销中，对供应链管理的要求不断提升。供应链管理是指从供应商到用户的产品流、信息流和资金流的集成管理，以达到供应链价值的最大化。企业供应链管理过程包括前端的产品生产、后端的产品采购、仓储管理、营销管理、物流运输、产品配送等。互联网环境下，供应链管理的好坏决定着利润空间和电商购物服务质量，是影响竞争力的核心因素。应对供应链管理全过程进行信息共享，通过收集产品的市场信息和目标用户行为，提升企业供应链的抗风险能力和市场预测能力。目前，直播平台还在不断地建设完善之中，大平台占据市场重要地位的同时，小平台也具有兴起的可能性。但无论是大平台还是小平台，若在直播平台营销策略上不采取具有创新性的改革，则很难继续发展，最终会被市场所抛弃。

秀展期间直播种草，拥抱时尚达人

有人说，时尚大秀不一定在米兰、巴黎，还可以在抖音上。的确，从诞生开始，抖音就汇聚了各种潮人、时装、美妆内容，可谓自带时尚基因。随着奢侈大牌以及明星的加入，抖音在时尚界的影响力逐步扩大。为了满足时尚艺术达人们的内容需求，抖音特别推出＃快闪季＃IP，专注发布时装周艺术展览等线下快闪项目视频。在 2018 年巴黎时装周期间，抖音团队将街拍视频、秀场视频剪辑为 15 秒短视频，通过抖音@快闪季官方账号发布，同时联袂众多时尚品牌和明星达人共同参与，将最新鲜、最闪亮的时尚资讯第一时间展现给大众。由于四大时装周原本就是整个时尚界和时尚爱好者们的焦点，加上优质的内容，快闪季发布的其中两支视频在无推广的情况下点赞均超10 万，实现了广泛曝光。

对于时尚品牌而言，如果在秀展期间结合抖音特质进行种草，往往也能收到事半功倍的效果。针对合作品牌，抖音官方会为其在时装周期间拍摄符合抖音用户喜好的短视频，发布于抖音@快闪季、品牌代言明星账号或蓝 V 账号，而抖音的达人资源也可以配合为品牌造势，实现引流。

资料来源　http：//www.360doc.com/content/19/0129/10/30965498_811928200.shtml.

6.5　直播营销活动的策划

我们知道拍电影之前必须进行策划，电商直播也是一样。主播需知道自己的核心竞争力是什么，直播脚本如何设计，选品时该注意什么以及如何选择直播时间。制定切实可行的直播策划案，打造有趣的直播内容，这才是直播营销能够收获流量的关键。做好直播内容的创意策划，可以让直播内容变得更有创意，更有吸引观众的魅力。

6.5.1　主播个人 IP 打造

在直播带货领域，主播的作用被急剧放大，已经远远不是传统的线下销售人员可以相比的。主播的个人形象已经深刻地影响直播间的转化率。

一、主播个人 IP 的作用

在直播平台上，内容是最重要的，而内容又是主播提供的，所以直播平台的一个典型特征就是主播的个人 IP 化。可以说每一个主播都有一个专属的个人 IP，就像私人定制一般。在平台建设自己的个人 IP 形象，并且与“粉丝”实时沟通，进而提升转化率，这是其他营销渠道所不具备的变现途径。

对于主播来说，打造个人 IP 主要有以下几点作用：

（一）更高的营销能力

在同一个岗位上，推销同样一款产品，具有超级 IP 的主播，可以比普通主播卖出更多的商品，这是一种客观存在的现象。

（二）更低的信任成本

当主播经常以稳定的人设出现在用户面前时，用户便会不由自主地对他产生信任感。而个人 IP 属性强的主播具有很强的传播能力，“粉丝”通常对他们更加信任，中间会少很多不必要的交流成本。

（三）更多的合作机会

当一个主播有了个人 IP 以后，就相当于给自己定制了一张入场券，接下来会出现很多合作机会。有的人看重的是你的“粉丝”数量，有的人看重的则是你的潜力。

（四）更低的流量获取成本

对于营销人员而言，流量就是生命。获取流量是一件非常不容易的事情，当主播有了强大的个人 IP 以后，就会对受众群体形成强大的吸引力，那么流量就会不断增多。

二、主播个人 IP 的打造

IP 是主播的自身特色，也是主播的另一个品牌，让人印象深刻。例如，罗永浩通过幽默风趣的语言风格和对产品的深度解读以吸引观众，李子柒通过讲述个人成长故事建立独特的个人品牌，董宇辉以讲课的方式将商品信息传递给消费者。这些已经成为他们身上的标签，也是他们个人 IP 的组成部分。

在互联网环境中，主播容易遇到的一个挑战是内容同质化。成千上万个带货主播都在镜头前推销商品，如何才能给人留下深刻的印象呢？这是挑战也是机遇。

其实，早在直播带货出现之前，个人 IP 就已经被人们所重视。例如，从新东方走出来的罗永浩、徐小平、马薇薇等人，以及央视出身的罗振宇、张泉灵、马东等，这些人都是从半路转行进入互联网的，他们各有特色，给人们留下了不同的印象，这也是个人 IP 的一种表现。

直播平台兴起之后，促使个人 IP 向营销领域发展，直播平台的开放性基因可以最大限度地解决打造个人 IP 面临的种种问题，同时给主播和商家带来更多的利益。

那么，如何打造个人 IP 呢？主要从两个方面进行：一是主播自身，二是产品。

（一）从主播入手

1. 颜值

主播不一定要长得天姿绝色，但是保持干净清爽的状态显然更容易获得好感。主播起码要有一个合适的妆容，形象干净整洁，举止、谈吐得体，让“粉丝”觉得舒服。

2. 专业

主播应当对自己的行业有一定的专业度。例如，卖服装的必须懂得面料和搭配方法，遇到一些特殊材质的服装时，还要提醒用户如何保养。

3. 个性

主播有个性，才会给用户留下印象。由于每个人的个性都不一样，主播不可能让所有人都喜欢自己，所以最好突出自己个性中好的一面，同时掩藏自己的缺点。主播可以通过一些小技巧来达到这个目的，例如给“粉丝”特殊的称呼，或者给自己起外号，让“粉丝”能够记住。

4. 话术

幽默风趣的话语总是能够吸“粉”，恰当地使用话术套路能让直播更加有趣。

（二）从产品入手

1. 品牌

如果品牌的知名度较高，说明它早就已经付出了大量的宣传成本，拥有很多受众。知名度高的品牌可以为主播节省很多力气，也会在无形之中提升主播在用户心中的级别。

2. 受众

每件产品都有自己的受众，关键是看受众人群有哪些特征，主播的个人 IP 也会随着受众人群的特征发生变化。

3. 价格

很多直播间是靠价格优势吸引用户的，折扣给得越高，优惠券发放得越多，越容易给用户留下深刻的印象。

4. 性能

产品的性能也会决定用户对主播的印象。如果主播推销的产品物美价廉，就很容易给用户留下专业达人的印象。

三、主播团队建设

其实，一场优秀的直播带货是由多种因素构成的，主播只是其中的一分子而已。主播在镜头前给人留下“买买买”的形象，需要背后整个团队的缜密策划和辛苦筹备。团队的力量决定了主播最终的成绩。很多企业进入直播领域并非出于本心，完全是跟风进行，它们在市场的影响下被迫踏入直播的赛道。这也是有人单场带货过亿元，而有人折腾 30 场却只能带货一点点的原因。

罗永浩曾经在直播的过程中提到，前期为保证产品质量，只做全国和国际知名品牌。如何才能跟这些知名品牌进行任务对接呢？这显然不是罗永浩一个人就可以办到的，必须依靠团队的力量。

通常而言，直播团队内部的岗位包括以下几种：

（1）主播：负责在镜头前直播带货，是整个团队的代表性人物。

（2）助理：负责配合直播间所有的现场工作，例如操作直播中控台、控制直播间节奏、调试灯光设备、摆放商品等。

（3）副播：协助主播介绍产品，答疑解难，向观众讲解直播间的规则等。

（4）直播策划：根据主播的人设、“粉丝”属性、商品特征等，撰写直播策划案。

（5）场控：负责管理直播间的中控台，完成商品临时的上架、下架，发布优惠信息、红包公告，组织抽奖送礼等工作。

（6）运营：分为活动运营和商品运营，有时由一个人进行，主要工作是搜集官方平台的活动信息，跟踪活动执行，并且进行招商等。

6.5.2 直播内容选择

很多人以为直播带货就是展示一下商品，然后设置优惠券，报上价格就可以了，其实直播带货对内容也是非常重视的。如何让单调的直播内容显得生动有趣，这是每一个主播都应该仔细思考的问题。

一、精选内容

经过几年时间的发展，如今直播带货的队伍已经非常庞大，涌现了一大批新人主播，并且数量还在继续攀升。如今的直播带货玩法越来越新奇，从早期简单的商品展示，到现在的虚拟人物直播带货，再到 AI 小度带货 3.0 时代，越来越多的直播形式出现在观众面前。这意味着直播带货越来越难，很快将会成为各大平台厮杀的一片红海，以后再想从新人主播成为头部主播就需要付出更大的努力。

为什么会出现这种现象呢？原因其实很简单。如今的直播带货太单调，人们说起直播带货，就只能想到展示商品、领优惠券，除此之外，几乎没有其他内容。此外，直播间的装饰上也大同小异，无论是美妆主播，还是服装主播，空间场景设置、风格塑造都比较模式化，这样长期下去，就会让消费者产生审美疲劳。因此，大部分主播获得的只是一时的流量。

好的内容引发的是情感和认同。要想成为一个优秀主播，关键不是高颜值和好身材，而是提升自己的内在，靠情商和学识吸引不同年龄段的“粉丝”。

二、深耕垂直领域

如今，观众对带货主播的要求是很高的，他们未必喜欢什么产品都推销的代言人，而是更愿意相信专业 KOL 的意见。因此，主播应当深耕垂直领域，尽快在该领域建立起影响力，然后持续加大投入，一边提升影响力，一边提升变现能力，形成正循环。

那么，什么是垂直领域呢？百度百科上的定义是：垂直领域，互联网术语，指的是为限定群体提供特定服务，包括娱乐、医疗、环保、教育、体育等产业。

简单来说，“垂直”是指纵向延伸，把一个商品大类细分成一个个具体的小类。细分则是在垂直行业板块里面，再挑选主要的业务来深度发展。例如，百货是一个商品大类，细分下去可以分为防护用品、餐具、盆栽等。做垂直领域，意思就是专注于某一个小类。图 6－1 是手机淘宝对垂直领域的划分，可以看出在“美妆”领域中，细分的类目有护肤、口红、面膜等。

三、需求至上

在市场营销理论中，发掘客户的痛点与痒点是必修的课程。要想让消费者购买产品，就要先找到消费者的痛点与痒点，这样才能事半功倍。在直播营销中，这条理论同样适用。

首先，我们得知道什么是痛点。所谓“痛”，就是心理需求没有得到满足，得不到就痛苦。例如经典的海飞丝广告：年轻人第一次拜访女方家长，肩上却有很多头皮屑，场面一度让人十分尴尬；年轻人参与面试，面试官却对着年轻人肩膀上的头皮屑皱眉……这些都是用户的痛点，它们体现的是消费者对个人形象的需求，而清洁是个人形象的重要组成部分。在直播带货营销中，很多主播经常试图使用痛点营销，例如告诉观众：“用了这件产品，你将会拥有×××的体验。”痛点营销的核心是对比，要给用户制造出一种机不可失、时不再来的感觉，让用户认为不买这个产品就会“痛”，只有立即下单才能解决问题。

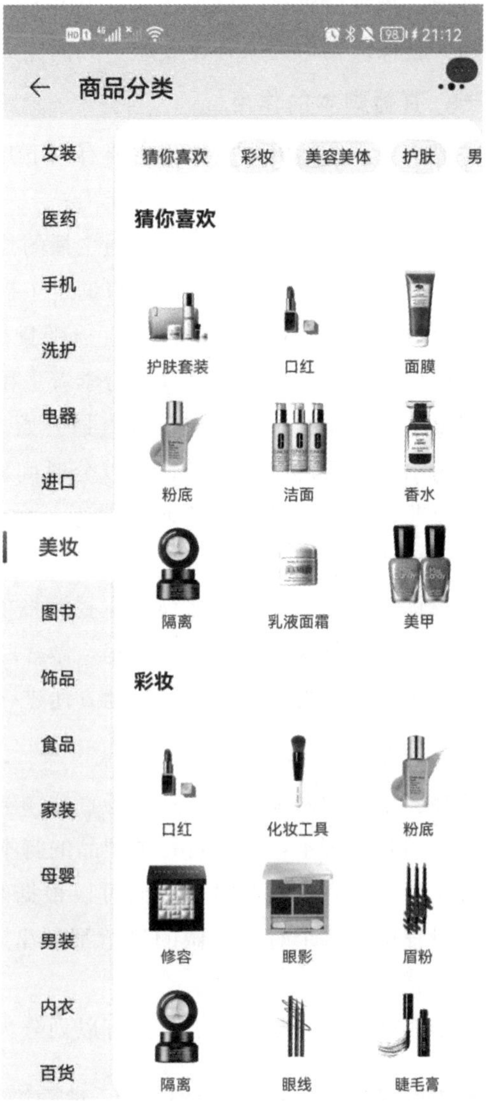

图 6－1　手机淘宝垂直领域

（图片来源：淘宝移动端页面）

其次是痒点。痒点和痛点相反，是通过让用户感到愉悦促成交易的。小学生在看到同学得了小红花的时候，大多会感到心里酸溜溜的，有时甚至会幻想自己得了小红花的样子，这就是痒点的一种表现。总结来说，痒点就是刚需之外的愉悦感，它并不是刚需，但是仍然能让我们感到愉悦，例如告诉观众：“买了这款产品之后就能变得和主播一样漂亮。”

6.5.3　直播脚本设计

拍摄短视频需要脚本，做直播带货同样需要脚本。除了需要制定清晰详细、可执行的脚本 Plan A，还要准备应对突发情况的方案 Plan B，这是直播顺利进行的有力保障。

进行一场带货直播，就像出演一场电影一样，主播就像电影的主角，而设计直播脚本的人就像编剧，大家各司其职，共同完成整场直播的内容。

一、直播脚本的作用

一般来说，直播脚本的作用主要有以下几个方面：

（1）增强直播效果，提升吸粉能力；

（2）减少突发状况的发生，增强主播的控场能力；

（3）引导直播间的舆论走向，有助于主播个人 IP 的打造。

学会设计脚本是帮助主播提升直播带货能力的必要条件，任何想要将直播做好的人，都应该对此有所认识，并且努力学着去做。需要注意的是，脚本不是一成不变的，而是需要不断优化的。可以在每次直播开始之前，设计一套简单的脚本，练习控场能力，直播结束之后再进行复盘。可以分时间段记录下各种数据和问题，看看有哪些地方是需要改进的。这样经过长期的训练，就会形成一套成熟的直播经验，以后就算没有脚本，也能轻松驾驭直播。

在设计整场直播的脚本之前，主播和商家需要对每周的直播工作计划进行一次规划，这样有利于形成良好的工作节奏，做好时间切割，减少运营策划不必要的工作量，让直播的工作衔接得更流畅，同时也方便进行阶段性总结。

二、直播脚本设计

直播脚本分为两种：一种是整场直播脚本，是针对直播活动从开始到结束的脚本；一种是单品直播脚本，是针对每个产品的脚本。

在设计整场直播脚本时，我们可以根据时间顺序，将从直播开始前一直到直播结束这一过程中间每个时段要做的事情都列出来。这样做的好处是条理清晰，不容易出现遗漏和错误。

按照时间顺序，整场直播脚本可以划分为以下几个环节，如图 6－2 所示。

图 6－2　整场直播脚本的各个环节

（一）直播前准备

其主要工作有调研用户喜好，分析产品特点，找出产品的优点和缺点等。

（二）开场环节

设计开场互动，介绍本次直播的时长，大致介绍一下产品的种类、数量等，简要说明一下流程以及直播间的福利。

（三）单品讲解

介绍产品的各种细节，与副播一起向观众展示产品的使用场景、购买优惠等。在直播过程中，主播必须反复强调此次直播的公告，让观众知道“我在看什么”“我能得到什么”“有哪些产品和福利”。一件产品演示15～20分钟，然后停顿5分钟，给观众一个考虑下单的时间，这样的节奏是很轻松的。

（四）互动环节

在互动环节，主播可以与用户进行一些简单的交流和调侃，其间发放一些红包和优惠券。在设计抽奖环节的时候，需要注意将抽奖分成几次进行，不要在直播刚开始时就进行抽奖活动，否则是留不住用户的。

（五）结语

对整场直播进行一次简短的总结，并且预告下次直播的时间。一个成熟的主播直播带货应该是周期性的，每次直播结束时，都要预告下次的直播时间，提前让观众做好准备。

表6-2是整场直播脚本范例，囊括了直播活动中的各个环节。主播可以根据自己的需要，对该脚本进行删减或增添。

表6-2　整场直播脚本范例

×××直播脚本	
直播主题	××新品发布会
主播	×××，时尚博主、美妆达人
预计时长	8小时
内容提纲	
1	前期准备：调研用户喜好，分析商品特点，宣传直播信息
2	开场预热：开场互动，主播自我介绍，安排1～2个爆款，强调每天的开播时间
3	品牌介绍：介绍店铺信息，引导关注、收藏店铺，签到打卡抽奖
4	活动介绍：介绍商品种类、数量、福利及活动流程
5	产品讲解：介绍产品的各种细节，向观众展示产品的使用场景
6	产品测评：从客户的角度对产品进行实际使用
7	观众互动：案例讲解，故事分享，解答疑问
8	使用分享：客观描述产品的使用体验，兼顾优点和缺点
9	抽奖环节：抽奖，发放红包和优惠券，做热门产品的返场
10	活动总结：再次强调产品的品牌、活动和特点，引导观众下单
11	结束语：引导观众关注加收藏，预告下次内容
12	复盘：发现问题，调整脚本

单品直播脚本是针对单个产品设计的，它主要涉及产品的卖点、品牌优惠方式等。在设计单品脚本时，必须熟悉产品的特点。要把产品的亮点、基本特性以及一些需要特别注意的地方介绍给观众，让观众能够产生直观的感受。

单品直播脚本的主要内容就是对产品的讲解，需要注意以下两点：产品卖点是直播的核心，与“粉丝”的互动则是必不可少的辅助。

6.5.4 直播选品

俗话说“巧妇难为无米之炊”，直播营销的目的是带货，没有一批竞争力强的货品，也就谈不上直播营销。那么，直播选品的标准是什么？去哪里选品呢？

一、直播爆品的特征

什么产品最容易成为爆品？随便找来一个主播，他都能说得头头是道，例如：性价比要高，既要物美，还要价廉；产品和主播的人设定位要相符，让小孩子带货大型家电产品，显然是很不匹配的；产品要符合当前的活动趋势并满足“粉丝”的需求，满足需求的产品永远都不愁销路……但是光懂得理论还不够，还要了解现实情况。

（一）价格

在营销实践中，价格永远是必须考量的因素，而且是极其重要的因素。价格是否合适直接关系到消费者的购买意愿、主播的佣金及抽成等利益相关问题。因此，我们要先知道什么价位的产品在直播间更受欢迎，更具优势，更容易火爆。

事实证明，单价为 10～100 元的产品是最具竞争力的，也是最容易出现爆款的。王祖蓝曾经在快手直播上推荐过一款洁面产品，单价 49.9 元，最终成交 15 万件，登上了近 7 天快手商品榜 TOP100 的榜首。

当然，价格区间只是一个参考，即便选择了 10～100 元的产品，也不一定能够大卖。相反，也有一些人把高价产品卖成了爆款，吸引了很多人的注意力。

（二）品类

食品饮料、美妆护肤、服装鞋靴、消费电子、家电、宠物食品等品类在直播带货中是十分常见的。数据统计显示，食品饮料与美妆护肤在快手商品榜中占据垄断地位，而淘宝直播中的绝对主力是穿搭，其次是珠宝和亲子。

选择火爆的品类更容易做直播营销，但是也会面临同质化过高的风险，因此，最好在大众熟知的品类中选择那些有一点创新和突破的品类，如新奇和好玩的品类。

（三）品牌

目前，直播平台吸引了不少流量，转化率也比较可观。随着直播的不断发展，越来越多的玩法也相继出现，其中品牌营销的优势也会越来越凸显。目前的直播营销普遍存在着粗糙、不规范的问题，只有优质的内容与有吸引力的品牌相结合，才能长期高效地触达目标用户群体，完成对用户群体的营销和转化，同时促进品牌的增长。

（四）供应链

供应链是产品能够爆卖的保障，无论是产品质量、利润空间，还是售后服务，归根结底都要靠供应链的能力。主播的收入，一部分由销量决定，还有一部分则由利润空间决定。此外，退货率也很重要。与高端的供应链进行合作，不仅可以做到产品方案定制化，还能保证利润，降低退货率，保护“粉丝”利益。

二、直播间的产品布局

拥有电商运营经验的人都知道，并非所有产品都能成为爆款，爆款可遇而不可求，很多爆款产品是商家用各种手段推上去的。因此，必须精心设计直播间的产品布局，这样才能在低价引流的同时，保证店铺总体的利润空间。直播间的产品，可以包括以下几类进行布局。

（一）主推款

主推款就是商家主要向消费者推荐的某种产品，它往往决定了用户对商家的印象。在直播间里也可以存在主推款，主播可以选择那些点击率和成交量较高，同时又有一些特色的产品——此类产品一般具有低毛利、高性价比的特点，然后集中进行推广。

（二）引流款

引流款的主要作用是给直播间带来流量，以便带动其他产品的销售。主播可以根据商家后台的数据进行分析，比如产品的点击率、跳失率、收藏数、加购数等数据来确定引流款。一般来说，产品的跳失率越低，说明买家停留的时间越长，此款产品则具备成为引流款的潜质。一般在直播间的观看量达到峰值时推广引流款，以此完成拉新，同时增加用户的在线观看时长。

（三）跑量款

跑量就是薄利多销的意思。为了让直播间的数据更好看，主播会把一些商品的价格定得很低，利润空间几乎为0，有时甚至亏本，这样就有机会在短时间内打造一个超级爆款。在几十万的销量面前，很多人便会下意识地认为直播间很可靠。

（四）溢价款

溢价款属于直播间的高档产品，通常价格较高，品质也较好，是店铺用来冲击高端、提升档次的品类。

三、供货渠道

货源是每个带货主播都要考虑的问题。有时主播会面临直播间爆单却无货可发的窘境。找到可靠的货源，可以从根本上拉大与其他主播的差距。一般有以下几种供货渠道。

（一）带货平台

如果你没有自己的供货渠道，不妨从带货平台做起。淘宝、抖音、快手、拼多多等平台都建立了专属的带货平台，主播和商家可以在上面各取所需，等到做出成绩以后，主播就有和商家谈判的资本了。

(二) 批发市场

从批发市场进货是很多人的首选，它有很多好处：第一，从批发市场大批量进货，可以压低价格，降低经营成本；第二，从批发市场进货，可以对产品的质量有更直观的了解；第三，可以根据当天的订单销售情况进货，减轻库存压力，退换货也比较方便。如果你在本地的批发市场有熟悉的供应商，那么会为你的直播提供很多的便利条件。

(三) 厂家

从厂家直接拿货，价格一般会非常便宜。现在很多厂家都是在电子商务平台上直接寻找客户，卖家可以在网上寻找厂家进行长期合作。

6.5.5 直播时间设置

直播是一项需要耗费时间的劳动，对时长和时间段的选择，会给直播效果带来深刻的影响。在实际直播中，我们应当仔细规划。

一、直播时间的长短

关于每次直播时间的长短，各大直播平台都没有做出明确的规定，但是直播时长的重要性是毫无疑问的。直播的时间长，意味着你有更多的机会得到曝光，它与积累“粉丝”的速度成正比，而这些又会最终决定你的收益。

直播的时间不宜太短，每次直播不应少于 30 分钟，否则不利于吸引“粉丝”，更重要的是，如果直播时间过短，平台很可能不会把此次直播计算在内，这样你就会失去得到浮现权的机会。

拥有稳定流量的主播，每天直播时长大多在 5 个小时以上。也有一些主播能够达到 10 个小时，但是这样的主播占比较小，因为过于劳累，很难长久坚持下去。

每次直播尽量不要停断，中途不可以长时间空场，否则会给观众留下不专业的印象，还会受到平台的处罚。还要避免出现一天内分段直播，比如早上开了两个小时的直播，到了晚上再次开播，这种做法也会影响流量的积累。还有一些商家实力雄厚，找了很多主播，24 小时不停地直播，每个主播负责一两个小时，讲解几款产品，然后换上其他主播。这种做法的好处是对商品的介绍较为全面和仔细，而且能够持续吸引观众。但是这种模式显然不适合达人主播。

二、直播时间段的选择

目前，直播时间段主要可以分为白天场、晚场和夜场。

(一) 白天场

众所周知，白天直播，客流量是最少的，因为白天大多数人都要上班或上学，观看直播的人数较少。也正是这个原因，白天的主播较少，竞争力也比较小。白天观看直播的人大多是生活清闲的“粉丝”，他们的停留时间相对稳定，容易培养忠实“粉丝”。有些上班族偶尔也会打开 App，利用短暂的时间观看直播，由于时间较少，因此他们更容易在下单和离开之间做出决定。所以新人主播很适合在白天直播，学习营造气氛并增强“粉丝”的互动，缓慢积累“粉丝”。

（二）晚场

晚场从晚上 6～7 点开始，此时消费者大多已经下班或放学，因此观众最多，消费能力也最强，所以很多大主播都集中在晚场直播且竞争激烈。晚场的客流量很高，但是转换率较低，并不是所有人都愿意下单。

（三）夜场

夜场是从晚上 12 点以后到天亮的时间段。夜场直播也可以培养很多“铁粉”，因为这段时间的观众有固定的作息时间，流量会很大，停留时间也会相对稳定。但是夜场对体力的消耗较大，容易造成作息不规律。

直播时间段必须谨慎选择，一旦确定下来，就不要轻易更改，否则很容易掉粉，因为大多数用户的作息习惯是固定的，强迫用户为主播做出改变是不明智的行为。

6.5.6　直播重点与注意事项

直播与互联网录播节目或网络视频不同，直播完全即时地呈现在用户面前，主播任何不当的动作或不合时宜的话语，都会被用户看到。一场好的直播活动，主播需要把握好两方面的平衡，一是前期策划，主播需要按照策划好的流程与台词去完成直播；二是用户互动，主播需要友好地引导用户参与直播环节。在直播营销过程中，主播需要注意以下三个方面：

一、反复强调营销重点

一场晚会或一次球赛，现场观众在开始前就已落座，主办方在开场时点明重点内容即可。但网络直播随时会有新用户进入，主播需要在直播过程中，反复强调营销重点。

二、减少自娱自乐，增加互动

直播不是单向沟通，用户希望主播予以回应，主播也需要多利用过渡性的语言进行引导。

例如：“关于这个话题，咱们就讨论到这儿吧，大家觉得呢？接下来我会让大家大吃一惊，大家想看吗？想看的请用 1 告诉我吧！”“今天时间有限，我们再挑选三条弹幕问题进行回复吧！三条之后，我们一起进入下一个环节。”

三、注意节奏，防止被打扰

直播进行中，用户发布的弹幕是不可控的，部分用户对主播的指责、批评无法避免。如果主播过于关注负面评价，就会影响自己的直播状态。

在直播进行中，主播需要有选择性地与用户互动，主播可以积极回应。对于善意的建议，主播可以酌情采纳；对于正面的批评，主播可以幽默化解或坦荡认错；对于恶意谩骂，主播可以不予理会。

直播的掌控者是主播，因此主播必须注意直播节奏，避免被弹幕影响，特别需要避免与部分用户争执而拖延直播进度。

6.6 直播营销的流量转化策略

6.6.1 开场白预热直播间

一、直播开场设计的五大要素

无论直播团队准备了多少直播内容，如果没有一个好的开场，那直播团队开展的所有用户工作都可能事倍功半，甚至劳而无功，因此，直播的开场是至关重要的。开场是直播留给用户的第一印象，用户进入直播间后一般会在 1 分钟之内决定是否要离开直播间。

直播活动主要有以下五个开场设计：

（一）引发用户兴趣

直播开场时的用户来源分为两部分：一是前期官方宣传，直播团队通过直播开始前在微博、微信等自媒体平台宣传，用户会点击链接来到直播间，作为第一批用户；二是平台流量，在该直播平台随意浏览的用户，看到有趣的直播会点击进入。因此，主播需要利用语言、道具等，充分调动用户的积极性。例如，对新进入直播间的用户进行点名欢迎，及时回应用户的问题，使用直播间道具等。

（二）引导观众推荐

前期宣传及平台流量带来的用户是有限的，甚至一部分用户会因为临时有事、网络故障等情况而退出直播间，因此在开场时，主播需要主动引导用户邀请自己的朋友加入直播间，保持直播间的持续火爆。

（三）带入直播场景

观看一场直播，用户所处环境各不相同，有的正在办公室工作，有的在宿舍上网，也有的在赶往飞机场的路上。主播需要利用开场，第一时间将不同环境下的用户带入直播所需的场景。

（四）渗透营销目的

直播营销属于营销活动的一种形式，最终仍要达到相应的营销目的。在开场时，主播可以从以下三个方面进行渗透营销。

第一，将企业广告语、产品名称、销售口号等穿插植入台词中。

第二，充分利用现场的道具（产品、旗帜、玩具、吉祥物等）对企业品牌进行展示。

第三，提前声明利他的营销信息（特价产品、独家链接等），促成销售。

（五）平台资源支持

各大直播平台通常会配备运营人员，对资源位置进行监控与设置。资源位置包括首页轮转图、看点推荐、新人主播等。

除主播团队事先购买广告的资源位置外，直播平台会将一部分资源位置安排给当天直播表现好、口碑佳的直播间。因此，主播利用开场迅速积累人气并引导用户互动，会获得较好的资源位置，从而更快地聚集直播间用户。

二、直播活动的开场形式

（一）直白介绍

主播在直播开场时，直接告诉用户直播相关信息，包括自我介绍、主办公司简介、直播话题介绍、直播大约时长、本次直播流程等。也可以在开场中提前介绍一些吸引人的环节（如抽奖、彩蛋、发红包等），促进用户留存。

（二）提出问题

开场提问是主播开场提升用户参与感的好方法。一方面，主播通过开场提问可以引导用户思考与直播相关的问题；另一方面，开场提问也可以让主播更快地了解本次用户的基本情况，如用户所处地区、爱好、对于本次直播的期待。

（三）抛出数据

数据是最有说服力的。主播可以将本次直播要素中的关键数据提前提炼出来，在开场时直接展示给用户，用数据说话。特别是针对专业性较强的直播活动，主播可以充分利用数据开场，第一时间令用户信服。

不过需要注意的是，直播开场的数据必须真实可靠，否则会引发用户对于直播真实性的质疑。目前各大直播平台均具有弹幕功能，且主播无法选择或设置禁言，一旦主播抛出的数据有误，会直接导致直播间用户利用弹幕质疑，反而会带来负面的影响。

（四）故事开场

人们一般从小就爱听故事，直播间的用户也不例外。相对于比较枯燥的介绍、分析，故事更容易让不同年龄段、不同教育层次的用户产生兴趣。主播通过一个开场故事带着用户进入直播所设定的场景，能更好地开展接下来的环节。

例如，某公益活动直播开场可以是："欢迎大家来到我们的直播间！有这样一个故事，一个生命垂危的病人从房间里看见窗外的一棵树，在秋风中树叶一片片地掉落下来。病人望着眼前的萧萧落叶，身体也一天不如一天。她说：'当树叶全部掉光时，我也就要死了。'一位老画家得知后，用彩笔画了一片叶脉青翠的树叶挂在树枝上。最后这片叶子始终没掉下来。只因为生命中的这片绿，病人竟奇迹般地活了下来。今天我们要做的这次公益活动，也是要去帮助一些孩子，让他们看到希望。”

（五）道具开场

主播可以借助道具来辅助开场。开场道具包括企业产品、团队吉祥物、热门卡通人物、旗帜和标语、场景工具等。

其中，场景工具根据直播内容而定。例如，趣味拍卖直播，主播可用拍卖槌作为场景工具；知识分享直播，主播可以借助书籍作为场景工具；户外运动直播，主播可以加入足球、篮球等作为场景工具。

例如，某户外旅行直播开场可以是："大家上午好！我现在正在青岛××小动物乐园，给大家带来这场直播。我刚才路过小羊、小狗、小鸡的住处，现在来到了鸽子乐园。哇，你看，好多鸽子围着我啊！来，我们一会儿把摄像头对着这只可爱的鸽子，让鸽子和我们直播间的观众打个招呼吧！"

（六）借助热点

参与直播的用户，普遍对互联网上的热门事件和热门词汇有所了解。直播开场时，主播可以借助热点，拉近与用户之间的心理距离。

6.6.2 利用互动技巧活跃气氛

一、直播互动四象限

与传统的电视直播相比，互联网直播更具参与感。用户可以发弹幕与主播互动，也可以发表评论。毫无互动性的直播，会导致用户流失，直播效果也会受到影响。直播活动中的互动，由发起和奖励两个要素组成。其中，发起方决定了互动的参与形式与玩法，奖励则直接影响互动的效果。直播活动的互动分类如图 6－3 所示。

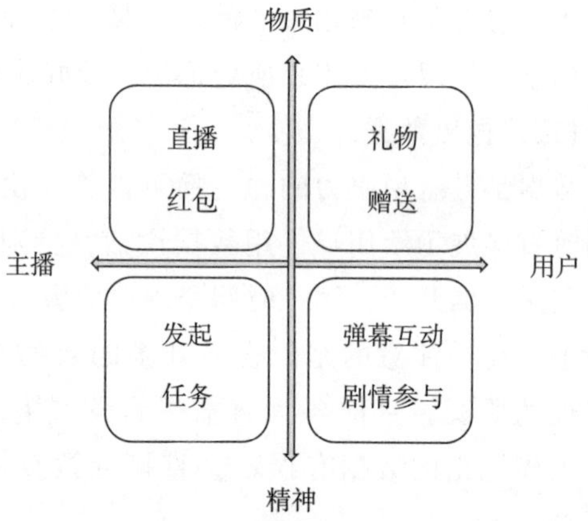

图 6－3　直播活动的互动分类

图 6－3 的横轴为发起轴、纵轴为奖励轴，由发起轴与奖励轴分隔出的四个象限，包含直播互动的四大类玩法。

第一象限（右上角区域）代表用户发起互动，并以物质作为奖励。用户通过直播平台的礼物系统，送给主播礼物，礼物形式根据平台而定，包括"火箭""跑车""玫瑰"等。

第二象限（左上角区域）代表主播发起互动，以物质作为奖励。物质奖励主要以直播红包的形式，由主播现场赠送红包或抽奖后快递寄送等价礼物。

第三象限（左下角区域）代表主播发起互动，给用户某种精神奖励。主播可以在直播中邀请用户一起完成某项任务，用户完成后，主播统一授予用户某种称号，或口头念出用户的名字予以感谢。

第四象限（右下角区域）代表用户发起互动，给主播某种精神奖励。在直播中用户通过弹幕参与讨论，通过与主播共同设定剧情参与直播的下一步开展，这些代表用户对主播或主办方的支持。用户良性的参与和互动对直播活动大有好处。

二、直播互动的方式

常见的直播互动包括弹幕互动、参与剧情、直播红包、发起任务。

（一）弹幕互动

弹幕即大量以字幕弹出形式显示的评论，这些评论在屏幕上飘过，所有观看直播的用户都可以看到。

传统的弹幕主要出现在游戏直播、户外直播等纯互联网直播中。目前已经有直播平台尝试参与电视直播，与体育比赛、文艺演出等主办方合作，进行互联网直播和弹幕互动。

目前直播弹幕主要包括两类：第一类是用户相互之间的评论，如“支持刚才这个朋友说的”“给刚才这条弹幕点赞”“说得对，我们北京人喜欢吃这个”等，主播对这类弹幕无须处理；第二类是用户与主播之间的互动，如“能介绍一下台上都坐着什么人吗”“一会该抽奖了吧，主播”等，这类弹幕需要主播与用户及时互动，幽默地回应用户提出的疑问，或详细地帮助用户解答相关问题。

2016年7月11日，原创视频博主“papi酱”在八个直播平台（一直播、美拍、斗鱼直播、花椒直播、熊猫TV、百度视频、优酷直播、今日头条）进行了自己的直播首秀，很多观看直播的用户通过弹幕与主播进行互动。

（二）参与剧情

这类直播互动方式多见于户外直播。主播可以邀请用户一起参与和策划直播的下一步进展方式，增强用户的参与感。2015年4月，一向擅长营销的宝洁旗下的男士香氛品牌Old Spice，就在游戏直播平台Twitch发起了一个不同寻常的参与剧情式直播：该品牌商找来一个人在野外丛林里生活三天，行为完全由用户控制。就像打游戏一样，用户通过输入上下左右按键来控制人物下一步动作，然后该品牌商统计所有用户的选择，票数最高的动作就会成为这个人下一步的行动。

企业邀请用户参与剧情设计，一方面可以使用户充分发挥创意，令直播更有趣；另一方面可以让建议被采纳的用户获得足够的成就感。

（三）直播红包

直播间用户可以为主播或主办方赠送“跑车”“游艇”“玫瑰”等虚拟礼物，表示对主播的认可与喜爱，但此类赠送只是单向互动。

为了提升直播间人气，主播可以利用第三方平台进行红包发放或等价礼品发放，与更多的用户进行互动。

主播发放直播红包的步骤如下：

第一步：约定时间。主播可以告诉用户“5 分钟后我们会发红包”“晚上八点整咱们准时发出红包”等，一方面通知在场用户抢红包的时间；另一方面暗示用户邀请朋友加入直播间等待红包，从而提高直播间人气。

第二步：平台说明。除在直播平台发红包外，主播可以选择支付宝、微信、微博等作为发放红包的平台，提前告知用户。这一步的目的是为站外平台引流，便于直播结束后的效果发酵。

第三步：红包发放。到约定的时间后，主播或其他工作人员在相应平台发放红包。

在发放红包前，主播可以进行倒计时，让“抢”红包更有氛围。

除了红包外，主播还可以用礼物的形式回馈用户，同样可以达到良好的互动效果。

（四）发起任务

主播在直播中发起任务，类似“快闪”活动，即用户在一个指定的板块，在相同的时间做一系列指定的行为，然后迅速离开。在现实生活中，个人力量有限，但一群人一起做一件事，可以迅速形成规模，主播在引起他人注意的同时满足了自我的成就感。

主播在直播中可以发起的任务包括以下几种：

建群“快闪”：邀请用户共同进入一个 QQ 群，在群内说出自己平时不敢说的话。直播结束后，主播解散 QQ 群。

占领留言区：邀请用户共同在某论坛的帖子下方或微信公众号评论区留言。

“晒出”同步动作图片：号召用户一起做相同的动作，随后用户分别发布在社交网站等。

6.6.3 三种直播收尾，快速转化流量

常规的直播通常不会有太多的营销目的，主播只需展示自己的游戏才华、日常生活等，对直播结束的设计无特定要求；而企业直播则需要以结果为导向，通过直播达到营销目的，实现品牌宣传或销售转化。

直播现场的营销效果取决于直播开场的吸引程度和直播进行中的互动程度；直播结束后的营销效果则取决于直播收尾过程中主播对用户的引导程度。

直播结束后，主播首先要解决的是流量问题，无论直播间用户是过万人还是过百万人，一旦直播结束，用户会马上散去，流量也会随之清空。为了利用直播间的流量，主播在直播结束时的核心工作就是将直播间的流量引向销售平台、自媒体平台和“粉丝”平台。

一、销售转化

主播将流量引导至销售平台，从收尾表现上看，即引导用户进入官方网店，促进用户购买产品。

通常留在直播间直到直播结束的用户，对直播内容都比较感兴趣。对于这部分用

户，主播可以充当售前顾问的角色，在结尾时引导用户购买产品。

例如，某电商平台直播可以这样收尾："感谢大家来到我们的直播间！一会儿直播结束后，大家可以找到我们的在线客服，告诉她一段暗语，她会引导你以 9 折的价格买到我们已经下架的爆款 U 盘——就是大家开场弹幕问过我的那一款，现在已经卖到脱销，只剩下一小部分库存，可以作为今天直播间的小福利。这段暗语是××，大家千万别打错字啊！拜拜了各位！"

不过需要注意的是，销售转化要有利他性，能够帮用户省钱或帮用户抢到供不应求的产品。另外，主播在直播结尾植入太过生硬的广告，只会引来用户的反感。

二、引导关注

主播将流量引导至自媒体平台，从收尾表现上看，即引导用户关注自媒体账号。

在直播结束时，主播可将企业的自媒体账号和关注方式告诉用户，向用户传达企业信息。

例如，某商场开业直播可以这样收尾："今天的直播就到这里。欢迎大家关注我们的微信公众号××，以后最新的打折和新品信息都会通过这个公众号发出来。对了，关注之后回复'惊喜'两个字，你会获得一张 50 元代金券，来商场购买衣服的时候可以直接减免 50 元。记得告诉你的亲戚朋友，一起省钱啦！再次感谢大家！"

三、邀请报名

主播将流量引导至"粉丝"平台，从收尾表现上看，即告知用户"粉丝"平台的加入方式，邀请用户报名。在同一场直播中积极互动的用户，更容易与主播或主办单位"玩"起来，也更容易参加后续的直播。对于这类用户，主播可以在直播收尾时邀请其入社群，直播结束后主播通过运营该群，逐渐将这些用户转化成忠实"粉丝"。

例如，某鸭脖厂商直播可以这样收尾："这次直播就到这里，如果大家喜欢啃鸭脖，也喜欢和我们的小团队一起开展接下来的直播，可以添加我们的微信群小助手，她会拉你入群，她的微信号是××。与今晚一样，我们会在每周五晚 20：00 在群里发红包，同时也会邀请群里的小伙伴试吃新品，每年还会邀请群里的小伙伴来我们湖北工厂参观。一起来玩吧！"

实训项目

【教学目标】

通过本章实训内容，学生掌握直播营销的概念、作用和优点，了解直播营销的流程，能进行直播营销策划。

【技能要求】

能灵活运用直播营销技巧。

【实训内容】

假如你是一位服装商家，想通过直播来卖货，你需要掌握如何通过抖音开通商品分享功能以及直播产品的选择和抖音直播的技巧。

（1）通过商品分享功能开通抖音小店。

（2）选好自己的产品，写好直播预热文案。

（3）把握礼物赠送时机，主播与“粉丝”交流应该怎样把握好度，主播与“粉丝”的互动技巧。

思考与练习

（1）直播营销有哪些特点？

（2）简述直播平台的类型。

（3）开展直播活动的风险有哪些？

（4）规划直播营销的五个步骤是什么？

（5）简述直播营销的实用方法。

（6）直播开场设计有哪些？

（7）直播互动有哪些具体玩法？

第 7 章　短视频营销

本章教学目标

知识目标：了解短视频和短视频营销的概念、短视频营销的特点、掌握短视频营销的传播方式和变现方式。

能力目标：能够注册抖音短视频，并能够策划和发布抖音短视频，能够使用相关技巧提升自己作品的点击量。

素养目标：培养从事短视频行业所需具备的基本职业道德，让学生具备热爱工作、虚心学习、遵守行业法律法规的意识，培养认真踏实、细心耐心、注重合作、积极上进的工作作风，具备良好的服务意识。

案例导入

红牛——“跳伞高手空中挑战”

红牛作为一个著名的能量饮料品牌，一直以来都以活力和极限运动为主题，致力于挑战极限和突破自我的精神。

红牛曾拍摄过一则主题是“跳伞高手空中挑战”的短视频，在视频中，一位专业跳伞高手穿着红牛品牌服装，从飞机上空跳伞，然后在空中完成一系列惊险刺激的动作，比如空中翻转、穿越狭窄的空中通道等，最后安全降落在指定区域。

这个视频案例成功地表现出红牛品牌的核心价值观——挑战极限和追求自我突破。视频中把跳伞高手的惊险表演展现得淋漓尽致。通过高品质的制作和刺激的内容，吸引了年轻、爱好极限运动的目标受众。同时，视频中展示的惊险场面和专业技能也让观众产生了对红牛品牌的认可和信任，进而增强了他们对产品的购买欲望。这个案例充分展示了短视频在品牌营销中的巨大潜力，通过生动、刺激的内容吸引目标受众，从而有效地传播品牌形象和核心价值观。

资料来源　https://baijiahao.baidu.com/s?id=1751520008329673566.

7.1 短视频概述

7.1.1 短视频的含义

短视频是指借助互联网传播的内容视频，时长一般控制在1分钟左右的传播形式。短视频的制作门槛低，信息呈现方式融合了文字、视频、语音，具有泛娱乐化、碎片化的天然属性，迎合了“读秒时代”用户的信息阅读习惯。短视频这种传播形式的发展是内外因素联动作用的结果。短视频的主要特征有传播速度快、立体化、创作与分享方式多样、社会互动性强等。一方面，移动互联网技术、移动终端设备、快速拍摄与美化编辑技术、大数据技术为其发展提供了外部支持。另一方面，社交化营销场景、碎片化信息消费习惯、大众化和定制化的精准推送是其发展的内部逻辑。根据中国互联网络信息中心（CNNIC）在北京发布的第52次《中国互联网络发展状况统计报告》显示，截至2023年6月，短视频用户规模达到10.26亿人，用户使用率高达95.2%。

7.1.2 短视频的特点

相比于传统的文字、图片等传播形式，短视频具有自己的特点（表7-1）。

表7-1 短视频特点

特点	说明
短	时长短。短视频的时长短，创作者能够利用短视频在较短的时间内讲好故事，做好营销
小	话题小。短视频涉及的话题比较小，能够聚焦在某个具体的问题上，能够引起用户的共鸣
轻	内容浅显易懂。短视频内容开门见山，简洁明了，观点鲜明，通俗易懂，适合用户使用碎片化时间观看
快	传播速度快。短视频更新和传播速度非常快，这就要求创作者善于追热点，借势传播，这样有利于短视频的扩散
新	形式新。短视频是创作者利用各种灵感创作出的，充满个性，具有新鲜、新颖、新奇、新意等特点
准	目标精准。短视频具有指向性优势，可以准确地找到目标用户，实现精准营销
低	创作门槛低。短视频的创作流程简单，仅使用一部手机就可以实现短视频的拍摄、剪辑、上传和分享，每个人都可以成为短视频的创作者

7.1.3　短视频的类型

一、剧情类

剧情类短视频是指短视频内容有一定的故事情节，通常两人以上出演，剧情风格各异，如悬疑、推理、情感等。创作剧情类短视频需注重剧情反转，能吸引用户的注意力，并使用户产生共鸣。

二、搞笑类

搞笑类短视频旨在通过趣闻逸事或夸张、搞笑的喜剧效果来吸引用户的关注。搞笑类短视频的内容形式多样，包括脱口秀、情景喜剧等。创作此类短视频应注意将吐槽点和搞笑点相结合。

三、美食类

美食类短视频内容以美食制作、美食展示和试吃为主，可细分为菜谱、美食制作、烹饪技巧、美食探店试吃等。

四、才艺类

才艺类短视频指创作者向用户展示自己才艺的短视频。才艺展示包括唱歌、跳舞、乐器演奏、各种手工制作等。

五、知识类

知识类短视频以各种知识的讲解为主，可细分为艺术培训、语言教育和各种专业技术讲解，如摄影知识、办公软件应用等。

六、时尚类

时尚类短视频的内容以展示潮流、时尚和美丽为主，可细分为穿搭、美妆、美发等。这类短视频主要面向女性用户群体，她们观看短视频是为了能够从中学习一些美妆、护肤、穿配等技巧。

七、旅行类

旅行类短视频的内容主要以创作者分享旅行中的见闻和攻略为主，可细分为风景、人文（历史遗迹、博物馆等）和住宿等。创作此类短视频时，不仅要有较强的美观性和趣味性，还要有很强的实用性。

7.2　短视频营销

7.2.1　短视频营销的含义

短视频营销是内容营销的一种，短视频营销主要借助短视频，通过选择目标受众人群，并向他们传播有价值的内容，这样吸引用户了解企业品牌产品和服务，最终形成交易。

在新媒体时代，随着社交视频应用的快速发展，短视频正从一个简单的信息载体转变为一种非常流行的在线销售和交流的方式。短视频营销是指企业利用短视频作为分销载体，将产品信息传递给现有的和潜在的消费者，影响公众的感知、态度和行为，最终达到营销目的的营销渠道，实现对消费者的转化。在传统媒体时代，广告和营销主要围绕着信息到达的程度和重复的程度来强化公众的记忆和提高品牌的知名度。而在新媒体时代，短视频营销可以纵向深入地覆盖产品与消费者的联系节点，促进消费转化。通过短视频平台，企业可以整合互联网的海量数据，照顾到用户的观看习惯和喜好，精准地推送用户喜欢观看的短视频内容，将产品面向消费者进行病毒式传播，进而提高转化效率。

7.2.2 短视频营销的特点

一、移动客户端传播方式

在移动互联网技术和智能终端技术的加持下，手机版 App 操作界面极为简单，点赞、转发、评价、打赏等功能一应俱全。根据中国互联网络发展状况统计调查数据显示，截至 2024 年 6 月，我国网民规模近 11 亿人，短视频用户占网民整体的 95.5%，为短视频类应用软件的发展提供了坚实的用户基础。

二、内容生产简易化

短视频应用软件的功能不断优化，创作模式“零门槛”，生产成本大幅降低，内容生产简易化。在创作之初，不少素人网红本身不具备视频拍摄、剪辑基础，但应用 App 的视频编辑功能，指尖轻轻滑动就能轻松实现分镜头录制，植入缩放、AR、裂变等特效。

移动短视频用户与内容创作者的距离越来越近。人们可以随时随心地使用应用软件的拍摄、制作功能发布自己的作品。人们只要勤加练习，大量接地气的视频可以达到专业设备的水准。传统意义上的受众也可以参与创作过程，从而产生多层次的体验感。内容生产简易化使得用户生产内容成为主流，促进了短视频创作的内容繁荣。

三、碎片化传播

几秒到几分钟时长的短视频使得录制与观看都更为便捷，能够填补人们的碎片化时间，适应现代人快节奏的信息阅览方式。在内容上，随时捕捉、随手一拍的小视频，更能贴近日常生活。利用碎片化时间，短视频营销也就变成了过程间断化、效果持续化的营销，可以实现营销效果的最大化。

四、分享社交化

具备高日常贴合度和高生活关联性的视频内容，还容易引发“粉丝”效应，在“粉丝”的自发分享过程中积累潜在的消费群体。目前，以抖音、快手为代表的移动短视频 App 都支持微信、QQ 等社交软件账号一键登录，为以转发、分享为主的视频社交提供便捷。各行业营销主体可以通过短视频的社交分享，提升曝光率，在多次转发中触达私域流量价值。

7.2.3　短视频营销的盈利方式

一、原创品牌电商

电商变现是通过拍摄全方位、多角度介绍产品的广告短视频，以最直观的图文结合方式，使用户对产品外观、质量、味道等性质获得身临其境的体验，感受到产品的特性和亮点，激起用户对产品产生强烈的购买欲望，通过产品链接直接购买或登录第三方电商平台产生消费行为。用户在接收信息时，处于短视频营销链路的内容转化前阶段，用户在注意力被锁定后，进入“边看边买”的转化链路，经过一步步引导，从短视频内容场景进入电商场景，最终实现线上流量向线下客户的转化。

二、平台广告分成

广告收益是根据广告主投放的广告数量和效果来计算的，具体来说，广告主会根据你的视频播放量、观众互动情况以及“粉丝”数量等指标，确定广告的投放价值，并给予相应的分成比例。

三、带货佣金分成

随着短视频平台的崛起，许多人开始将带货与短视频相结合。通过在视频中推销商品赚取佣金，成为一种新型的创业方式。抖音作为当下最火爆的短视频平台，吸引了大量商家将产品销售转移到抖音平台。为了让达人能够从带货过程中获得收益，抖音推出了分佣制度，即达人通过推广商品或服务，从中获得一定比例的佣金。

四、私域知识付费

目前，面对国内互联网长期免费的市场，用户付费的变现模式尚处于萌芽期，在短视频市场作用下，自媒体知识人创作的高端、专业、有深度的优质内容将成为调动用户付费意愿的敲门砖。教育领域与咨询领域将首先成为知识付费探讨与尝试的热门。这种变现模式能够满足用户利用碎片化时间随时随地进行充电的需求。随着从知识点单独购买到月度会员费用、季度会员费用，再到包年会员费用的发展，支付体系逐渐建成，这种变现模式的开发空间将进一步拓展。

7.3　短视频平台

7.3.1　抖音

抖音 App 属于一种可以拍短视频的音乐创新短视频社交软件，在 2016 年正式发布并上线，是一个专注年轻人的音乐短视频社区平台。用户可以通过这款软件选择歌曲，拍摄音乐短视频，形成自己的作品。与此同时，在实际应用的过程中，用户还可以借助抖音短视频平台，将自己录制完成的个人视频上传，并对其拍摄节奏进行调整，同时添加各种音乐、伴奏、配音、特效等，使整个视频以更好的效果呈现在受众的面前。

所属企业：头条系（字节跳动）。

平台口号：记录美好生活。

用户群体：年轻、时尚、颜值、女性居多，一、二线城市的中产用户。

平台特色：多元化，智能推荐算法，平衡流量、内容、用户、产品之间的关系，促进商业变现。

日活用户：约5亿。

呈现方式：竖屏为主，小视频。

内容生产：UGC、PGC、OGC（职业生成内容）。

变现渠道：广告、电商、平台活动、流量分成、KOL、KOC（关键意见消费者）。

建议：商业价值高，可以作为首选的短视频平台。

抖音案例："张同学"

抖音博主"张同学"在2021年10月4日发布了第一个视频后，短短两个月的时间，他已经积累了超过1 300万"粉丝"。这样的速度，被自媒体行业人士评价为"无可复制的奇迹"。在爆红的同时，"张同学"也面对来自外界的争议。有人说他的背后有强大的专业团队，也有人说他本身是一名导演、制作人，曾长期从事自媒体幕后工作。

近日，"张同学"在接受媒体采访时回应了外界的种种质疑。对于下一步，他称："其实做账号想得比较简单，拍一些农村题材，后续卖卖自己家乡的农特产品。"

截至12月5日8时，"张同学"在抖音平台已发布42个视频，拥有1 308.9万"粉丝"。这离他发布的第一个视频才过去约两个月。

这也意味着，在过去60多天里，"张同学"平均每天涨粉约20万，这在自媒体行业几乎是难以想象的速度，甚至有自媒体行业人士评价他是"无可复制的奇迹"。

在"张同学"的视频中，他呈现出一个"农村单身汉"的日常生活场景，从起床到洗漱，再从做饭到赶集……有网友认为，视频真实呈现出了农村生活的细节。

一个作品从内容到拍摄、到剪辑、到成品，都是一个人完成的。所以每天看到"张同学"五点发作品、六点发作品，甚至更晚九点发作品。一个人做确实需要一段时间。

在这个视频中，"张同学"还演示了自己是怎么拍摄做一件事情的不同画面的。以穿衣服为例，先是拿着手机拍了开衣柜的画面，然后把手机固定在衣柜背板上，拍下拿衣服、关衣柜的画面，又拍一个把衣服甩到炕上的画面，再用支架固定手机，拍摄系皮带、手从袖子里伸出来等画面。

对于外界传言的导演、制作人等身份，“张同学”称：“没有这么高大上，我就是想段子，完成拍摄和剪辑，现在做自己的账号。”

11 月 25 日，认证为“人民网网络评论部”的抖音账号“人民网评”称，“张同学”视频的镜头衔接非常专业，节奏紧凑、毫不拖沓，同时还有大量的分镜，可见无论是脚本还是拍摄，都是花了心思的。

“人民网评”称，呼吁更多“张同学”的出现，希望他们能用专业的技术，去记录真实的中国，让乡村生活走到观众面前来，吸引更多人去支持乡村振兴，挖掘乡村的魅力。

据《新京报》报道，“张同学”已有家室，在身边的单身青年群体中找到灵感，于是有了“张同学”这个讲述农村单身青年故事的账号。

“用段子表达内心想法，视频里是农村单身青年的真实生活，没有故意刻画人物，展现的是生活原本的样子。”“张同学”在接受媒体采访时说。

资料来源　https：//baijiahao. baidu. com/s? id=1718372893203837024.

7. 3. 2　快手

快手是北京快手科技有限公司旗下的产品。快手的前身，叫“GIF（图形互换格式）快手”，诞生于 2011 年 3 月，最初是一款用来制作、分享 GIF 图片的手机应用。2012 年 11 月，快手从纯粹的工具应用转型为短视频社区，成为用户记录和分享生产、生活的平台。后来随着智能手机、平板电脑的普及和移动流量成本的下降，快手在 2015 年以后迎来市场。

2019 年 12 月，快手成为中央广播电视总台 2020 年《春节联欢晚会》独家互动合作伙伴，开展春晚红包互动。2021 年 2 月 5 日，快手正式在香港交易及结算所有限公司上市，首次公开募股融资规模为 54 亿美元。2023 年，快手全年总收入达 1134.7 亿元，同比增长 20.5%。

所属系：快手（百度、腾讯参与投资）。

平台口号：快手，记录世界，记录你。

用户群体：老铁文化、三、四线城市人群，真实热爱分享的群体。

平台特色：多元化，依托算法打通推荐和关注的协同关系。

日活用户：约 3 亿。

呈现方式：竖屏为主，小视频。

内容生产：UGC、PGC。

变现渠道：广告、电商、平台活动、KOL、KOC。

建议：目前快手是短视频领域的榜二，用户群体主要集中在三、四线城市。目标受众集中在这一群体的，可以以快手作为切入平台。

快手案例：快手扶贫

相比于传统扶贫思路，短视频作为扶贫“新生力量”，在2019年脱贫攻坚道路上发挥了强劲的实力。入选“2019正能量天团”的两位扶贫书记张飞和吴玉圣，便搭乘快手扶贫“快车”，借助“短视频+直播”，带动当地村民实现脱贫致富。

张飞：快手拍“忘忧云庭”走云端扶贫路，忘忧不忘使命

作为四川省小金县老营乡扶贫书记，张飞经常亲自出镜拍摄快手短视频。他带着家人、乡亲在海拔3 200米的高山上吃饭的画面，将原本不知名的村庄变成人人向往的“忘忧云庭”（快手ID：fgcsc666）。家乡被看见的同时，商机也随之而来。2018年，“忘忧云庭”出售腊肉6 000斤，带动了周围100多户村民增收。2019年“五一”之后，“忘忧云庭”开始接待游客，房价一天100元，网友纷纷前来打卡。

如今，四川省阿坝州小金县老营乡甘家沟村26户109人已经全部脱贫。2019年，通过网络扶贫帮助村民销售苹果11 000斤，增收55 000多元，销售松茸300多斤，增收6万多元。不仅农产品销售有了新途径，今年还有200多名网友慕名前来旅游，给甘家沟村未来的发展带来了新机遇。人气和流量，让甘家沟获得了实在收益和可观的发展前景，在快手记录与分享的过程中，越来越多的村民腰包“鼓起来”了。

吴玉圣：打造“侗家七仙女”快手网红，带领全村“新式”脱贫

同样是扶贫书记，贵州省黎平县盖宝村的吴玉圣结合当地“天庭七仙女下凡”的传说，通过在快手打造“浪漫侗家七仙女”（快手ID：langmannvshen）的形象，介绍盖宝村的风土人情。带火盖宝村的同时，吴玉圣还在快手上开通了直播，出售侗衣、侗布以及侗家的土特产。一年里，他们销售侗族服饰、刺绣等40 000多元，旅游单月收入3 000元，帮助村合作社出售小黄姜30吨，销售额30多万元。

有了快手作为与外界沟通的纽带，盖宝村的日子越过越好，许多外出打工的年轻人纷纷回到家乡，为扶贫工作不断注入新鲜血液。借助快手“短视频、直播+扶贫”创新模式，走向致富道路，盖宝村的成功经验也获得了来自社会各界的关注和认可。2019年9月19日，CCTV-13《新闻30分》和《朝闻天下》分别用3分钟和5分钟，报道了快手用户“浪漫侗家七仙女”，肯定“短视频开辟扶贫新路径”。

资料来源　https：//baijiahao. baidu. com/s? id=1654404265268799391.

7.3.3　哔哩哔哩（B站）

B站早期是一个ACG（动画、漫画、游戏）内容创作与分享的视频网站。经过10多年的发展，围绕用户、创作者和内容，构建了一个源源不断产生优质内容的生态系统，B站已经涵盖7 000多个兴趣圈层的多元文化社区，曾获得QuestMobile研究院评选的“Z 世代偏爱 App”和“Z 世代偏爱泛娱乐 App”两项榜单第一名并入选“BrandZ”报告 2019 最具价值中国品牌 100 强。哔哩哔哩（bilibili）是目前中国最大的弹幕视频网站，有及时的动漫新番、活跃的 ACG 氛围和有创意的 Up 主，被“粉丝”们亲切地称为“B 站”。

所属系：哔哩哔哩（阿里、腾讯参与投资）。

平台口号：哔哩哔哩 -（゜-゜）つロ干杯～。

用户属性：二次元、ACG 文化爱好者，游戏、动漫直播爱好者。

平台特色：基于人工智能算法，为用户推荐动画、漫画和游戏等内容。

日活用户：约 1 亿。

呈现方式：横屏，长、短视频。

内容生产：UGC、PGC、OGC。

变现渠道：电商、平台活动、流量分成、KOL、KOC。

建议：B 站创作的收益有很多种，具体包括：创作激励计划收益、广告收益、视频声明的加成收益、商单收益。选择该平台要注重视频内容质量和目标用户的匹配度。

哔哩哔哩案例：李子柒用视频传递中国文化

李子柒作为哔哩哔哩短视频博主，致力于展示中华传统手作和丰富多彩的美食，靠着从源头出发、身体力行的创作风格收获海内外的众多“粉丝”，同时也获得了官方媒体的认可。同时，李子柒品牌也是个人 IP 品牌化的成功实践。李子柒成功开辟了田园视频系列，鼓励越来越多人加入工艺人创作、加入乡村视频创作队伍。对李子柒的视频内容进行分析，有一定的参考和指导意义。

在拍摄兰州拉面的视频前，她先是软磨硬泡拜师学艺，之后苦练一个多月，练到胳膊酸痛才拉得像模像样。拍摄过程中，仅仅是拉面这个步骤她就拍了 2 000 多个镜头。由于制作拉面的步骤十分烦琐，面粉的白色又容易导致相机虚焦，她花了整整3 天才完成拍摄。

有人不解绵阳的山中为何会长出菠萝，是因为她提前一年将它们放进温室种到第二年（第二年回暖再种植在土地里），才正常结果。至于更娇嫩的草莓，则要在开花时一朵一朵人工授粉，在大雪纷飞的时节，用炭火升温。

近景视频中，她的手部皮肤被泥土吸走了水分，纹理粗糙，左手大拇指在前几次的拍摄中被砸伤，指甲盖下依稀可见淤血。她右手持刻刀，每落下一刀，就要轻轻吹去木灰，她穿着布马褂坐在门前，一下一下地划开木料，细碎的器具撞击声，敲开了现代与传统、中国与世界之间的大门。

李子柒的视频记录的是一个普通中国人的日常生活，却展现了中华传统文化中的人文精神，而这正是中华文化与世界文明对话的重要价值共识，展现出可信、可爱、可敬的中国形象，推动中华文化更好地走向世界。

白岩松曾说："如果能有更多像李子柒这样，来自民间并真的走向世界的网红，那中国故事就真的有得讲了。"

资料来源 bili _ 457746547 https：//www. bilibili. com/read/cv20148007/.

7.4 短视频营销策略

一、定位

想要通过短视频平台收获流量，核心绝对是内容。短视频一定要让用户有获得感。无论是搞笑内容、音乐、美食或者生活技巧，抑或是农产品，必须让看到视频的人有所收获。

以"三农"领域为例，内容具体可以分为以下三大类：

（一）产品科普类

其主要以科普产品知识及有关生活小常识为主，需要稳定输出相关信息。例如，做水果的，需要每天或者有规律性地输出水果类的科普信息。

（二）美食教程类

其主要介绍产品的各种吃法。可以做一些美食教程，介绍一些蔬菜水果是如何制作成美味的。这类账号吸"粉"最精准且黏性最强，转化率最高。

（三）农业教育类

可以根据产品的特点对其生产全过程做一个细分拍摄。假若有生产基地，就拍摄从种苗到成熟再到销售的整个生产过程。每一个小过程都可以形成一个知识点来做视频。

二、高质量视频的制作

根据平台的规则来拍摄视频，才有可能达到人们想要的效果。以抖音为例，人们拍摄视频时需要注意以下几点：

（一）原创比例

在条件允许的情况下，最好用抖音 App 直接进行拍摄。用 App 直接拍摄上传的视频，会被优先推荐。

（二）视频分辨率

如果实在觉得抖音软件难以满足需求，建议使用单反进行拍摄，因为如果使用其他视频拍摄机器，在上传下载过程中会降低分辨率，系统容易自动判定为盗用视频。上传的视频一定要高清的，尽量不要压缩。

（三）语音清晰、有字幕、logo 尽量减少

为了增加被推荐概率，最好不要添加 logo。没有 logo、分辨率高、画质清晰的高

质量视频在过审和推荐上相对有优势。

三、发布

很多人在制作高质量视频内容后，想要获得推荐，在发布环节需要注意以下几个小细节：

(一) 标题引导语冗长，削弱点击欲

引导语最好用一两句话概括内容，能让人初步了解视频内容。

(二) 关联话题、蹭热点，让推荐关注量剧增

在抖音界面有一个“话题”栏，你可以选择一个与产品相关的话题，或者关联最热点的话题。

(三) 封面选择，要做到亮点突出

封面的美观程度影响主页的美观度，同时也影响着点击量。在发布过程中最好选择看起来较舒服的那一帧作为封面。

(四) 地点定位，最大限度获取周边关注

抖音会根据你的选择做一个定位，优先给周边用户推荐。

四、推荐引流

抖音平台会根据停留时间、循环播放次数、点赞数、评论数，自动评价作品是否受用户喜欢，并根据这些指数调整推荐量。点赞、评论等较多的作品，其推荐也会增加。要慎重对待每一个评论，回复评论一样可以增加推荐。同时，这也为后期转化引流打下基础。

课中实训： 四人一组，以小组为单位，搜集抖音平台上具有代表性的短视频账号，分析其类型与变现模式。

7.5　抖音短视频的内容策划

7.5.1　抖音账号的定位

定位清晰，专注做某个领域的垂直化内容不仅可以得到平台的扶持，还可以吸引更多的用户关注。做好账号定位，要注意体现出自己与其他账号的不同，以便于自身账号在众多的抖音账号中脱颖而出。创作者在有了创意内容之后，接下来就要思考“如何实现这种价值”，选择什么样的表现形式来诠释短视频主题。创作者选择了一种表现形式以后，就要长期坚持下去，并且深入分析抖音平台的用户属性（表 7 - 2）。

表 7-2　抖音平台的用户属性

类别	说明
性别特征	男女用户比例均衡，说明抖音整体规划比较好
兴趣爱好	男女用户有着各自喜欢的内容，男性用户偏好军事、游戏、汽车等内容，女性用户偏好美妆、母婴、时尚穿搭等内容。男女用户共同喜好剧情、生活、美食等内容。据统计，观看情感和影视娱乐短视频的用户数量增长较快
年龄特征	抖音用户较年轻，主要集中在 35 岁以下，其中 25～30 岁比例较高，说明年轻人是抖音内容传播的主力军
消费特征	17～20 岁的用户群体虽然比较活跃，但其消费水平不高。25～30 岁的用户群体消费水平相对较高，他们是抖音上的主要消费群体
地域特征	抖音平台上一、二线城市用户比例超过了 50%，三、四线城市用户数量增长较快，抖音用户的地域覆盖面比较广
时间特征	据统计，抖音用户观看短视频的时间高峰在 12：00 和 20：00，周末在 9：00—17：00 比较活跃，工作日在 19：00—23：00 比较活跃

7.5.2　抖音短视频的表现形式

一、图文形式

图文形式通常是在一张底图上加上一些文字，通过图片与文字的结合来传达信息。适合选择图文形式的短视频内容主要包括生活记录、科普知识、时尚、美食、宠物等。

二、实拍形式

实拍形式分为真人出镜和其他事物出镜两大类。适合选择真人出镜形式的短视频内容包括脱口秀、搞笑剧情、知识分享、探店、vlog 等；其他事物出镜的短视频主要包括宠物出镜、风景出镜和美食出镜等。

三、动画形式

动画是一种综合艺术，是集合了绘画、电影、数字媒体、摄影、音乐、文学等众多艺术门类于一身的艺术表现形式。动画的类型包括二维漫画、三维动画和定格动画等。

四、解说形式

解说形式一般为百科知识分享或影视作品的解说。创作此类短视频时，创作者不用自己动手拍摄视频，只要提前找好想要解说的素材，厘清解说思路，再将内容片段与解说完美对应，并添加字幕即可。

创作者采用解说的形式展现短视频内容，要注意避免同质化，可以从表达方式、视觉、语言、声音等方面入手，探索出自己的独特风格；同时建立解说者的人设，赋予抖音账号内容之外的温度和情感，使用户在欣赏内容的同时对抖音账号形成差别化记忆。

五、vlog 形式

vlog（video blog）形式即视频博客形式，又称视频网络日志，由创作者（vlogger）以影像代替文字或照片创作个人日志，并上传给网友分享。这种形式的短视频重在记录生活，但不能拍成流水账，要有主题，突出重点，并注意拍摄效果。vlog 的拍摄要注重脚本思维，创作者要提前构思好重要的镜头，做好开场和转场，在后期剪辑时要保证叙事流畅。

7.5.3 抖音短视频脚本的创作

短视频脚本是短视频创作的基础，也是短视频内容呈现的灵魂支撑。短视频脚本的最大作用就是提前统筹安排好短视频创作团队中每个人每一步的工作，保证拍摄思路清晰，提高团队拍摄效率。短视频脚本需要在最短的时间内，从听觉、视觉和情绪上带给用户冲击感，吸引用户眼球。

脚本是短视频拍摄、剪辑的依据，是短视频制作的操作手册。成功的脚本能够让摄影师知道怎么拍、让演员知道怎么演、让剪辑知道怎么剪。短视频脚本的撰写模板（表 7－3），一般遵循如下流程：

第一步：搭建框架，要明确拍摄的主题是什么，梳理清楚故事线索、人物关系以及场景。

第二步：主题定位，要表现的故事背后的深意是什么？想反映什么样的主题？怎样的内容表达形式？是美食视频、服装穿搭，还是小剧情？

第三步：人物设置，短视频中需要设置几个人？他们承载剖析主题的哪一块使命？

第四步：场景设置，拍摄地点是室内还是室外？是棚拍还是绿幕抠像？

第五步：故事线索，剧情怎么发展，是从人物从小到大讲起，还是用倒叙的方式发展？

可以先来个糟糕的结果，调动一下观众情绪，再探索整个故事的剧情。

第六步：影调运用，什么情绪的主题配什么情绪的影调，悲剧？喜剧？怀念？搞笑？科技？

冷调、暖调、光影……

第七步：背景音乐。音乐是渲染剧情气氛的最佳手段和妙招。如：拍摄美女帅哥的网红，会选择流行快节奏的嘻哈音乐；拍摄中国风，会选择慢节奏的 vlog 音乐；拍摄运动风，会选择节奏鼓点清晰的音乐；拍摄育儿和家庭剧，会选择轻音乐、暖音乐。

第八步：镜头运用。大全景：一般交代大的时代背景、城市街道环境、整个剧情发展的大的环境背景。全景：人物所在空间、建筑局部、人物所处环境的介绍。小全：交代人物肢体语言，具有一定刻画人物的功能。中景：半身以上，膝盖至头顶额部分，常用于采访。近景：胸像以上，刻画人物脸部、表情。特写：脸部细节刻画。大特写：任何部位的局部特写。

表 7-3　短视频脚本的撰写模板

镜号	景别	运镜手法	拍摄内容	文案	地点	声音	道具

7.5.4　抖音短视频的拍摄与剪辑

要想顺利完成短视频拍摄，创作者要熟悉景别和构图方式，了解拍摄角度，掌握布光与运镜技巧等。剪辑的目的是通过对拍摄的视频素材进行分割、删除、组合和拼接等操作，使其成为一个连贯流畅、主题鲜明并具有强烈艺术感染力的作品。

一、短视频创作团队的组建

创作者要想把抖音账号快速做起来，需要组建一支短视频创作团队，如图 7-1 所示。快速、高效地组建团队的关键是找到合适的人，做好团队人员的配置。优秀的抖音短视频作品离不开短视频创作团队每位成员的努力，团队创作人员分工详见表 7-4。

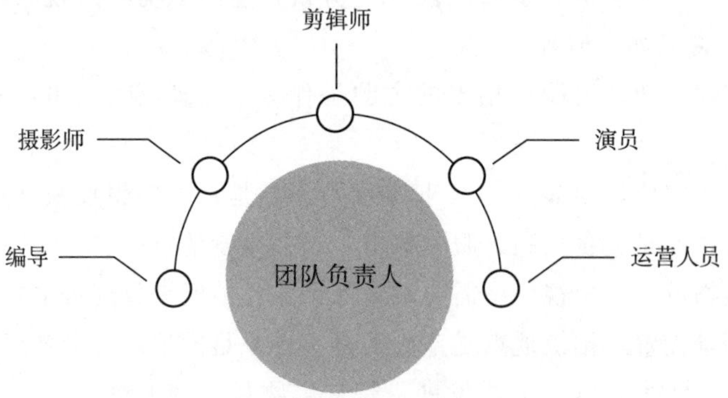

图 7-1　短视频创作团队人员组织架构

表 7-4　团队创作人员分工

<table>
<tr><th>1 人全能</th><th>初级团队配置（3～5 人）</th><th>专业团队配置（10 人）</th></tr>
<tr><td rowspan="10">策划、剧本、拍摄、演员、
后期剪辑、上线发布、
账号运营等都由创作者 1 人完成</td><td rowspan="4">运营人员（1～2 人）</td><td>导演</td></tr>
<tr><td>编剧/策划</td></tr>
<tr><td>道具人员</td></tr>
<tr><td>运营人员</td></tr>
<tr><td rowspan="3">演员（1 人）</td><td>演员</td></tr>
<tr><td>化妆师</td></tr>
<tr><td>配音</td></tr>
<tr><td rowspan="3">视频制作人员（1～2 人）</td><td>美工</td></tr>
<tr><td>摄影师</td></tr>
<tr><td>剪辑师</td></tr>
</table>

二、明确创作团队人员的职责

(一) 编导

编导是短视频创作团队中的最高指挥官，主要负责把控短视频的整体风格和内容，以及每个短视频的脚本和规划，并协调各个方面的人员。短视频创作团队的编导要具备良好的沟通能力、较高的审美能力、较强的判断能力及一定的抗压能力。

编导的具体职责如下：负责短视频的定位和内容策划，使其符合市场需求，确定选题并策划完整的短视频方案。负责撰写短视频脚本，在撰写分镜头脚本时，能够对色彩、构图、镜头语言等做出准确判断。组织协调短视频拍摄，推动短视频拍摄任务顺利实施。参与短视频后期剪辑，负责短视频包装（片头、片尾的设计）等，监督整个短视频的制作过程，并审核短视频的整体质量。

(二) 摄影师

摄影师的主要工作是按剧本要求完成短视频的拍摄任务。摄影师的工作内容主要是协助分镜头脚本撰写、拍摄前的道具准备、视频拍摄、素材分类整理等。

摄影师需要具备以下专业技能：具备了解镜头和脚本语言的能力；掌握精湛的拍摄技巧，懂得运用各种镜头；具备基本的短视频剪辑能力；具备敏锐的观察力，捕捉演员或拍摄对象所处的场景；具备灵活的应变能力，在拍摄过程中能够灵活处理各种紧急情况，针对演员的表演状态找到最佳的拍摄角度和灯光效果，完美地诠释演员的表情和个性。

(三) 剪辑师

剪辑师的主要工作是负责短视频的后期制作，根据短视频创意和脚本，对拍摄素材进行适当裁剪，同时添加适当的配乐、配音和特效，通过对素材的筛选、整理和剪辑，得到一个完整的短视频作品。

剪辑师的具体职责如下：分辨素材的好坏，筛选出能够突出短视频主题的素材，并对素材进行快速整理；能够熟练地剪辑素材；能够找准剪切点，在画面的顶点处进行剪切，画面的顶点是指动作和表情的转折点；懂得选择配乐，能够在短视频的高潮阶段或温馨时刻加入符合此时此景的音乐。

(四) 演员

演员的演技、外貌、妆容、着装与饰演角色的气质是否相符是创作者重点考虑的因素，不同题材的短视频对演员的要求不同。

演员的具体职责如下：配合编导，按照短视频脚本完成对短视频内容的演绎；根据角色需要，能够尽快投入角色，完美诠释角色性格和形象；协助团队其他人员进行短视频创意、脚本的选题策划及分镜头脚本的撰写等。

(五) 运营人员

运营人员的主要职责是负责短视频账号的日常运营和推广，包括账号信息的维护与更新、短视频的发布、用户互动、数据收集与跟踪、短视频的推广、账号的广告投放等。运营人员需要具备以下专业技能：案例分析能力、数据分析能力、学习创新能力、人际交往能力、自我调节能力。

三、掌握短视频拍摄技能

要想拍摄出优质的抖音短视频，创作者需要掌握短视频的拍摄方法与技巧。掌握了抖音短视频的拍摄技能，创作者才能更好地通过镜头表达观点，传达情感，保证短视频的拍摄效果，给用户带来良好的视觉体验。

（一）景别

景别是指在焦距一定时，摄影机与被摄主体的距离不同，而造成被摄主体在摄影机镜头中所呈现出范围大小的区别。景别一般分为五种，由近至远分别为特写、近景、中景、全景和远景。

特写是指拍摄人的面部、人体的某一局部、一件物品的某一细节的镜头。短视频可以通过特写体现被摄主体丰富的细节变化，刻画人物性格和心理活动，展现人物的情绪变化；引导或转移用户的注意力，强调和突出某一物体的局部特征；增加神秘感，引发用户的好奇心。拍摄者可以利用特写来转换场景和时空，以避免不同场景直接连接在一起而产生突兀感。

近景是表现人物胸部以上或物体较大局部的画面，常被用来细致地表现人物的容貌、神态、仪表等。使用近景可以对人物情绪和内心活动进行充分表达，增强人物与用户之间的交流感和亲近感，更好地向用户传达人物的内心情感，使用户产生身临其境的感受。在近景画面中，环境空间被淡化，处于陪体地位。在很多情况下，创作者利用一定的手段将背景虚化。

中景是指表现人物膝盖以上部分或局部场景的画面。中景有利于交代人物之间的关系；中景大都用于需要识别背景或交代动作路线的场景；中景常用于叙述剧情。在拍摄中景画面时，创作者要注意拍摄角度、演员调度和姿势等的灵活变化，尤其是拍摄人物的中景时，不要把画面卡在人物的膝盖部位。

全景是指拍摄人物全身形象或场景全貌的画面，多用短焦距镜头拍摄。在使用这种景别拍摄的画面中，观众能够看到人物的全貌，捕捉人物的一举一动，能利用背景营造氛围，但在表现面部细节上稍有欠缺，常用于表现人物之间、人物与环境之间的关系。全景与远景相似，但与远景相比视距更小，被摄主体在画面中呈现得更加完整，能够更加清晰直观地展现被摄主体和物之间的关联。

远景是景别中最远、表现空间范围最大的一种，一般用于短视频在开篇介绍宏大的场景，表现事件发生的地点，营造整个故事的氛围，为剧情发展做铺垫。远景中的人物所占面积很小，甚至成为点状，整体感较强，不突出细节。结尾的远景画面可以形成一种远离故事情节的视觉感受，给用户回味和想象的空间。

除了景别，拍摄过程中还需要掌握拍摄方向和拍摄高度，详见表 7-5 和表 7-6。

表 7-5　拍摄方向的类型

拍摄方向	说明
正面拍摄	正面拍摄是指镜头正对着被摄主体进行拍摄，用户看到的是被摄主体的正面形象。拍摄人物时，可以表现出人物完整的面部特征和表情动作；拍摄景物时，可以表现出景物的横向线条，营造出庄重、稳定、严肃的氛围
侧面拍摄	侧面拍摄根据拍摄角度的不同又可分为正侧面拍摄、前侧面拍摄和后侧面拍摄。正侧面拍摄是指镜头的拍摄方向与被摄主体的正面方向约成 90°角，有利于展示人物正侧面的轮廓线条和身体姿态；前侧面拍摄是指镜头的拍摄方向与被摄主体的正面方向约成 45°角；后侧面拍摄是指镜头的拍摄方向与被摄主体的背面方向约成 45°角。从前侧面或后侧面拍摄人物，可以突出表现人物的主要特征，拍摄景物时有利于展现景物的立体感与空间感，使拍摄对象产生明显的形体变化
背面拍摄	背面拍摄是指摄影机镜头在被摄主体的正后方进行拍摄，使用户产生与被摄主体处于同一视线的主观感受。背面拍摄有时也可用于改变被摄主体、陪体的位置关系，增强用户的代入感、参与感与现场感

表 7-6　拍摄高度的类型

拍摄高度	说明
平拍	镜头与被摄主体处于同一水平线，以平视的角度来进行拍摄，所拍画面符合用户通常的观察习惯，具有平稳的效果，是一种纪实角度。平拍不易产生变形，适合拍摄人物近景、特写，但平拍景物时，前后景物容易被重叠遮挡，不利于表现空间的纵深感和层次感
仰拍	镜头偏向水平线上方进行拍摄，特点是前景升高，后景降低，有时后景被前景所遮挡，使镜头画面更加简洁。仰视角度越大，被摄主体的变形效果就越夸张，带来的视觉冲击力就越强
俯拍	在被摄主体的侧上方以一个较高的角度从上往下拍摄画面。俯拍时，离镜头近的景物降低，离镜头远的景物升高，展现出开阔的视野，增加了空间的深度
顶拍	镜头从空中向下大俯角拍摄，或者利用无人机航拍地面。顶拍有极强的视觉表现力，能够使用户鸟瞰场景的全貌，享受翱翔在场景之上的视觉快感

课中实训： 四人一组，以小组为单位，找一款生活中的常见商品作为拍摄对象，完成该商品推广短视频的拍摄和剪辑。

（二）构图

视频画面的构图要突出被摄主体，这样有助于用户了解短视频主题，给用户留下深刻印象。突出被摄主体的构图方式主要包括九宫格构图、中心构图和三角形构图。在短视频拍摄中，创作者可以通过使用一些特殊的构图方式延伸用户的视线，拓展视觉空间，这类构图方式包括对称构图、引导线构图、对角线构图和“S”形构图等。短视频创作的目的是吸引用户观看，如果能给用户带来视觉上的冲击，让用户感觉到新颖、震撼，就能引起用户的注意，激发用户的观看欲望。提升视觉冲击力的构图方式有框架构图、辐射构图和低角度构图等。

顺光也称正面光或前光，顺光的光线方向与拍摄方向是一致的。顺光拍摄时，被摄主体正面受到均匀的照明，能够呈现出自身的细节和色彩，使画面更具吸引力。但是，顺光拍摄难以表现被摄主体的立体感和质感，容易导致画面平淡、对比度低，缺乏光影变化和影纹层次。

侧光指光源从被摄主体的左侧或右侧照射，被摄主体受光源照射的一面非常明亮，而另一面则比较阴暗，画面明暗分明。侧光适合表现被摄主体的质感、轮廓、形状和纹理，突出其立体感和层次感。侧光是几种基本光线中最能表现层次、线条的光线，适宜拍摄建筑、雕塑等物体。

逆光指光线的方向与拍摄方向正好相反，逆光拍摄时由于光源位于被拍摄主体之后，光源会在被摄主体的边缘勾画出一条明亮的轮廓线。使用逆光能够塑造出轮廓清晰、影调丰富、质感突出和生动活泼的画面造型。逆光拍摄能够增强被摄主体的质感，还可以烘托和渲染画面的整体氛围，同时给用户带来很强的视觉冲击力。在进行逆光拍摄时，摄影师要注意背景与陪体及拍摄时间的选择，还要考虑是否需要使用辅助光进行补光等。

反射光是指光源所发出的光线没有直接照射被摄主体，而是先对着具有一定反光特性的物体如水面、镜子或光滑的金属表面等进行照射，再由反光体的反射光对被摄主体进行照射。在拍摄过程中，常用的反光工具是反光板和反光伞。在拍摄风景类的短视频时，摄影师经常会使用水面作为镜面，拍摄出与被摄主体对称的倒影画面，画面生动有趣，表现力强。

顶光是指光线从被摄主体的顶部照射下来。底光是指光线从被摄主体的下方向被摄主体照射过来。顶光和底光是两条比较特殊的光线，一般不在短视频拍摄中使用。顶光通常用于反映被摄主体的特殊精神面貌，如人物的憔悴、苍老、悲伤等状态，或者烘托压抑、紧张的气氛。底光适用于表现特定的光源特征和环境特点，通常用于烘托恐怖、神秘、古怪的气氛。

（三）设计运动镜头

运动镜头即运镜，是指通过机位、焦距和光轴的运动，在不中断拍摄的情况下形成视角、场景空间和画面构图，表现对象的变化。运镜可以增强画面动感，扩大镜头视野，影响短视频的速度和节奏。在短视频拍摄中，运动镜头是主要的表现形式。

推镜头是指摄影机向被摄主体的方向推进，或者变动镜头焦距，使画面框架由远向被摄主体不断推近的镜头。推镜头符合用户在实际生活中由远及近、从整体到局部、由全貌到细节观察事物的过程，所以镜头的说服力很强。推镜头的主要作用是突出被摄主体，使用户的视觉注意力相对集中，视觉感更强。

拉镜头是指摄影机逐渐远离被摄主体，或者变动镜头焦距，使画面框架由近及远与被摄主体拉开距离的镜头。拉镜头能够展现被摄主体与周围环境之间的关系，由于镜头拉远，表现出空间的扩展，反衬出被摄主体的远离和缩小，在视觉上给用户一种退出感和谢幕感，常用于结束性或者是结论性的镜头。

摇镜头是指摄影机本身所处位置不移动，借助摄影机的活动底盘，镜头上、下、左、右旋转拍摄。摇镜头分为左右摇镜头和上下摇镜头，左右摇镜头常用来表现大场面，上下摇镜头常用来展现被摄主体的高大、雄伟。摇镜头通过将画面向四周扩展，突破了画面框架的空间局限，扩大了用户的视野，能够将用户迅速带入特定的氛围中。

甩镜头属于摇镜头的范畴，指摄影机只通过上下或左右的快速移动或旋转来实现从一个被摄主体转向另一个被摄主体的切换，多用于表现画面的急剧变化。

移镜头是指摄影机沿水平面进行各个方向的移动拍摄。移镜头具有完整、流畅、富于变化的特点，能够开拓画面的空间，适合表现大场面、大纵深、多景物、多层次的复杂场景，展现各种运动条件下被摄主体的视觉艺术效果，使用户产生身临其境之感。

跟镜头属于移镜头的范畴，它与移镜头的不同之处在于，摄影机镜头始终跟随被摄主体，方向不定，而移镜头一般保持水平方向的运动。跟镜头既能突出运动中的被摄主体，又能表现被摄主体的运动方向、速度、体态及其与环境之间的关系，有利于展示被摄主体在动态中的形象。

升降镜头是摄影机借助升降装置一边升降一边拍摄的方式，升降运动带来了画面范围的扩展和收缩，形成了多角度、多方位的构图效果。升降镜头适用于表现高大的物体，或者展示事件或者场面的规模、气势和氛围，也可以表现画面中人物感情状态的变化等。

环绕镜头是指镜头围绕被摄主体进行拍摄，操作难度相对较大，在拍摄时速度要保持一致。环绕镜头可以拍摄出被摄主体周围 360°的环境和空间特点，也可以配合其他运镜方式来增强画面的视觉冲击力。

综合运动镜头是指在一个镜头中把推、拉、摇、移、升降、环绕等各种镜头运动方式有机结合起来的一种拍摄方法。在短视频拍摄中，通常一个镜头只进行一种方式的运动，但为了提高镜头之间的连贯性并丰富转场流程，可以在镜头起幅和落幅时增加其他的运动方式，这样可以在后期剪辑时有更多镜头连接的可能性。综合运动镜头有很强的表现力，它有利于记录和表现同一场景下的不同景别，完整地叙述故事情节，还有利于通过画面结构表达出运动性的综合效果。综合运动镜头的连续动态有利于再现现实生活的流程，可以与音乐的旋律变化互相配合，形成画面与音乐融为一体的节奏感，从而形成和谐的短视频节奏。

实训项目

【教学目标】

通过本章实训内容，学生能够创新地构思和表达短视频内容，并根据短视频平台特性，掌握内容推广和用户互动技巧。

【技能要求】

学会策划、编写剧本、拍摄、剪辑及运营短视频内容。

【实训内容】

以团队为中心，自选品牌，制定和执行短视频营销方案。

（1）根据品牌定位和用户需求策划短视频内容。

（2）根据策划内容，编写脚本。

（3）使用拍摄设备和剪辑软件生成视频内容。

（4）进行内容发布、推广和用户互动。

思考与练习

（1）简述抖音短视频的表现形式。

（2）简述策划抖音短视频选题的方法。

（3）简述短视频脚本的类型。

第8章　搜索引擎营销

本章教学目标

知识目标：了解搜索引擎营销的基本概念和原理；掌握搜索引擎优化（SEO）和搜索引擎广告（SEA）的基本知识；理解搜索引擎排名算法的基本原理。

能力目标：能够制定搜索引擎营销策略，包括SEO和SEA；能够通过关键词分析、网站优化等手段提升网站在搜索引擎中的排名；能够创建有效的搜索引擎广告并进行投放管理。

素养目标：培养学生对于网络营销的认识和理解能力，增强学生在数字营销领域的素养；培养学生分析问题和解决问题的能力，提高学生实践操作的技能；提升学生的团队合作和沟通能力，培养学生的团队协作素养。

案例导入

美团外卖搜索引擎营销

美团外卖是中国领先的在线外卖平台，专注于提供多样化的餐饮服务。在食品行业激烈的竞争中，美团外卖通过搜索引擎优化和创新的数字营销策略赢得了显著的成功。由于食品行业涉及众多餐厅和美食，美团外卖需要确保用户能够轻松找到并订购他们感兴趣的食物。同时用户通常更关心附近的餐馆和外卖选择，因此本地搜索的效果至关重要。

通过本地化的搜索引擎优化，美团外卖确保在用户搜索美食时，附近美食能够出现在前列。在精准关键字广告投放方面，美团外卖谨慎选择与美食相关的关键字，在搜索引擎上投放了精准的关键字广告。这使得他们能够在用户搜索特定食物或餐馆时更容易被发现。在用户评论和评分方面重视用户口碑，美团外卖通过在搜索结果中突出显示餐厅的用户评分和评论，增加用户对餐馆的信任感，提高点击率和转化率。

通过这些策略，美团外卖成功地满足了用户在多样化食品选择和本地化需求方面的期望。美团外卖巧妙地利用搜索引擎优化和数字广告策略，提升了品牌的在线可见性和用户互动性。

资料来源 http://www.360doc.com/content/18/0106/22/30654782_719676598.shtml.

8.1 搜索引擎概述

8.1.1 搜索引擎的定义

搜索引擎（search engine）是指根据一定的策略，运用特定的计算机程序从互联网上收集信息，再对信息进行组织和处理，为用户提供检索服务，将用户检索的相关信息展示给用户的网站系统。简而言之，搜索引擎通过收集并整理互联网上众多网页中的关键词并进行索引，进而建立索引数据库。当用户搜索某个关键词时，所有页面内容中包含该关键词的网页都将被作为搜索结果展示出来。

例如，在百度中输入关键词"强化木地板的优缺点"，搜索结果页面将显示页面内容中包含"强化木地板的优缺点"的网页。

通常情况下，在海量的搜索结果中，搜索结果展示的位置越靠前，被用户浏览的概率越高，营销推广的效果也就越好。

8.1.2 搜索引擎的发展历程

在互联网尚未诞生之前，文件传输协议（file transfer protocol，FTP）作为一种广泛的信息共享方式，大量的文件散布在各个不同的FTP服务器中，给用户查询信息带来了极大的不便。为了解决这一问题，加拿大麦吉尔大学的师生在1990年研发了Archie。Archie能够定期收集和分析FTP服务器中的文件信息，从而帮助用户查找散落在不同FTP服务器上的文件。

虽然Archie收集的信息资源不是网页，但Archie的基本工作原理和搜索引擎是相同的，即自动收集信息资源、建立索引、提供检索服务。因此，Archie也被视作现代搜索引擎的雏形。后来，随着互联网的兴起，为了更容易地查询互联网中的网页信息，搜索引擎应运而生，并随着互联网的发展不断进步。总体来说，搜索引擎分为四代。

第1代搜索引擎——分类目录时代：分类目录时代的搜索引擎会收集互联网上各个网站的站名、网址、内容提要等信息，并将它们分门别类地编排到一个网站中，用户可以在分类目录中逐级浏览并寻找相关的网站。搜狐目录、hao123等就是典型的分类目录。

第2代搜索引擎——文本检索时代：文本检索时代的搜索引擎可以对用户输入的查询信息进行各种运算，进而判断其与目标网页内容相关度的高低，并返回相关度高的网页给用户。一些早期的搜索引擎，如Alta Vista、Excite等都是这个时代的代表。

第 3 代搜索引擎——整合分析时代：整合分析时代的搜索引擎会通过推荐链接的数量来判断一个网站的流行性和重要性，然后结合网页内容的重要性和相似程度来判断反馈信息的质量，最后还会将反馈给用户的海量信息智能整合成一个门户网站形式的页面，而不是像文本检索时代返回一个没有分类的链接清单。最早使用这种整合分析的是 Google，该技术不仅使 Google 大获成功，还在当时引起了学术界和其他商业搜索引擎的重点关注。

第 4 代搜索引擎——用户中心时代：以用户为中心就是当用户查询时，要充分挖掘用户的深层次需求，实现精准化的用户定位和营销。以关键词"手机"为例，对于不同职业和不同年龄阶段的用户来说，他们对手机的需求是不同的，甚至同一个用户，也会因为时间和场合的不同而有不同的需求。要通过用户输入的简短关键词来判断用户的真正需求，就需要搜索引擎能够真正地了解用户。搜索引擎可以通过用户搜索时的大量特征，如上网的时间、操作习惯、搜索内容等，逐渐勾勒出用户的信息和需求，如性别、年龄阶段、兴趣爱好等，这些数据就是搜索引擎进行"商业数据挖掘"的巨大宝藏。

8.1.3 搜索引擎的类型

SEO 人员要想网站能被精准检索，首先应该熟悉搜索引擎的分类，再根据网站的属性来优化网站。目前搜索引擎主要分为全文搜索引擎、目录索引类搜索引擎、元搜索引擎和垂直搜索引擎等。

一、全文搜索引擎

全文搜索引擎是目前应用较广泛的搜索引擎，国外具有代表性的全文搜索引擎是 Google，国内则是百度和 360 搜索。全文搜索引擎从互联网中提取各个网站的信息(以网页文字为主)，建立起网页数据库，并检索出与用户给出的搜索条件相匹配的记录，按一定的排列顺序返回搜索结果。

全文搜索引擎又可以分为两类。一类是拥有自己的检索程序（网页抓取程序）的搜索引擎，能够自己从互联网中抓取网页建立数据库，从自身的数据库中调用搜索结果，如 Google、百度和 360 搜索等。另一类则是租用其他搜索引擎的数据库，并按照自定义的格式排列搜索结果的搜索引擎，如 Lycos。由于这类搜索引擎不能创建自己的数据库，无法满足用户的需求，现已逐渐被第一类搜索引擎所替代。

二、目录索引类搜索引擎

目录索引类搜索引擎也被称为"分类检索"，以人工方式或者半自动方式搜索网页的内容，并根据网页的内容和性质将其归纳到不同层级的类目之下，形成信息摘要，最终形成像图书目录一样的树状分类结构索引。典型的目录索引类搜索引擎包括雅虎、网易、搜狐等。

目录索引类搜索引擎为树状结构，它在首页提供了最基本的入口，用户可以逐级向下访问，直到找到所需要的网页。此外，用户也可以利用搜索引擎提供的搜索功能直接查询某个关键词。

由于目录索引类搜索引擎只能在已经保存的站点的描述中搜索，因此网站本身的变化不会反映到搜索结果中，这也是目录索引类搜索引擎与全文搜索引擎的区别。

三、元搜索引擎

元搜索引擎是为了弥补传统搜索引擎的不足而被开发出来的一种辅助搜索工具，它可以使用户只搜索一次就得到来自多个搜索引擎的搜索结果。元搜索引擎在接收用户的搜索请求后，会同时在多个搜索引擎中选择最合适的搜索引擎来实现搜索操作，并且将搜索结果返回给用户。典型的元搜索引擎有 Info Space、Dogpile 和 Vivisimo 等。

元搜索引擎由三个部分组成，分别是搜索请求处理模块、搜索接口代理模块、搜索结果显示模块。搜索请求处理模块负责接收和处理用户的搜索请求，搜索接口代理模块负责将用户的搜索请求翻译成不同搜索引擎所要求的格式，搜索结果显示模块则负责对所有搜索结果进行去重、合并和显示输出。

四、垂直搜索引擎

垂直搜索引擎更专注于特定的搜索领域和搜索需求，如图片搜索、视频搜索、法律搜索、专利搜索、论文搜索等。垂直搜索引擎是对通用搜索内容的细分，在特定的搜索领域能够给用户提供更好的搜索体验。百度学术、百度文库、Google 学术等都是垂直搜索引擎。

垂直搜索引擎的特点是精、准、深，且具有行业色彩。相比其他无序化的搜索引擎，垂直搜索引擎更加专业和深入，能够保证所收录信息的完整性和及时性，且其返回的搜索结果重复率低、相关性强、查准率高。

除了上述四种搜索引擎以外，还有门户搜索引擎、免费链接列表等搜索引擎。这些搜索引擎的应用范围相对较窄，可以适当了解。

8.1.4 常见的搜索引擎

随着搜索引擎技术的不断成熟，新的搜索引擎不断涌现。目前国内主要的搜索引擎有百度、360 搜索、搜狗搜索等，国外主要的搜索引擎有 Google、必应等。

一、百度

百度是全球知名的中文搜索引擎，致力于向用户提供“简单、可依赖”的信息获取方式，百度首页如图 8-1 所示。2000 年 1 月，百度于北京中关村创立，“百度”二字源于宋朝词人辛弃疾《青玉案·元夕》中的“众里寻他千百度”，代表着百度对中文信息检索技术的执着追求。

百度收录的中文网页已有几百亿个，并且网页的数量每天都在飞速增长。同时，

图 8－1　百度首页

百度的服务器分布在全国各地，能直接从最近的服务器上把信息返回给当地用户，使用户享受畅快的搜索体验。百度每天处理来自 100 多个国家（或地区）超过数亿次的搜索请求，用户通过百度可以搜索到世界上较新、较全面的中文信息。

二、360 搜索

360 搜索是北京奇虎科技有限公司旗下的一款搜索引擎产品，于 2012 年 8 月上线。360 搜索秉承“为用户提供干净安全、可信赖的信息服务”的宗旨，致力于为用户提供更好的搜索体验，360 搜索以自主研发的核心算法为基础，覆盖网页、图片、视频、音乐、新闻、购物等各类搜索需求，提供跨终端、全场景的搜索服务。在搜索结果页面中，360 搜索采用清新、简约的设计风格，同时结合搜索数据和用户反馈呈现优质的信息，具有较高的搜索效率和准确度。360 搜索首页如图 8－2 所示。

图 8－2　360 搜索首页

三、搜狗搜索

搜狗搜索是搜狐公司于 2004 年推出的第 3 代互动式中文搜索引擎，搜狗搜索首页如图 8－3 所示。搜狗搜索致力于中文互联网信息的深度挖掘，帮助我国上亿互联网用户快速获取信息，为用户创造价值。

图 8－3　搜狗搜索首页

搜狗搜索极具特色，其图片搜索具有独特的组图浏览功能，网页搜索具有实时更新功能，地图搜索具有全国“无缝漫游”功能。这些功能使得搜狗搜索极大地满足了用户的日常需求，使用户可以更加便利地畅游互联网。

四、Google

Google是目前公认的全球最大的搜索引擎之一，是互联网上最受欢迎的网站之一，在全球范围内拥有大量的用户，其首页如图8-4所示。Google允许以多种语言进行搜索，有30余种语言可供选择。

图8-4　Google首页

Google以简单、干净的页面设计和高相关度的搜索结果赢得了用户的认同。Google每天需要处理约2亿次搜索请求，数据库有约30亿个Web文件，提供常规搜索和高级搜索两种功能。

五、微软必应

微软必应是微软公司于2009年推出的搜索引擎，集成了搜索首页图片设计、崭新的搜索结果导航模式、创新的分类搜索和相关搜索用户体验模式，以及视频搜索结果无须单击即可直接预览播放、图片搜索结果无须翻页等功能，其首页如图8-5所示。

图8-5　必应首页

8.1.5　搜索引擎的工作原理

搜索引擎的工作原理主要包括蜘蛛爬行、抓取建库、网页处理、检索服务和结果展示五个方面的内容。

一、蜘蛛爬行

搜索引擎的工作开始于蜘蛛爬行（spider crawling）阶段。蜘蛛是一种自动化程序，它们会从一个网页开始，然后通过链接跳转到其他网页，不断爬行整个互联网。蜘蛛的目标是发现尽可能多的网页，并将它们传递给搜索引擎的索引程序。蜘蛛在爬行期间，它们会收集网页的标题、内容、链接和其他元数据信息。

二、抓取建库

一旦蜘蛛爬行完成，收集到的网页将被送往抓取建库（crawling and indexing）阶段。在这个阶段，搜索引擎会对蜘蛛收集到的网页进行处理和索引，以便后续的检索。这个过程包括以下步骤：

（一）去重

搜索引擎会检查已经收集的网页，去除重复的内容，以节省存储空间并提高效率。

（二）解析

网页内容会被解析为文本，包括标题、段落、标签和链接等。这样的解析使得搜索引擎可以理解网页的结构和内容。

（三）建立索引

解析后的网页内容会被存储到搜索引擎的索引库中。索引是一个巨大的数据库，包含互联网上所有网页的信息。它使搜索引擎能够快速地检索相关的网页。

三、网页处理

在建立索引之后，搜索引擎还会对网页进行一些处理，以提高搜索结果的质量。具体包括以下几个方面：

（一）关键词提取

搜索引擎会从每个网页中提取关键词和关键短语，以便将网页与用户的查询相匹配。

（二）内容评估

搜索引擎会分析网页的内容质量，包括文本的长度、原创性和相关性等因素。这有助于确定网页的排名。

（三）链接分析

搜索引擎还会分析网页之间的链接关系，评估链接的质量和权威性。这有助于确定网页的权重和排名。

四、检索服务

一旦所有的网页都被索引和处理完毕，搜索引擎就可以提供检索服务。用户通过搜索引擎的搜索框输入查询关键词，搜索引擎会根据这些关键词在索引中查找相关的网页。检索服务的过程包括以下步骤：

（一）查询处理

搜索引擎会解析用户的查询，并根据关键词和算法找到匹配的网页。

（二）排名算法

搜索引擎使用排名算法来确定搜索结果的顺序。这些算法考虑了多个因素，包括关键词匹配度、内容质量、链接权威性和用户体验等。

五、结果展示

最后，搜索引擎会将搜索结果呈现给用户。搜索结果通常以页面排名的形式显示，排名靠前的网页通常被认为更相关、更有价值。用户可以点击搜索结果链接来访问他们感兴趣的网页。

8.2 搜索引擎营销与搜索引擎优化

8.2.1 搜索引擎营销的定义与特点

搜索引擎营销（SEM）是指利用搜索引擎的技术和平台，通过付费或者优化的方式，提高网站或者网页在搜索结果中的排名和展现量，从而吸引更多的目标用户，实现网站的推广和活动营销。搜索引擎营销追求最高的性价比，以最少的投入获得最大的来自搜索引擎的访问量，并产生商业价值。

搜索引擎营销与其他网络营销方法相比，具有自己的特点。充分了解这些特点，就能够有效利用搜索引擎来开展网络营销和推广。归纳起来，搜索引擎营销主要有以下三个特点。

一、见效快、效果好

搜索引擎营销可以根据不同的关键词、地域、时间、设备等因素，精准定位目标用户，展示相关的广告或者网页，从而提高点击率和转化率。搜索引擎营销也可以根据数据反馈及时调整策略和投放方案。

二、管理灵活、评估准确

搜索引擎营销可以通过专业的工具与平台，管理和监控广告或者网页的投放情况，实时查看浏览量、点击率、转化率等指标，评估投放效果和投资回报。搜索引擎营销也可以通过设置预算、竞价、出价等参数，控制投放范围和成本。

三、适应性强、竞争力强

搜索引擎营销可以根据不同的行业、市场、产品、用户等特点，制定不同的关键词策略和内容策略，完成不同的营销目标，满足不同的需求。搜索引擎营销也可以通过不断地测试和优化，提高关键词的质量。

8.2.2 搜索引擎优化的定义和作用

搜索引擎优化（SEO）是指为了提升网页在搜索引擎中的收录数量，以及在搜索结果中的排名而做的优化行为，其目的是从搜索引擎中获得更多的免费流量。搜索引擎优化虽然不会直接给网站带来收益，但可以给网站带来大量稳定的流量，当用户在网站中消费后就能产生直接的经济收益。搜索引擎优化的作用主要有以下三点。

一、提升关键词排名

通过优化网站的内容、结构、代码等，提升网站在搜索引擎中的排名，使更多的用户能够通过关键词找到网站，从而提升网站的访问量和转化率。

二、提升网站流量

关键词排名的提升会促使网站流量的提升，进而促进流量的转化。这不仅能够增加网站的曝光度，还能够吸引更多的潜在用户。

三、提升品牌知名度

网站曝光度的提升有助于促进产品的宣传推广，提升品牌知名度。对于企业来说，这不仅能够扩大市场份额，还能够提高品牌价值。

8.2.3　搜索引擎优化的应用领域

随着互联网技术的不断发展，搜索引擎优化的应用领域不断扩大。目前，搜索引擎优化已经广泛应用于网络营销的各个领域，并在各种类型的网站营销中发挥着重要作用。

SEO 对企业网站的作用：SEO 不仅能增加企业网站的流量，而且能提升流量的质量。这些优质的流量往往来自企业的潜在用户，而潜在用户通过网站了解企业的产品和信息后，就有可能成为企业的直接用户。

SEO 对电商网站的作用：电商网站要想实现产品的销售，就得有用户。SEO 可以让搜索引擎将电商网站的产品呈现给更多的潜在用户，既能为电商网站节约大量的广告费，又能提高产品的销量。

SEO 对个人网站的作用：个人网站因为经费的限制，需要一种低成本、高效率的营销手段，SEO 就是很好的选择。

8.2.4　搜索引擎优化的常用术语

对于 SEO 初学者来说，首先需要掌握与 SEO 相关的常用术语。

白帽 SEO：白帽 SEO 是指合理合法、有利于提升用户体验、符合主流搜索引擎规范的 SEO 方法。白帽 SEO 是业内公认的最佳 SEO 方法，不会与搜索引擎的任何规范发生冲突。白帽 SEO 也是 SEO 从业人员的最高职业道德标准。

黑帽 SEO：黑帽 SEO 是指具有欺骗性的、违反搜索引擎规范的作弊手法，比如垃圾链接、隐藏网页、桥页（通过软件自动生成的包含大量关键词的网页）、关键词堆砌等。黑帽 SEO 不符合主流搜索引擎规范，虽然在短期内可能会让网站获得较高排名，但是一旦被发现，就会被搜索引擎惩罚。

灰帽 SEO：灰帽 SEO 是介于白帽 SEO 与黑帽 SEO 之间的 SEO 方法。相对白帽

SEO而言，灰帽SEO会采取一些取巧的方式来操作，这些操作不算违规，但也不符合主流搜索引擎规范。

权重：搜索引擎会通过不同的算法评价网站的质量及重要程度，并形成评分，这个评分就是权重。不过很多搜索引擎并没有公开发布每个网站的权重，现在能查询网站权重的有爱站网、站长工具等，它们先检测网站在各搜索引擎中的排名和流量等数据，再以相应的公式加权计算出表示权重的数值。该数值的取值范围为0～10，数值越大，权重越高。通过该数值，用户可以直观地了解网站在各搜索引擎中的重要程度。

降权：降权是指网站在搜索引擎中的权重被降低，通常是因为作弊而被搜索引擎处罚。降权分为小幅降权、大幅降权和K站（被搜索引擎删除所有页面或只保留首页）三种。

转化率：转化是指用户访问网站并达成网站定义的目标行为，如注册、下单、填写问卷等。完成转化的用户数与所有访问网站的用户数之比称为转化率。

外部链接与反链：外部链接是指从本网站链接到其他网站的链接和从其他网站链接到本网站的链接。从其他网站链接到本网站的链接又被称为反链，反链的数量和质量对网站在搜索引擎中的排名有很大的影响。

8.2.5 搜索引擎优化的基本步骤

网站SEO可以采用PDCA循环法来实施，即首先诊断网站目前存在的问题，并制订相应的优化计划；然后执行计划，为了提升优化的效率，可采用统计表的形式细化任务；接下来检测网站SEO的效果，通过数据统计分析网站优化的情况；最后总结这一轮PDCA循环存在的不足，并修正计划，应用到下一轮PDCA循环中，以不断提升网站SEO的效果（图8－6）。

图8－6　网站SEO的PDCA循环

一、制订SEO计划

制订SEO计划的基础是全面分析和衡量网站需要优化的项目，综合诊断网站目前存在的问题。网站问题的诊断是为网站SEO服务的。一般来说，网站问题的诊断包括以下五个方面。

前期准备：对一个全新的网站进行SEO，首先需要对整个网站进行SEO项目分析，确定一个明确的目标，如确定要建设什么类型的网站、网站的关键词是什么、有什么推广目标、用户群体是哪些等；然后确定网站的域名、服务器和网站系统是否适合SEO。做好这些工作，不仅可以给后面的工作带来便利，还可以提升搜索引擎对网站的认可度，加快搜索引擎对网站页面的收录速度。

关键词：对于任何一个网站来说，关键词都是影响网站SEO的重要因素。网站关键词代表了网站的市场定位，在优化关键词时必须合理布局关键词，了解影响关键词分类的因素，选择关键词，判断关键词的竞争程度，评估关键词的优化效果等。

网站结构：网站结构相当于一个网站的骨架。合理的网站结构能够正确表达出网站的基本内容，以及内容之间的层次关系。要优化网站结构，首先要清楚网站结构的类别，然后才能有针对性地优化不同类别的网站结构。

网站页面：网站页面优化是网站 SEO 的重要工作，通过不断优化和调整网页程序、内容、板块等，使网站页面符合搜索引擎的检索标准，从而提升网站在搜索引擎中的排名。网站页面问题的诊断主要是查看标题的设置是否合理、关键词和描述的设置是否到位、图片的属性是否合适，以及视频的设置是否恰当。

网站链接：网站链接是引导用户浏览网站的路径，同时也是引导搜索引擎抓取网页的路径。网站链接能够传递网站的权重，是网站的灵魂。因此，在网站建设的过程中一定要做好链接的诊断与优化。网站链接的诊断主要是内部链接和导入链接的诊断。

诊断网站问题可以使 SEO 人员及时发现网站存在的问题，降低损失，并根据发现的问题制订合理的 SEO 计划。SEO 计划应包括关键词优化策略、内容优化、结构优化、技术优化和外部因素优化等内容。为了提升网站 SEO 的效率，SEO 人员需要制作一个完整的 SEO 任务计划表，细化、优化指标，明确各任务的工作并及时跟进优化进度。

二、执行 SEO 计划

制订 SEO 计划之后，接下来就需要执行 SEO 计划，即根据 SEO 计划优化和改进网站。

三、检测 SEO 计划

网站的 SEO 计划的制订是否合理、目标是否完成、计划是否需要改进，都要通过实际的检测才能有准确的判断。

一般来说，SEO 效果是以实际的 SEO 指标来判定的。在网站 SEO 的过程中会有很多数据指标，其主要包括网站收录、网站排名和转化率等。

SEO 人员可以创建网站流量统计表、网站关键词排名统计表等表格，记录不同时期的网站流量、关键词排名和其他业务数据，并进行比较和分析，以判断 SEO 计划是否有效、是否出现新问题等，总结网站 SEO 的情况。

四、修正 SEO 计划

完成 SEO 计划的检测之后，还要总结 SEO 计划中效果不显著的地方，或者优化过程中出现的新问题，为下一轮的 PDCA 循环提供修正 SEO 计划的依据。

8.3　搜索引擎优化项目分析

8.3.1　网站的市场定位

网站的市场定位就是网站及产品在目标市场上所处的位置，影响着 SEO 的目标和计划。如果网站的市场定位有误，则将导致网站SEO目标发生偏差，会严重影响SEO的效果。网站的市场定位主要包括网站的行业定位、商业模式定位和盈利模式定位三个方面的内容。

一、行业定位

网站的行业定位决定了网站内容和哪个行业有关，是服装、金融还是房地产？网站必须有一个清晰的行业定位，且一个网站通常不可能同时做服装、金融和房地产。如果网站的行业定位不准确，则用户将很难在该网站中找到自己需要的内容，从而影响用户的长期稳定性。

二、商业模式定位

网站的商业模式定位就是确定网站切入市场的模式，主要有以下三种商业模式：

（一）跨界商业模式

跨界商业模式是指传统企业通过网络开展跨界营销，以减少产品从生产到送达用户手中的环节，减少在流通渠道中的无谓损失，从而达到提高效率、降低成本的目的。

（二）免费商业模式

免费商业模式是指通过提供免费的产品和服务，将用户转化为流量，然后通过延伸价值链或增值服务来获得利润。

（三）线上＋线下商业模式

线上＋线下商业模式是指线上交易和线下体验相结合的商业模式。它主要包括两种场景，一是从线上到线下，用户在线上购买或预订服务，然后到线下现场体验服务；二是从线下到线上，用户在线下实体店体验并选择产品，然后在线上下单购买产品。

三、盈利模式定位

盈利模式定位就是确定网站如何获取利润。网站的盈利模式有多种，包括显示广告、销售产品和提供服务等。一个网站必须确定主要的盈利模式，其他盈利模式可以作为辅助盈利模式。

8.3.2 竞争对手网站分析

正确分析竞争对手网站，这一环节在整个SEO过程中比较重要。分析竞争对手网站需要收集竞争对手网站中的各种数据，并通过这些数据判断其网站的大致情况。通过竞争对手网站分析，可以明确对方网站的优点和不足之处，并据此制定相应的SEO策略，在吸取对方网站优点的同时展示出自己的特色，从而超越竞争对手网站。

分析竞争对手网站的权重：如果竞争对手网站的权重较高，则说明该网站在搜索引擎中的评级较高，要想在百度等搜索引擎中超越该网站，难度会很大。

分析竞争对手网站的反链数量：反链数量是判断竞争对手网站质量和网站建设力度的重要依据。

分析竞争对手网站的反链质量：反链不仅要数量多，而且要质量高。高质量的反链是指从高权重网站链接过来的反链。高质量的反链直接决定着网站在搜索引擎中的权重。有些网站虽然反链较少，但反链的质量较高，其排名会很靠前。

分析竞争对手网站的收录量：一个网站的收录量越多，说明越受搜索引擎重视。收录量的多少也可以反映网站的权重高低，通常网站的收录量越多，权重也就越高。

分析竞争对手网站的内容质量：网站的内容质量会影响其在搜索引擎中的收录量。一个网站虽然权重不高，但是有很多有价值的原创内容，那它在搜索引擎中的收录量会很多。要判断网站中的一段内容是否为原创，可以复制该内容，并在搜索引擎中搜索，如果发现有大量类似的内容，该内容就不是原创的。如果竞争对手的网站有很多的原创内容，原创度很高，要超过它就很困难。

分析竞争对手网站的更新频率：通过在搜索引擎中查询网页的收录时间，可以分析出竞争对手网站的更新频率。搜索引擎更喜欢相对较新的内容。因此，对于经常更新的网站，超越的难度会很大。

分析竞争对手网站的内部链接：内部链接是指网站内部网页与网页之间的相互链接，它可以提高内容页的权重，让内容页的排名更靠前，从而带来更多的流量。同时，内部链接的合理分布也能让搜索引擎更好地检索整个网站，从而收录更多网页。

分析竞争对手网站的 TDK 设置：TDK 设置是指网页的标题（title）、描述（description）和关键词（keyword）的设置。通过分析竞争对手网站的 TDK 设置，可以了解竞争对手的网站定位和关键词的设置。

分析竞争对手网站的关键词排名：分析竞争对手网站的关键词排名，可以了解竞争对手主要针对哪些关键词做了优化，以及整体的优化情况等。SEO 人员可以参考这些关键词的排名来制订自己的关键词优化计划。

分析竞争对手网站的用户体验：在互联网时代，赢得用户的关键是做好用户体验，从用户进入网站开始，就要进行各种布局，让用户产生信赖感，让用户觉得这是一个正规的网站，在该网站购物是安全的。分析竞争对手网站的用户体验最直接的做法是查看竞争对手网站中是否具有产品搜索、站内搜索、在线客服、留言系统和相关认证等内容板块。

分析竞争对手网站的域名：域名注册的时间越长，权重越高，因此，对于域名注册时间较长的网站，超越竞争对手网站会有一定的难度。

分析竞争对手网站的友情链接：查看与竞争对手网站做友情链接的网站主要有哪些，是不是内容相关的网站、是不是高权重的网站、有没有不良网站等。如果这些友情链接的网站都是同类网站，那么超越竞争对手网站的难度会增加。

分析竞争对手网站的流量：分析竞争对手网站的流量可以判断出竞争对手网站的市场价值和占有率，从而可以判断出哪些是主要竞争对手，以及它们的实力如何。

分析竞争对手网站的速度：网站速度也是影响网站在搜索引擎中排名的一个因素。

一般来说，超过 5 秒还没有打开网页，用户会关闭网页，从而造成流量流失。因此，如果网站的速度很慢，就会严重影响网站的排名。

分析竞争对手网站的网页架构：网页架构是指网页的布局方式，通常有表格（<table>标签）布局和 DIV+CSS 布局两种。一般来说，DIV+CSS 布局更容易被搜索引擎检索。使用站长工具、爱站网中的 SEO 综合查询工具，可以很方便地查询竞争对手网站的 SEO 数据。

8.4 关键词优化

8.4.1 认识关键词

关键词优化是 SEO 过程中非常重要的一环。SEO 人员在完成 SEO 的前期准备工作之后，需要对网站关键词进行优化。SEO 人员为了能够更好地完成此项任务，需要先回顾关键词的定义、分类，以及优化关键词的作用等基本知识。

一、关键词的定义

在 SEO 领域，关键词是指用户为了查询某类相关信息（如产品、服务、企业等），在百度等搜索引擎的搜索框中输入的一段文本。关键词可能是一个词语、一个短语或者一个句子。搜索引擎会将较长的关键词拆分为多个较短的关键词。

二、关键词的分类

在整个 SEO 过程中，关键词的选择非常关键，SEO 人员首先要明确关键词的分类，这样才能根据网站的特性来筛选、布局和优化关键词。关键词的分类方法多种多样，不同类型的网站适合不同的分类方法，主要有以下四种：

（一）按热度分类

关键词的热度主要是指最近一段时间内关键词的总搜索量。一般而言，关键词的搜索量越大，热度就越高；搜索量越小，热度就越低。按照关键词的搜索量，可以将关键词分为热门关键词、普通关键词和冷门关键词。

热门关键词：热门关键词是近期非常受欢迎的关键词，如热门电视剧、热门事件等。一般来说，此类关键词的竞争强度较大，很多大型网站也会参与竞争。网站通过热门关键词获得了更好的排名，就可以给网站带来可观的流量，但相应地也会消耗大量的精力和资源。

普通关键词：普通关键词是指拥有一定的搜索量，并且搜索量在热门关键词与冷门关键词之间的关键词，如“图书出版”“卧室装修”“钢琴培训”等。此类关键词的竞争强度不大，但细分程度高、精确度高、覆盖面广。网站通过优化普通关键词也能够获得大量的流量，因此普通关键词往往是许多网站的选择。

冷门关键词：冷门关键词是指搜索量较小的关键词，通常涉及一些比较专业的领域，如“怎么设置局域网共享文件夹”“软文发布技巧”等。这些关键词的搜索量相对偏小，但词汇量相对较大，而且用户的目标也很明确。一个冷门关键词或许不会给网站带来太多的流量，但如果网站内容足够丰富，就可以在网站中设置大量的冷门关键词，综合下来也可以给网站带来比较可观的流量。

(二) 按重要程度分类

按重要程度可以将关键词分为核心关键词、次要关键词和长尾关键词三类。

核心关键词：核心关键词是指能够将网页的主题表达出来的关键词，网站的内容也是以这些关键词为核心展开的。核心关键词通常包含 2～4 个字，如“咖啡”“运动鞋”“装修设计”等。核心关键词的竞争比较激烈，但能带来很大的流量。

次要关键词：次要关键词是核心关键词的扩展词，重要程度仅次于核心关键词。核心关键词主要放置在网站首页的标题和描述中，而次要关键词主要放置在各个栏目页的标题和描述中。

长尾关键词：长尾关键词的字数较多，描述也很具体，通常由多个关键词组成，如“小户型室内装修设计”“咖啡的好处与坏处”。此类关键词的搜索量相对较小，但更加精准，用户的目的明确，而且没有太激烈的竞争。

(三) 按相关度分类

按关键词与企业的相关度分类，可以将关键词分为品牌词、品类词（产品词）和人群词三类。

品牌词：品牌词是指网站的专有品牌名称或者企业名称。每一个网站都要创建一个属于自己的品牌词，这样有利于网站后期的品牌推广。

品类词：品类词是指网站的主营产品或者主营服务的关键词，如“化妆品”“数码相机”“婚纱摄影”等。

人群词：人群词是指目标用户群体所表现出的主流兴趣点，如培训机构、招聘机构的人群词可以采用“大学生毕业做什么好”“哪些工作发展前景较好”等。

(四) 按搜索目的分类

按用户的搜索目的分类，可以将关键词分为导航类关键词、交易类关键词和信息类关键词三类。

导航类关键词：导航类关键词是指某个特定网站的关键词，如网站的名称。用户非常明确自己想要访问的网站，只是不知道网址或者懒得输入，而直接在搜索引擎中输入导航类关键词，在搜索结果中排在第一的通常就是用户想访问的网站，如“京东”“天猫”“QQ 邮箱”等。

交易类关键词：交易类关键词是指体现出明确购买意图的关键词，如“华为手机价格”“二手平板电脑”等。交易类关键词具有很高的商业价值，用户在搜索这类关键词时，通常已经有了很明确的购买意向，只是在寻找合适的产品，这时如果能够吸引用户访问网站，就很可能达成交易。

信息类关键词：信息类关键词是指用户为了寻找某种信息而输入的关键词，这类关键词没有明确的购买意图，也不指向特定的网站，如“手机背景图片”“装修报价明细表”等。这类关键词的搜索量非常大，也是绝大部分网站参与竞争的一类关键词。

三、优化关键词的作用

优化关键词的作用主要体现在以下三个方面：

（一）提升用户体验

不同的行业、不同的用户群体在搜索相关的信息时使用的关键词都会有一定的规律。优化关键词可以使用户在更短的时间内搜索并浏览到所需内容，这样在满足用户需求的同时也会增加用户访问网站的概率，从而增加网站的流量，留住更多用户。

（二）提高网站在搜索引擎中的排名和流量

互联网中存在海量的信息资源，并存在很多非常相似、可以相互替代的内容。用户通常在搜索结果的第一页就能找到自己所需的信息，而通过关键词优化，可以提高网站的排名，这样在用户搜索关键词时，网站就可以被优先看到并访问，进而提高网站的流量。

（三）提高网站的知名度

SEO 人员通过关键词优化，可以提高网站的知名度。当网站具有一定的知名度后，在营销某产品或发布新产品时，就能够迅速吸引用户访问，从而提高网站的流量和转化率。

8.4.2 选择关键词

关键词的优化并非一朝一夕之功，必须制定一套合适的关键词优化策略，并且要循序渐进地优化。关键词优化的第一步是选择关键词，SEO 人员在充分了解关键词的选择原则和关键词的竞争度分析方法后，为网站选择合适的核心关键词、次要关键词和长尾关键词。

一、关键词的选择原则

选择关键词是 SEO 的一个重要环节，但是在实践过程中，许多 SEO 新手往往会根据自己的偏好进行选择，而忽视了用户的使用习惯和需要。所以，SEO 人员在关键词的选取上要谨慎，要遵循相应的选择原则。

（一）关键词应与网站内容相关

每个关键词都是为网站服务的，因此，SEO 人员在选取关键词时，必须把关键词和网站的内容联系起来。若选取的关键词与网站的内容无关，网站的内容就与用户要搜寻的信息没有任何关系，即使用户访问了网站，也会因为没有找到想要的信息而立刻退出，并且之后可能再也不会访问该网站。

（二）核心关键词不能太宽泛

核心关键词不能太宽泛，如“学校”“电子商务”“新闻”等。这些关键词往往具有很大的竞争度，优化难度也很大，为了长期保持较高的排名，网站需要投入大量的人力、物力和资金。此外，过于宽泛的关键词无法精确地配合用户的搜寻意图，且转换率也较低。总之，选择的核心关键词要具有精准性和针对性，而且要能直接突出网站的主题。

（三）核心关键词不能太特殊

核心关键词不能太特殊。如果关键词太特殊，那么即使竞争度很小，也很少有用户去搜索。通常，企业名称、品牌名称、产品名称、地名等都是特殊关键词。例如“成都×××房地产有限责任公司”就过于特殊了，就算是很有名的企业，也很少有用户会用企业的全称来进行搜索，更别说那些没听说过企业名称的新用户了。

（四）从用户的角度思考

很多 SEO 人员在选择关键词时，都是基于自己的主观想法。这种方式产生的关键词很有可能因为过于专业而与用户的搜索习惯不符。所以 SEO 人员要从用户的角度出发，通过调查和分析网站数据，了解用户的搜索习惯，最后确定所需的关键词。

（五）选择搜索量大、竞争度小的关键词

竞争度在关键词的选择上非常重要，竞争度越小的关键词，越容易被优化，也越容易取得更好的排名。SEO 人员应尽量选择搜索量大、竞争度小的关键词。但在实际工作中，这样的关键词并不容易找到，大部分搜索量大的关键词往往竞争度也比较大。关键词的挖掘、扩展工具，可以帮助 SEO 人员查询关键词搜索量、竞争度等信息，可以有效地筛选出搜索量大、竞争度小的关键词。

（六）选择商业价值高的关键词

不同的关键词具有不同的商业价值。例如，搜索“投影仪的原理与结构”的用户的购买意愿就比较弱，因此该关键词的商业价值不高，因为用户可能只是想了解投影仪的相关知识；而搜索“如何选择投影仪”的用户通常有很强的购买意愿；搜索“投影仪购买”和“投影仪价格”的用户的购买意向则非常明显，这样的关键词的商业价值很高，如果网站再适时推出一些促销活动，则很有可能会促成交易。

二、关键词的竞争度分析

一个好的关键词能够给网站带来许多流量，但同时也意味着这个关键词的竞争度较大，优化难度也较高。因此，SEO 人员在选择关键词时还必须分析关键词的竞争度。下面给出几个用于判断关键词竞争度的依据。

（一）搜索结果数

搜索结果数是指用户通过搜索引擎搜索某个关键词之后，在搜索结果页面中所显示的搜索结果数量。例如，在百度中搜索“家装公司”和“家装公司十大排名”关键词所得到的搜索结果数分别约为 100 000 000 个和 2 270 000 个。

这个搜索结果数是搜索引擎经过计算，认为与所查询的关键词相关的所有结果数量，也就是参与这个关键词竞争的所有结果数。显然，搜索结果数越大，该关键词的竞争度也越大。搜索结果数与关键词竞争度大小的关系详见表 8-1。

表 8-1　搜索结果数与关键词竞争度大小的关系

搜索结果数（n）	关键词竞争度
$n<10$ 万	关键词的竞争度很小，可以轻松地获得很好的排名。权重高的域名适当地优化网页，可以迅速获得较好的排名
10 万 $\leqslant n<100$ 万	关键词的竞争度一般，说明该关键词的优化有一定难度，只有质量和权重都不错的网站才能竞争到较好的排名
100 万 $\leqslant n<1\,000$ 万	关键词的竞争度较大，为热门关键词，优化后将网站排名提升到前几位的可能性较小，需要坚持扩展内容，建立外部链接，并获得一定的权重
$n\geqslant 1\,000$ 万	关键词的竞争度很大，这类关键词通常是行业通用名称，使用这类关键词的，只有大型网站、权重高的网站才能获得好的排名

（二）intitle 结果数

intitle 指令是搜索引擎的高级搜索指令，通过该指令可以获取网页标题中包含指定关键词的网页数量，即 intitle 结果数。intitle 结果数可以用来判断关键词的竞争度，intitle 结果数越大，竞争度越大。

例如，在百度中分别搜索“装修风格效果图”和“intitle 装修风格效果图”，返回的搜索结果数分别如图 8-7 和图 8-8 所示。

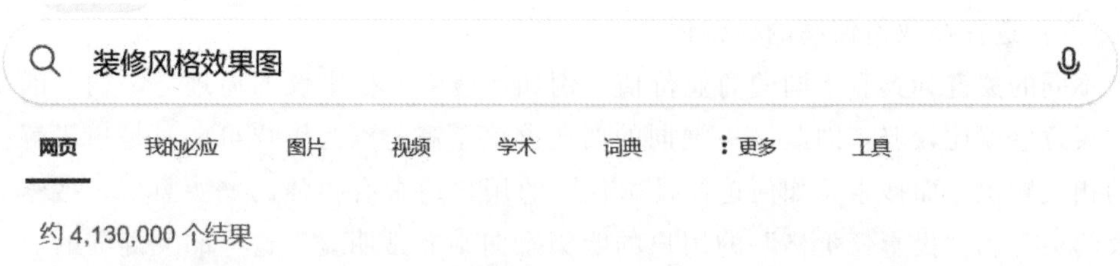

图 8-7　搜索“装修风格效果图”关键词返回的搜索结果数

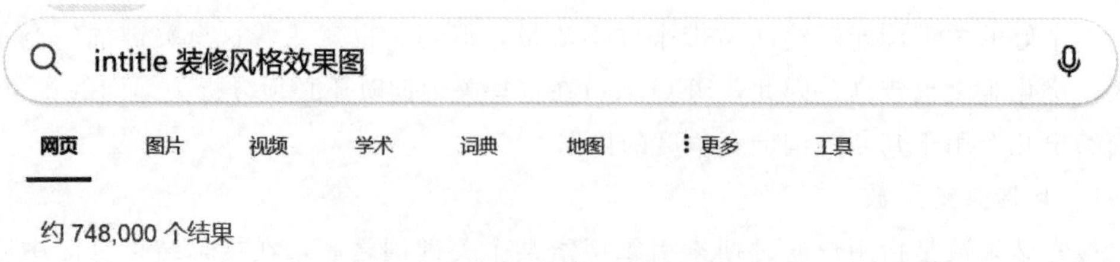

图 8-8　搜索“intitle 装修风格效果图”关键词返回的搜索结果数

从返回的搜索结果数可以很直观地看出：两次搜索返回的网页数量相差巨大，含有关键词“装修风格效果图”的网页数量已经达到 4 130 000 个；而搜索关键词“intitle 装修风格效果图”的网页数量则约为 748 000 个。

由此可以看出，有大量的网站网页标题中没有包含指定关键词，所以这部分网页很有可能只是在网页内容中偶尔提到该关键词，并没有针对该关键词进行优化，在进行关键词优化时可直接排除这部分网页。这也说明，只有标题中出现指定关键词的网页才真正值得关注。

（三）搜索结果页面广告数

在搜索引擎中搜索某些关键词时，搜索结果页面中会包含一些广告，而广告是一种付费推广方式，这说明这些关键词能够帮助企业获得更大的利益，具有非常大的商业价值。

SEO 人员可以统计一下搜索结果页面中的广告数量。一个关键词的广告数越多，就说明愿意为它付费的企业越多，因而其竞争度也就越大，详见表 8-2。

表 8-2　搜索结果页面广告数与竞争度大小的关系

搜索结果页面广告数（n）	竞争度
$n=0$	小
$1 \leqslant n < 3$	较小
$3 \leqslant n < 6$	中等
$6 \leqslant n < 10$	大
$n \geqslant 10$	很大

三、选择核心关键词

核心关键词是经过关键词分析确定下来的网站主要的关键词。通俗地讲，用户搜索量最大、最能带来精准用户的关键词（如网站的主营产品、主要服务项目等），就是核心关键词。核心关键词与网站的内容息息相关，在确定网站的主要内容和主营方向后，就可以通过一些方法选出核心关键词。下面介绍两种选择核心关键词的方法。

自我分析：网站的所有工作人员一起对网站的定位与用户进行分析与探讨，在此期间，可以思考“我们的网站可以为用户解决什么问题”“用户在面对此类问题时，会使用什么关键词进行搜索”“如果自己是用户，又会使用怎样的关键词”等问题。最后，选出 20 个以上的关键词作为备选的核心关键词。

分析竞争对手网站：确定网站的核心关键词时，可以在搜索引擎中查询竞争对手的网站，然后通过查看网站首页源文件的方式来分析竞争对手网站。这样可以快速了解竞争对手网站的核心关键词，为本网站核心关键词的确定提供参考依据。

8.4.3 布局关键词

在选择好关键词后，SEO 人员需要将这些关键词布局在网页中，并检测关键词的布局密度。最后，还需要预测关键词的波动趋势，为今后长期的关键词优化打下基础。

一、金字塔形布局

关键词的布局一般采用金字塔形，按照关键词的重要性将关键词分为塔尖、塔身和塔底三个层次。

（一）塔尖

塔尖用于放置网站的核心关键词，即流量大、转化率高、与品牌相关的关键词，核心关键词也是决定网站定位的关键词。SEO 人员在布局核心关键词时，通常是在网站首页放置 3～5 个核心关键词。

（二）塔身

塔身用于放置次要关键词。通常情况下，次要关键词没有核心关键词的搜索量高，但是数量比核心关键词多，主要放置在网站的频道页或栏目页。

（三）塔底

塔底用来放置长尾关键词，一般放置在网站的内容页，如新闻、产品、文章的内容页或者产品详情页中。长尾关键词数量众多，但具有较低的访问量和竞争度，因此放置在权重低、数量多的内容页中更为合适。

二、在网页中布局关键词

一个网站中的关键词可以有数百个甚至更多，所以在进行 SEO 时，不能将所有的关键词都集中在首页，而是要将这些关键词合理地分布在整个网站中。这样可以均匀分布关键词，减少关键词的堆积，从而提高网站的收录量和访问量。

在网页标题中布局关键词：网页标题是通过＜title＞标签设置的，在其中布局关键词时，可以选择 3～5 个关键词，并按照重要性排列关键词，将重要的关键词放在前面，不重要的关键词放在后面，最后放置企业名称的简写，总体长度尽量控制在 30 个汉字以内。另外，不要将所有网页的标题都设置成一样的，要根据网页的内容进行不同的设置，如网站首页使用核心关键词，栏目页使用与该栏目相关的次要关键词，内容页使用长尾关键词（通常是文章的标题等）。例如，“佳美馨装饰网”首页的标题可设置如图 8－9 所示。

```
<title>装修_家装_室内装修_家装设计_佳美馨装饰网</
title>
```

图 8－9　“佳美馨装饰网”首页的标题

在网页描述中布局关键词：网页描述是通过＜meta name＝ “description” ＞标签设置的，在其中布局关键词时，需要写一段概括整个网页内容的语句，其用语应该通顺连贯，而不是简单地堆砌关键词，并且应尽可能地把标题中的关键词融入其中。网页描述长度尽量控制在80个汉字以内。例如，“佳美馨装饰网”首页的描述可设置如图8－10所示。

```
<meta name="description" content="
佳美馨装饰网是一家大型的装饰装修门户网站，
提供全面的室内装修、家装设计服务，涉及设计、施工、
主材、软装等多个领域，并为用户提供装修效果图、
装修材料、家装、装饰、装潢等方面的信息。">
```

图8－10　“佳美馨装饰网”首页的描述

在网页关键词中布局关键词：目前，搜索引擎对网页关键词的关注度越来越小，且它对排名的影响不大，可不设置。如果要设置，则只需把标题中的关键词放到＜meta name＝ “keywords” ＞标签中即可。例如，“佳美馨装饰网”首页的关键词可设置如图8－11所示。

```
<meta name="keywords" content="装修，家装，
室内装修，家装设计">
```

图8－11　“佳美馨装饰网”首页的关键词

在网站导航中布局关键词：网站导航用于引导用户访问其所需要的信息。导航在每个网页都会出现，其内容主要是各个栏目及子栏目的次要关键词名称。

在板块标题和文章标题中布局关键词：一个网站的页面会分为若干个板块，板块中也会显示若干文章的标题。SEO人员可以在这些板块标题及文章标题中布局关键词。板块标题中主要布局次要关键词，文章标题中则主要布局长尾关键词。

在网页底部布局关键词：网页底部通常都会设置友情链接、版权信息以及其他一些相关内容的链接，这个位置也是布局关键词的好位置。

在文章内容中布局关键词：想要网站有好的排名，SEO人员一定要不断更新网站内容，定期发布一些新文章，并可在这些文章的内容页中布局很多关键词。

三、分析关键词的密度

关键词密度用来度量关键词在网页中的比例，一般用百分比表示，关键词密度的计算公式如下。

关键词密度＝关键词字符长度×关键词出现次数÷页面文本总长度×100％

例如，一个网页共有 100 个字符，而关键词是两个字符并在其中出现了 5 次，则该关键词的密度为 2×5÷100×100%=10%。

四、预测关键词波动趋势

用户的需求会随着时间而不断变化，因此关键词的搜索指数也会随之发生波动。这时，SEO 人员可以使用百度指数来观察关键词的波动规律，从而预测关键词的波动趋势。如果能够先于竞争对手发现新的热门关键词，就可获得更大的竞争优势。

影响关键词波动趋势的因素有很多，下面介绍三类常见的因素。

- 热点事件：重点活动、突发事件、热门新闻、网络热点等相关的关键词，其搜索指数在短时间内会达到较高的值，但之后会逐渐降低。
- 节日、假期、周期性活动：节日（如春节、国庆节等）、假期（如寒暑假等）及周期性活动（如“3·15”晚会等）都会带动相应关键词的搜索指数发生周期性变化。
- 新兴事物：新产品、新科技、新思维等往往具有很大的潜力。谁能够先把握住这些新兴事物，就会有不小的收获。如“数字藏品”这一新事物在 2022 年比较火热，其搜索指数在 2022 年居高不下，并在 5 月达到峰值。

8.5 搜索引擎广告策划

在当今数字化时代，搜索引擎广告（search engine advertising，SEA）作为一种重要的在线营销手段，已经成为许多企业吸引客户和提升品牌曝光度的重要途径之一。下面将介绍搜索引擎广告的基本知识，包括定义、特点、优势、创建方法以及投放管理等。

8.5.1 搜索引擎广告的定义

搜索引擎广告是一种在线广告形式，通过在搜索引擎结果页面中展示相关广告，以吸引用户点击并访问特定的网页或目标页面。这些广告通常以文本、图片或视频的形式呈现，与搜索结果相关性较高，能够帮助广告主快速地吸引潜在客户。

8.5.2 搜索引擎广告的特点

一、精准定位

搜索引擎广告可以根据用户的搜索关键词以及地理位置等信息进行精准定位，将广告展示给与广告内容相关的目标受众。这意味着广告主可以将广告精准地呈现给对其产品或服务感兴趣的潜在客户，从而提高广告的有效性和转化率。

二、付费模式

搜索引擎广告采用付费模式，即广告主需要向搜索引擎支付费用以获得广告曝光和点击。常见的计费方式包括每点击付费（pay－per－click，PPC）和每千次展示付费（cost－per－mille，CPM）。这种付费模式使广告主能够根据实际效果付费，更加灵活地控制广告预算和投放策略。

三、实时竞价

广告的展示位置通常通过实时竞价获得，广告主可以根据竞价价值和质量得分获得更高的曝光度。在竞价过程中，搜索引擎会考虑广告主出价的高低以及广告的质量得分等因素，决定广告在搜索结果页面中的排名和展示位置。这使得广告主能够根据竞争情况调整出价，以确保广告能够获得更多的曝光和点击。

四、可量化效果

搜索引擎广告提供了各种分析工具，可以对广告效果进行实时监测和评估。通过这些分析工具，广告主可以了解广告的点击量、点击率、转化率等关键指标，从而更好地理解广告的效果和投放效益。这使得广告主能够根据数据分析结果优化广告策略，提高广告的效果和投资回报率。

8.5.3 搜索引擎广告的优势

一、精准目标定位

搜索引擎广告可以根据用户的搜索意图和行为习惯精准地定位目标受众。通过选择适当的关键词和设置目标受众的地理位置等信息，广告主能够将广告呈现给真正对其产品或服务感兴趣的潜在客户。这种精准目标定位可以大大提高广告的转化率和投资回报率。

二、即时生效

广告可以在设定好的时间段内立即生效，无须等待，帮助企业快速推广产品或服务。相比传统广告形式，搜索引擎广告具有即时性和实时性，可以在需要的时候立即启动广告活动，以应对市场变化和竞争压力。

三、灵活调整

广告主可以根据实时数据对广告内容、投放时间和地域等进行灵活调整，以提升广告效果。通过监测广告的点击量、点击率和转化率等关键指标，广告主可以及时调整广告内容、优化关键词选择和调整投放策略，以适应市场需求和用户行为的变化。

四、成本可控

搜索引擎广告具有灵活的计费方式，广告主可以根据预算灵活调整投放策略，控制广告成本。常见的计费方式包括每点击付费和每千次展示付费。广告主可以根据自身预算和广告目标，选择合适的计费方式，并通过监测和优化实现更高的投资回报率。

8.5.4 创建有效的搜索引擎广告

一、关键词选择

通过关键词研究工具（如 Google Keyword Planner、Semrush 等），选择与目标受众搜索行为相关的关键词。优先选择长尾关键词，因为它们通常具有更高的转化率和较低的竞争度。进行关键词竞价，确保广告能够在相关搜索结果中展示。设定每个关键词的出价，同时监控竞价情况及时调整策略以获得最佳效果。

二、制作吸引人的广告文案

编写简洁、清晰、具有吸引力的广告文案，突出产品或服务的独特优势和价值提议。使用动词性强、具有行动性的语言，如“立即购买”“免费试用”等，引导用户进行点击。在有限的文字空间内精准传达信息，确保广告文案具有辨识度，并能够吸引目标受众的注意力。

三、优化目标网页

目标网页的内容和布局应与广告内容相关，确保用户点击后能够获得一致的信息和体验。优化目标网页的加载速度，确保用户能够快速获取所需信息，降低跳出率。通过优化页面元素、添加行动召唤（call-to-action，CTA）按钮等方式，提高用户点击后的转化率。

四、设定广告预算

根据广告目标、预期效果和市场竞争情况，设定合理的广告预算。考虑广告出价、每日预算和投放时间等因素，确保广告活动在预算范围内有效运作。定期监控广告费用的使用情况，并根据实际情况调整预算分配策略。

五、持续优化

根据实时数据监测广告效果，包括点击率、转化率、成本等关键指标。不断优化关键词选择、广告文案和投放策略，以提高广告的点击率和转化率。根据数据分析结果，调整广告预算分配和关键词出价，以实现广告投资回报率的最大化。

8.5.5 搜索引擎广告的投放管理

一、监控广告表现

定期监控广告的关键指标，包括点击量、点击率和转化率等。这些指标能够反映广告的效果和用户反馈。及时发现广告表现不佳或出现异常情况，如点击率下降、转化率低等，并迅速采取调整措施。

二、调整广告策略

根据监测数据和市场变化，调整广告策略。例如，根据实时数据，调整关键词选择、调整出价等，以提高广告的展示效果和转化率。定期评估竞争对手的广告策略，针对竞争情况调整自身广告策略，保持自身的竞争优势。

三、优化目标页面

定期优化广告指向的目标页面，提高页面质量，改进用户体验，从而增加转化率。优化措施包括改进页面内容、简化页面布局、优化页面加载速度等。确保广告点击后的目标页面与广告内容一致，用户能够快速找到所需信息，并进行购买或其他行为。

四、定期报告与分析

定期生成广告投放的报告，对广告效果和投放成本进行分析。报告内容包括广告点击量、点击率、转化率和广告费用等指标。分析广告投放效果，评估广告活动的整体表现，并对历史数据和目标预期进行对比。根据报告分析结果，制定下一阶段的广告优化策略和调整方案，为后续广告投放提供参考和指导。

在本章中，我们深入研究了搜索引擎营销（SEM）的核心因素，包括搜索引擎优化（SEO）和搜索引擎广告（SEA）的基本概念及相关要点。SEO 是通过调整网站内容和结构，提高在搜索引擎结果页面的排名，从而增加流量和曝光度的过程。我们认识到搜索引擎在互联网用户获取信息中的重要性，在进行 SEO 项目前，必须对网站进行全面分析，包括排名、关键词竞争、结构和内容评估。了解关键词的选择与布局对于 SEO 至关重要，需要考虑相关性、搜索量、竞争情况和用户意图等因素。相比 SEO，SEA 具有精准目标定位、即时生效、灵活调整、成本可控等优势。在进行搜索引擎广告投放前，对目标受众、关键词选择、广告文案等进行全面分析和策略规划非常重要。同时，监控广告表现、调整广告策略、优化目标页面以及定期报告与分析也是保证广告活动效果的关键步骤。通过不断优化和调整，广告主可以最大限度地提升广告投放的效果和投资回报率。综上所述，通过深入理解和实践本章内容，可有效提升网站在竞争激烈的网络环境中的曝光度和成功的概率。

实训项目

【教学目标】

通过本章实训内容，使学生熟悉搜索引擎营销的工作原理，掌握搜索引擎营销方案的制定流程。

【技能要求】

能根据搜索引擎营销策略，制定具体营销方案。

【实训内容】

以团队为中心，虚拟公司和产品，为本产品的搜索引擎营销制定具体的执行方案。

(1) 以2～3人为单位组成一个团队，设负责人1名，负责整个团队的分工协作。

(2) 了解搜索引擎营销平台。

(3) 分析产品特点，提炼出营销点，制定具体的搜索引擎营销方案。

(4) 制作成PPT，派出1人作为代表上台演讲，阐述自己团队的成果。

(5) 教师对各团队的成果进行总结评价，指出不足与改进措施。

思考与练习

一、单选题

(1) 按重要程度可以将关键词分为核心关键词、次要关键词和(　　)等三类。

A. 长尾关键词　　B. 普通关键词

C. 热门关键词　　D. 冷门关键词

(2) 关键词的热度主要是指最近一段时间内关键词的(　　)。

A. 总访问量　　B. 总搜索量

C. 总收录量　　D. 总广告数

(3) 下列选项中，关于核心关键词特点的描述，错误的是(　　)。

A. 核心关键词一般放置在网站首页的标题中

B. 核心关键词在搜索引擎中每日都有稳定的搜索量

C. 核心关键词一般由2～4个字组成

D. 网站的主要内容围绕核心关键词展开

(4) 下列选项中，对长尾关键词特点的描述错误的是(　　)。

A. 搜索量小　　B. 竞争程度小

C. 精准度高　　D. 搜索频率很稳定

二、判断题

(1) 长尾关键词一般由多个关键词组成，甚至是一句话。(　　)

(2) 选择网站关键词时，可以使用一些与网站关键词无关的热门关键词，从而给网站带来流量和转化。(　　)

(3) 热门关键词是指近期内搜索量比较大的关键词，很容易使网站获得较好的排名。(　　)

(4) 网站通过优化普通关键词也能够获得大量的流量。(　　)

(5) 冷门关键词的搜索量偏小，但是关键词的量却比较大，用户目标也非常精准。(　　)

三、简答题

（1）简述影响关键词优化的因素。

（2）简述关键词的选择原则。

四、操作题

（1）利用站长工具网站中的“关键词挖掘”工具，挖掘与“家电”有关的关键词。

（2）利用百度指数，分析“激光电视”关键词 2023 年的波动趋势。

参考文献

[1] 乔辉，麻天骁．新媒体营销与运营［M］．北京：人民邮电出版社，2023.

[2] 李玥，杨仲基，胡艳玲．新媒体营销［M］．北京：清华大学出版社，2022.

[3] 秋叶，萧秋水，刘勇．微博营销与运营［M］．北京：人民邮电出版社，2017.

[4] 吴智银．社群营销与运营实战手册［M］.2 版．北京：人民邮电出版社，2020.

[5] 徐茂权．网络营销决胜武器：软文营销实战方法·案例·问题［M］.2 版．北京：电子工业出版社，2017.

[6] 郝川．软文营销实战方法、案例、问题［M］．北京：北京理工大学出版社，2017.

[7] 所志国．软文营销实战秘籍［M］．北京：电子工业出版社，2018.

[8] 罗丹丹．新媒体软文营销［M］．北京：清华大学出版社，2021.

[9] 勾俊伟，刘勇．新媒体营销概论［M］.2 版．北京：人民邮电出版社，2019.

[10] 徐骏骅，陈郁青，宋文正．直播营销与运营［M］．北京：人民邮电出版社，2021.

[11] 张向南，勾俊伟．新媒体运营实战技能［M］．北京：人民邮电出版社，2017.

[12] 唐观友，阙语莹．直播营销［M］．北京：中国商业出版社，2022.

[13] 王昂，赵苗．新媒体营销：营销方式＋推广技巧＋案例解析［M］．北京：人民邮电出版社，2022.

[14] 林海．新媒体营销［M］.2 版．北京：高等教育出版社，2021.

[15] 袁也．微信公众号营销文案的语言艺术与编创思维探究：以“茶颜悦色”为例［J］．经济研究导刊，2023 (6)：41－43.

[16] 周大世．微博营销信息特征对消费者信息行为的影响研究［D］．济南：山东大学管理学院，2018.

[17] 于明文，黄菲．短视频内容营销对消费者品牌至爱的影响研究［J］．中国商论，2023（15）：103－107.

[18] 王伯启．旅游短视频传播及营销模式分析：以抖音 App 为例［J］．江苏商论，2023（5）：70－73.